集落〈復興〉

中越地震と限界集落の物語

渥美公秀
関 嘉寛
山口洋典
編著

プロローグ

渥美公秀・関　嘉寛・山口洋典[1]

阪神・淡路大震災から一〇年が経過することを意識し始めた二〇〇四年の秋。筆者（渥美）が、京都大学で開催された研究会を終えて、時計台の前にさしかかると、自宅から携帯電話に着信記録があった。折り返してみると小学生の娘が電話口に出て、新潟で大きな地震があったことを教えてくれた。「お父さん、やっぱりお月様出てるわ」と言う。それまで一〇年にわたって折に触れ、満月の中を帰宅したら大きな地震が来て、授乳中だった娘は九死に一生を得たことを娘に何度も語っていたのを覚えていたのだろう。地震と聞いて月に注目した娘の声が妙に印象に残っている。後に中越地震と呼ばれるこの日の地震については今ひとつ要領を得ない電話を終えて、所属するＮＰＯ（認定特定非営利活動法人日本災害救援ボランティアネットワーク、以下「ＮＶＮＡＤ」とする）と連絡を取って情報を集約し、翌日朝一番の飛行機で現地に行くことにした。

新潟県中越地震発生直後の活動

二〇〇四年一〇月二三日に発生した新潟県中越地震は、阪神・淡路大震災後初めて震度七を観測する地震であったこと、余震が極めて多かったこと、広範な地盤災害をもたらしたこと、中山間地に点在する集落からヘリコプターによる集団避難が行われたことなど、いくつもの特徴をもって記憶されている災害である。そして、中越地震は、災害過程の中でも復興に焦点が当たった災害でもあった。

地震発生の翌朝、私は、NVNADの一員として長岡を訪れた。空港でレンタカーを借り、被災地の中心にある駅だと聞いて長岡駅に向かった。阪神・淡路大震災ではビルが倒壊したり、火事が発生したりしていたので、静かな駅前に驚きつつも妙に安堵したことを思い出す。多くの方々が避難されているという情報を得て、避難所で水を配ったり毛布を配ったり手当たり次第に作業を手伝いながら話を聴いた。不安そうな外国人の家族もあった。山奥の被災地からヘリコプターで避難してこられる方々がいると聞いて、着陸する場所へ駆けつけて、被災された方々がヘリから降りるのを手伝い避難所までご一緒したりした。

その後、何度も現地を訪れながら、長岡市内の避難所および仮設住宅での支援活動に従事した。中越復興市民会議の設立にも立ち会った。

プロローグ

避難所に落ち着いた避難者も、雪が降る前にと大急ぎで建てられた応急仮設住宅に移動していった。大阪大学人間科学部で立ち上がったｆｒｏｍＨＵＳという学生ボランティア団体と一緒に、長岡市内の仮設住宅を回って声をかけたり、集会所での足湯を行ったりしつつ、阪神・淡路大震災のときからお付き合いのある福島県の災害ＮＰＯと共同して長岡駅近くに「ＫＯＢＥから応援する会」を立ち上げて、ボランティアを受け入れたり救援物資を預かって配ったりし始めた。筆者は研究者として、災害ボランティアの動きに注目してきたので、ボランティアとして参加する研究室の学生たちとも活動や調査に出て議論を重ねた。最初の二年間は、数日間の現地滞在を何回も繰り返しながら、仮設住宅を巡る活動と研究に没頭していた。仮設住宅での二年間が過ぎようとする頃には、あちらこちらに復興公営住宅もできはじめ、そこに入居して生活を始める人々も出てきた。一方、地震前から住んでいた集落へ戻って生活再建に取り組む人々も出てきた。本書が描く小千谷市塩谷集落（以下、単に塩谷と記すこともある）と出会ったのも実はこの頃である。

塩谷集落との出会い

初めて塩谷を訪れたのは、地震から一年が経過した頃だった。全村避難が続く中、誰もいない塩谷を中越復興市民会議の鈴木隆太さんと訪問した。被災地の一番奥にあって甚大な被害を受けた集落で、たくさんのボランティアが入り春の陣・芒種の陣と称した集中的な片付け作業があったことは聞いていた。不気味なほど静かな集落に、燦々と陽が降り注いで、深い緑が輝いていたことを覚えている。その後二〇年にもわたって通う集落になるとは予想だにしなかった。

当時は、緊急期を過ぎれば被災地を去ることを想定していた。ところが、避難している方々と話していると、避難者の集落への想いと、集落が直面していた高齢過疎問題が身に染みるようにわかってきた。そこで、旧山古志村の梶金集落、竹沢集落、旧小国町の法末集落、旧栃尾市の半蔵金集落、そして、冒頭で述べたように小千谷市塩谷集落などあちらこちらを回り、住民が住んでいれば話し、誰もまだ戻っていないならその将来の姿を夢想していた。

地震から一年半となる二〇〇六年春。田植えの季節がやってきた。塩谷の皆さんは、小千谷市内の仮設住宅などに住んでいて、まだ誰も集落に戻れていなかった。田植えはできるのかと中越復興市民会議の皆さんと話していたところ、できそうだ、手伝ってみようということになり、ｆｒｏｍＨＵＳの学生さんたちと塩谷の田植えを手伝うことになった。生まれて初めての田植えで、集落の皆さんに教わりながら、なんとかそれらしく振る舞っていた。塩谷の皆さんは、学生が田植えに来ると聞いていたらしく、田植えをする私の姿を見て、「やけに年取った学生がいるもんだなぁ」と思ったそうである。作業が進む中、私が学生から先生と呼ばれているのを聞いて、「先生だったとはねぇ」と大いに驚いたというのは今も語り草である。

塩谷トンネル

最初の関わりがこのような場だったからか、集落の人々は、私を「調査にやってくる研究者」ではない存在として扱うし、私も「いわゆる研究者」ではない存在として集落の人々と親密になるきっかけを得ることができた。田植え以降、文字通り集落に足繁く通った。のちに訪問日数を確認したところ、八年間で二八八日間、塩谷に滞在していた。

当時、田の草取り、盆踊り、稲刈り、錦鯉を池から越冬ハウスに移す作業、大根の種まき、小正月行事の塞の神、山菜採りなど集落でのさまざまな活動に積極的に参加していった。それまで、田んぼに入って草むしりをしたことはなかったから、いったいどれが不要な草なのか判然としないし、むしり取った草をどうすればいいのかさえわからない。自分の地元の盆踊りは知っているし盆踊りに関する書物も紐解いたけれど、塩谷の盆踊りを踊れなければ意味がない。刈った稲を束にする（まるける）技術にはちょっとしたコツがあってなかなかわからない。錦鯉はどこをどう持てばおとなしく抱けるのかも見当がつかない。大根の植え方にも三粒ずつなどとこだわりがあるようだが知らない。塞の神は雪の上に櫓を組んで火を灯す行事だと聞いてはいたが、その火でするめをあぶるために使われる木の枝についてはわからない。山菜があれほど急な崖に生えているなどとは想像もしていない…つまり、何も知らない中で、当然ながら失敗の連続である。作業が終われば、私の不格好な失敗を肴に宴会が始まる。そんなことを繰り返しているうちに一年、二年と時間が過ぎていった。

最初の田植えで稲が実る頃、住民はそれぞれの事情に合わせて仮設住宅を後にしていった。地震前に四九戸あった塩谷では、二九戸が集落を離れ、主に小千谷市内の住宅へと移り住んでいった。一方二〇戸は徐々に塩谷に戻り、二〇〇七年八月には帰還が完了した。

この時期、地元の長岡技術科学大学のボランティアサークル（Ｖｏｌｔ ｏｆ ＮＵＴＳ、愛称「ボルナッツ」、第七章参照）も農作業を中心に塩谷に関わりを深めていたので、大阪大学の学生とともに「学生の来る集落」になっていった。当時の話題は、文字通り復興であり、具体的には地震で大きく崩れた後山をどのように復興するかという話題が出たり、中越復興市民会議が主催した地域復興交流会議で他の集落と復興に関する情報交流などが行われたりしていた。私自身も、集落内に宿泊できる場所（倉庫の二階）を借りることができ、数日から一週間程度の滞在を繰り返すことになって、集落にいつもいる人という風に認めてもらうようになった。田植えや盆踊り、稲刈りや小正月の伝統行事などには学生たちにも参加してもらい、断続的ではあるが、賑やかな集落になっていった。まだ何をどのようにすることが復興につながるのか、明確な答えがありそうに思えた時期でもあった。

中越沖地震の発生から塩谷独自の活動へ

ところが、二〇〇七年七月一六日、同じ中越地域で今度は新潟県中越沖地震が発生し、柏崎市、刈羽村などが被災した。私はまたＮＶＮＡＤのメンバーとして、刈羽村の救援活動に参加することになった。塩谷とは車で小一時間の地域なので、塩谷と刈羽を行ったり来たりする。そのときに塩谷区長から手渡されたのが「焦らないで下さい」というメッセージを含んだ手紙であった。仮設住宅を出る際に、集落に戻るか戻らないかを決めかねる場面を体験していた塩谷の住民からの言葉は、刈羽の人々の胸に響き、その後の、塩谷と刈羽との交流のきっかけになっていった。

二〇〇七年の正月には、夢を語るワークショップを開いた。そこでは塩谷トンネルから集落に入る道沿いに花を植えようというフラワーロードと呼ばれるプロジェクトが発足し、これは今も続いている。ただ、その年のワークショップはそのとき限りであった。

二〇〇八年は、塩谷の方々を阪神・淡路大震災の被災地に招くことから始まったが、集落では、実にさまざまな議論が起こってきた時期でもあった。たとえば、塩谷を含めて、荷頃、蘭木、首沢、小栗山など東山の集落（図1-3参照）を集約して一つの行政組織へと再編する案が行政から提示された。この提案に対し、塩谷の住民は猛然と反対した。震災前と比べて住民が大幅に減ったことを条件として資金が提供されるという話であったので、極端に住民の減った塩谷の参加が請われていた。しかし、塩谷の住民が主体的に決めた統合ではないし、これまで培ってきた塩谷の自治が脅かされる可能性が見通せたので、いわば数合わせのために集落が利用されることに対し異議を唱えたのであった。主催者側が議論の経緯について精確な記録を残さないこともわかってきて、住民の声が届かないトップダウンの手法にも疑念が募っていった。私は最終的には決定には携われないけれども、住民の皆さんの考えに共感していたので、反対であるならそれを明言することや、議論の経緯は録音するなどして精確に残すことを提案した。その結果、一村化は回避された。塩谷住民の塩谷への想いの強さを改めて痛感する出来事であった。

こうして集落の課題解決に参画することで信頼関係も深まっていったが、信頼があるということは、いつも笑顔で接するということではない。むしろ逆でもある。ある日、集落の中心人物の一人と意見が食い違ったことがある。夕方から始まった対話は、次第に口論となり、お酒が入って、怒鳴り合いにまでになった。結局、夜も更けてから、近所の家に二人で行って、どちらの言い分が正しいかを裁定してもらうことになった。その家にしてみればいい迷惑であった。もはやそのときに何を議論したかという記憶も薄れ、今は懐かしい出来事としてお互いに思い出している。

こうして始まった二〇〇八年からは、塩谷独自の動きをつくっていきたいという声をちらほら聴くようになった。そこでこの年の正月に前年の夢を語るワークショップを承けて、再度、夢を語る会を開き、それに続いて集落の将来について一緒に考えていく住民ワークショップを何度も開催させてもらった。山菜を販売したい、山菜を加工する作業小屋があればいい、米を販売したい、雪を商品化すればどうかといった生業を支えるための活動を志向する意見。自分の飼っている牛が角突き（闘牛）で勝つことが楽しみだ、塩谷ならではの野菜（神楽南蛮）にこだわりたいといった文化伝統に着目する意見。そして、ボランティアとしてやってくる大学生との交流が楽しい、おもてなしの精神が大切だといった交流を継続する意見などが出された。そこで、これからの塩谷としては、地元の文化伝統を改めて学びつつ、交流できるような場を継続的に開くことで意見がまとまった。いよいよ集落の住民が主体的に復興に向けて動き出そうと考えた時期であった。

塩谷分校の開校と分校を巡る関わり

こうした動きが、二〇〇八年一一月の塩谷分校の開校へと結実していく。しかし、その前に、「先生はわかっていない！」と一喝される場面があった。ワークショップでの話を承けて、私が、米の収量、単価、販売先候補などさまざまな情報を整理して持っていったときである。会議では収入のことは話題に上るが、それが最も重要なことではないという。むしろ、米をつくっているプライド、村を離れた親戚に米をきちんと送る意味、外部の人々と交流できる題材としての米といったことがより重要ではないのかというわけである。当然のことではあるが、復興の主役は住民であることが改めて充分に浸透していった時期でもあった。

塩谷分校という名前は、ワークショップの中で「塩谷塾」という候補が出たときの「塾なんか行ったこともねぇ。分校なら行ったけど」という発言から、塩谷「分校」と決まった。本校は集落住民やボランティアとしてやってくる外部者の心の中にあるという設えである。主として冬に開かれる授業は座学と呼ばれ、外部の講師から住民が学ぶ。雪氷学を専門とする研究者や闘牛をはじめとするこの地域の民俗を調査している民俗学の研究者に講演をお願いした。夏は、生徒と先生が反転し、外部者である筆者やボランティアとして訪れる学生が生徒となって、住民から農業を中心に実地に学ぶ。講演や農作業を通した「授業」の終了後には懇親会が開かれる。懇親会は「給食」と呼ばれ、「給食係」が準備し、「日直」が簡単に「いただきます」と宣言して開始されることとなった。

開校からの一〇年間は、分校の行事が中心となっていった。毎月有志の参加で開かれる分校定例会による企画運営のもと、田植え交流会や稲刈り交流会には、大阪大学、関西学院大学、立命館大学、そして、地元の長岡技術科学大学の学生らが多く参加するようになり、夏の盆踊りや冬の塞の神といった集落の伝統行事にも参加し、交流人口としての集落の賑わいは確保されていった。塩谷分校が活気づいてきた二〇〇九年には、一九九九年の台湾集集大地震の被災地を二人の住民と一緒に訪れた。そのことがきっかけとなって翌年には塩谷分校の座学に講師として招くことができた。海外との交流では、二〇〇八年四川大地震の被災地から一〇年が経過した二〇一九年にやはり座学の講師として現地の被災者を迎えて、復興の様子を学ぶこともできた。

塩谷分校

塩谷分校の活動を通して、住民たちは、分校の生徒になった学生が分校を卒業していくのだからと「塩谷分校卒業式」を開催するようになった。また、分校は学校なのだから、「クラブ活動」もあってよいのではないかという提案が住民からなされ、楽器を演奏する住民や学生ボランティアらが「軽音楽部」を結成した。現在では、塩谷分校卒業式で「ＹＥＬＬ」（いきものがかり）を演奏することが恒例となっている。さらに、大学を卒業して社会人になった学生たちは「塩谷分校同窓会」を結成した。二〇一八年一一月三日には分校一〇周年を迎えた。その一〇年間は、集落の住民が主体的に復興に向けて動き出した時期でもあった。それは常に復興という言葉を唱えるのではなく、集落での日々の暮らしを充実させていくということこそが復興なのだと気づいていく大切な時期であった。

二〇一〇年秋、私は、アメリカに滞在する機会を得たので、ロサンゼルスに半年間滞在し、塩谷でのこれまでの経緯を整理したり、海外の災害復興研究を紐解いたりしていた。ただ、翌二〇一一年三月一一日に東日本大震災が発生し、私は滞在を中断して帰国し、ＮＶＮＡＤのメンバーとして東北に向かった。岩手県野田村の皆さんとの出会いがあり、野田村での災害支援活動を展開していった。

東日本大震災直後は、塩谷や刈羽村では、福島からの避難者を受け入れる準備が進んだ。私が岩手県野田村の救援現場から戻ると、塩谷とのご縁を感じることが待っていた。塩谷を含む東山地域では古来より牛の角突きが盛んであるが、実は、その牛は主に野田村の隣、久慈市から買い付けているということだった。塩谷で牛を飼っている人たちは小千谷闘牛会として久慈市内の牛の産地を応援していて、実際に久慈市内のホテルで塩谷の方と出会うのは感慨深いものがあった。その後、塩谷から野田村に野菜を届けてもらうこともあった。また、刈羽村からの野田村への支援が何度も行われた。このように過去の被災地が次の被災地の救援に関わるという「被災地のリレー」を感じたのはこの頃であった。

関西学院大学学生・立命館大学学生の参加

塩谷には、大阪大学や長岡技術科学大学だけでなく、二〇〇七年からは関西学院大学、二〇一二年からは立命館大学の学生も主として塩谷分校の活動を介して積極的に活動を展開した。また、東京工業大学の大学院生として本書筆者の一人（五味）が塩谷に一年間滞在して研究を始めたのは二〇一四年一一月のことだった。

関西学院大学からは、以前大阪大学で勤務していた筆者の一人（関）が異動した二〇〇九年から三年生、四年生ゼミの「フィールド（研究活動先の現場）」として毎年二〜八人の学生が関わっていた。ゼミでは、「共生」をテーマに、さまざまなフィールドでの地域課題をフィールドの関係者と一緒に考え、解決に向けて一緒に活動してきた。

塩谷フィールドでは、復興に取り組む住民の生活に寄り添い、自分たちのできることを模索してきた。当初は、一時的な来訪者として田植えや稲刈りの米作り、盆踊りや塞の神などの伝

塞の神

統行事などに参加し、お手伝いすることがメインであった。当初、学生は物見遊山的な姿勢も垣間見られたが、次第に自分たちの暮らす生活環境とは異なる暮らしのあり方を知り、自分たちの「常識」を転換させられる経験をしていった。住民も、最初は来訪目的が不明確な学生たちとの関わりに苦慮していたが、学生たちに自分たちの暮らしの意義を伝えることの大切さを理解し、学生に根気強く接してくれた。そして、筆者らが集落の方からもらいうけ共同で所有する「ごろすけハウス」ができると、学生たちが自分たちの判断で活動を組み立てることができるベースができた。「ごろすけハウス」は、塩谷を離れることになった方の住居で、その屋号をそのまま継承させてもらい、研究者の研究拠点として、また在学生のみならず卒業生たちの交流拠点としても活用されていくことが期待された。

「ごろすけ通信」を発行し始めたり、大阪大学・立命館大学の学生たちとも協力し合いながらたこ焼きパーティーや書き初め大会をしたりするなど、塩谷に集まる場と機会を新たに作ろうとした。二〇一六年には、「塩谷集落全体を知りたい」ということから、手書きの大判集落地図を作成したり、ほぼ全戸の一八戸を来訪の度に訪問したりして、塩谷の一人ひとりを知ろうと努力していた。学生たちは、月に一度ぐらいの頻度で塩谷に宿泊し、「ただいま」と声をかけながら、家に上がり、最近あったことなどとりとめもない会話をする。「復興」をサポートするというよりも「〇〇さんはどうしているかな」という非常に個人的な関心を持って塩谷で過ごしていた。

ごろすけ通信には、学生の来訪予定、学生の地元での活動の様子などが載せられ、集落全戸に配布してもらった。住民の方々は学生の来訪日に合わせて野菜やおいしい手料理を用意してくれたり、ごろすけハウス周辺の整備してくれたりなど準備をして、学生を迎えてくれていた。そのような住民の気持ちに学生たちも応え、塩谷に行く理由がゼミ活動の一環だからではなく、行きたいから、に変わっていった。

続いて参加したのは立命館大学である。二〇一二年の田植えからの参加で、その年の稲刈りの後、コロナ禍が深刻化する二〇一九年度の稲刈りまで、継続的な関わりが重ねられてきた。立命館大学の関わり方の特徴としては、それまでの大阪大学や関西学院大学のように、教員の指導のもとで研究活動を行う「ゼミナール」という枠組みでの関わりではなく、筆者の一人（山口）が担当する授業で、所属学部や学年が混ざった地域参加型授業「減災×学びプロジェクト」

の一部に位置づけられたことが挙げられる。そのため、一年次に授業を受講した学生が卒業するまで四年にわたって通い続けるなど、他大学とは異なる動きも見られた。

立命館大学が参加することになったきっかけは、東日本大震災にある。立命館大学は大規模私立大学の一つとして全国各地から学生が入学していることもあって、大規模災害が発生した場合には、在学生への学費減免といった支援がなされている。ただ、東日本大震災は、東北出身の在学生だけでなく、卒業生にも大きな被害が及ぶことになった。そのため、経済的側面だけでなく、教育・研究・社会貢献の三つの側面で、可能な限りの支援が検討されることになった。そうして、二〇一一年の夏から、現地での災害救援と復興支援をテーマとしたボランティア活動を組み込んだ授業が展開されることになった。この二〇一一年度の試行的な導入を経て、二〇一二年度には東日本大震災に対するボランティア活動と合わせて、過去の大規模災害からの復興過程への関心と貢献のため、阪神・淡路大震災と新潟県中越地震で被災した地域での参加型学習も盛り込まれた、という具合である。

立命館大学の学生たちは、「人と防災未来センター」において「創造的復興」を目指してきた神戸について展示や街歩きから学び、塩谷では田植えと稲刈りでの交流を通じて体感的に学ぶ。そして、東北では岩手県大船渡市での夏祭りの準備や運営の補助、その他には宮城県気仙沼市唐桑地区でのツリーハウスの建設、また福島県楢葉町での原子力災害による避難指示を受けた住民の皆さんの経験を聞き書きするといった活動に取り組んできた。その際、一九九五年の神戸と二〇〇四年の塩谷、それぞれの被災経験と復興過程の違いに触れるからこそ、東北の各地で出会う方々に、決して復興が直線的に、また効率的に進むことではないことを前提とした丁寧な関わり合いが可能となる。このことが参加型学習の一環で、立命館大学が塩谷に訪れてきた背景である。

このような背景のもと、同じ関西から足を運びながら、塩谷分校設立前から関わる大阪大学や、同学年の横のつながりが深い関西学院大学の学生たちと混ざり、さらには地元の長岡技術科学大学の学生とも交わる中で、新潟県中越地震から一〇年を迎えた。その際、学生の合同チームが組織され、塩谷分校による取り組みとして、二〇一四年度には小千谷市塩谷集落震災復興記念誌「叶～塩谷集落の震災からの一〇年～中越大地震から一〇年」が発行された。この企画・編集に携わった学生チームが拠点としたのが、「ごろすけハウス」であった。

コロナ禍を経て

塩谷分校の開校から一〇年を迎えようとする頃、分校の行く末を議論する場面も出てくるようになった。当然ながら、関係者は一〇年分の年齢を重ねているし、多くの学生を迎える行事

塩谷から山古志　朝の眺望

の運営が負担になってきた。また、集落の一部の住民が極めて熱心に展開する一方で、他の住民の参加の程度は分散していた。二〇一八年塩谷分校一〇周年記念式典を承けて、その後二、三年をかけてじっくりと将来を描いていく予定であった。

ところがコロナ禍によって二〇二〇年から二年以上にわたる交流の中断を余儀なくされることになった。細々と通う学生もいたし、筆者らもできるだけ交流の可能な時期を見つけて塩谷に通ってはきたが、塩谷分校について、また塩谷集落について集中して考える時間が充分にもてなかったのが正直なところである。コロナ禍は、それではなぜ塩谷にこんなに長く通っているのかを一人ひとりが考える時間でもあった。二〇二三年一一月、塩谷分校は一五年の歴史を閉じることとなった。しかし、塩谷集落と筆者らとの関係が終わったわけではない。

塩谷の人たちと出会って一八年。今や集落内に家屋を持ち、ほぼ毎月訪問する。学生たちを含めてたくさんの人数で訪れることもあれば、一人で行って話を聴くだけのときもある。冬に四メートル近くもの積雪があること。春になると山菜がたくさん採れてどれもおいしいこと。田植えを手伝い、盆踊りをして、稲刈り。慰霊碑の前で一年を振り返りながら犠牲者にろうその灯りを手向ける時間、そして、絶品の魚沼産コシヒカリを味わうときを経て、小正月の伝統行事「塞の神」を大切に行う。こうした一つ一つの出来事がきちんと周期を描きながら心と体にしみてくるようになっている。ゆっくりと流れる大切な時間の中、かけがえのない関係が芽生え育まれていった二〇年であった。

本書の視点

本書は、一見、災害ボランティアや研究者として駆けつけた筆者らが、塩谷の復興過程やむらづくりをお手伝いしながら過ごしてきた経緯を紹介し、その間に生じたさまざまな出来事について考察を加えたものである。しかし、本書のタイトルは「集落〈復興〉」とした。なぜ、復興に山括弧が付いているのかという点について述べておきたい。本書は、災害復興に関する何らかの一般論を構築しようとするのではなく、むしろ、復興という言葉を巡って（あるいは、復興などという言葉は使わずに）展開された災害後の集落の様子をしっかりと記述することにした。それは、災害関係の議論でよく使われる復興という言葉とは異なるかもしれない。むしろ、あえて異なっていることに意義を見いだしたい。災害が起これば、救援、復旧、復興と時間が流れるとされ、その先には、復興という言葉を使わないまちづくりやむらづくりが見据えられる。しかし、これから紹介していく塩谷集落にはそういう整然とした流れがあっただろうか。ましてや、集落の住民の視点に立てば、どうだろうか？そんなことをあえて問うてみたく〈復興〉という表記をタイトルに使うことにした。もちろん、本文では煩雑になるので単に復興と記しているが、復興そのものを疑いながら使っている（山括弧が付いている）と思っていただければ幸いである。

中越地震から一〇年の月日が流れた。

注

（1）本章は、三名の共同執筆であるが、関は関西学院大学に関わる部分を、また、山口は立命館大学に関わる部分を担当し、その他は渥美が執筆した。

目次

第Ⅲ部　集落と共に過ごした学生たち

第Ⅰ部

山間の集落で向き合った〈復興〉

第1章　塩谷集落

関　嘉寛・五味　希

塩谷集落（以下、塩谷と称す）がもつ地理的・文化的・歴史的特徴は、復興過程に大きな影響を与えている。本章では、塩谷がもつ個別性・固有性に基づきながら、集落復興や限界集落など塩谷を説明するキーワードとの関係にも留意しながら、塩谷の概容をたどる。

1　新潟県小千谷市

新潟県のほぼ中央に位置する小千谷市【図1-1】は、市の南東部から北東部を信濃川が流れ、河岸段丘の地形が特徴的である。牛の角突きや小千谷縮などの伝統文化が息づき、錦鯉発祥の地としても有名である。人口三四、〇九六人、一二、一一三世帯が生活する。[1] 市域の土地利用は、四一・九％が林野、一八・〇％が田耕作地、三・一％が畑耕作地となっている。[2] 産業別従業員数は、三八・九％が製造業、一五・一％が卸売業・小売業となっており、農林漁業への従事者は一・一％となっている。[3] 冬季は積雪量が多い地域であり、除雪の関係から冬期通行止めとなる路線もある。特に震災後二年間（平成一六ー一七年、一七ー一八年）は積雪量の多い年となった【図1ー2】。

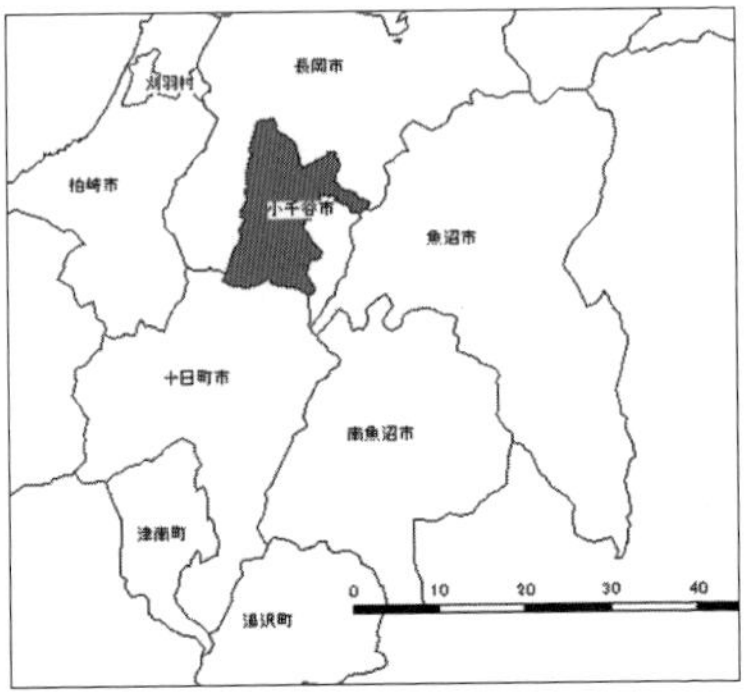

図1-1　小千谷市地図

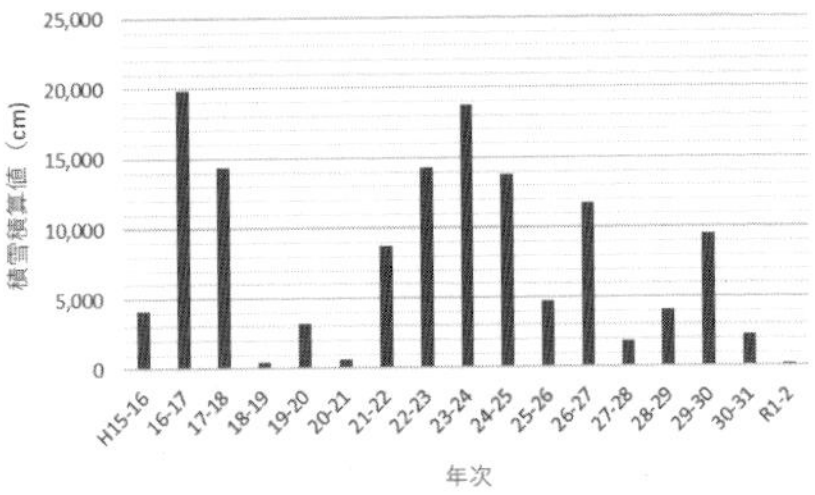

図1-2　小千谷市の積雪積算値[4]

小千谷市統計書2021度版、（市消防本部「積雪観測・雪害調査結果」）

2　小千谷市東山地区の概要

塩谷がある小千谷市東山地区は、市の北東部に位置し、東は旧山古志村[5]、南は旧川口町[6]に隣接する。旧東山村一〇集落（寺沢、朝日、小栗山、中山、首沢、岩間木、荷頃、蘭木、塩谷、十二平）から構成され、一四一世帯四三三人[7]が生活する【図1-3】。地形は、小山の起伏があり、平地がほとんどなく、沢沿いや緩やかな斜面等に集落が位置している。

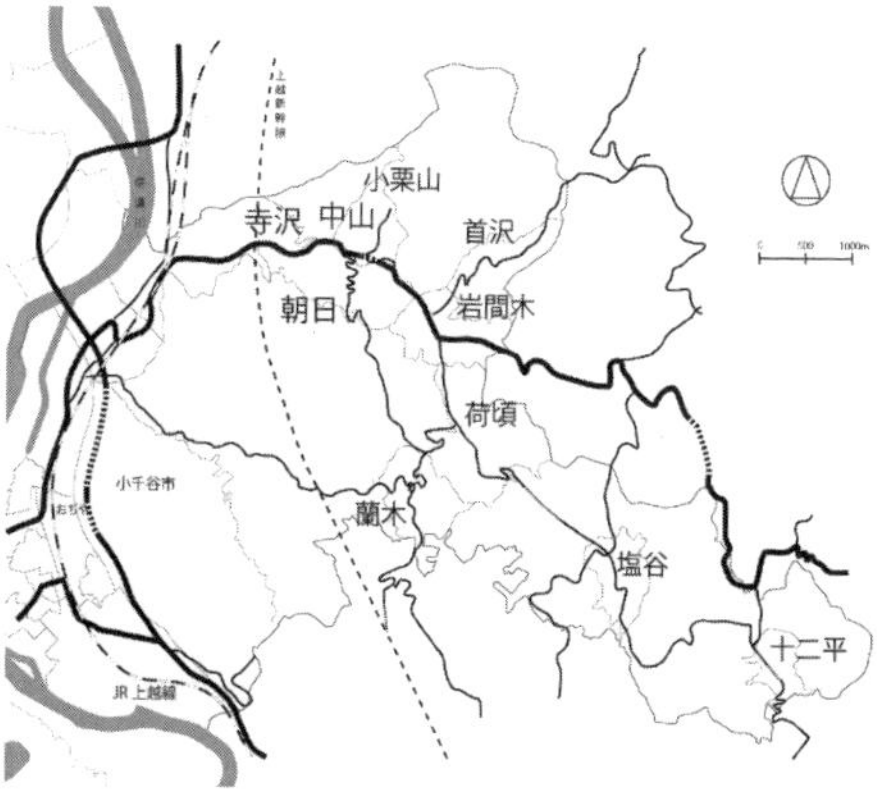

図1-3　東山地区地図

出所：東山復興マップより作成

かつては周辺地域とともに「二十村郷」と呼ばれた同地区は錦鯉発祥の地とも言われ、現在でも養鯉業が盛んな地域である。棚田での稲作はほとんどが自家消費用である。東山地内には小千谷闘牛場があり、毎月五月から一一月にかけて「牛の角突き」が開催されている。かつて各集落では、塞の神や盆踊りなどの行事が行われていた。また、闘牛場をもつ村では集落の青年会が取り仕切り、近隣集落との交流が図られた。

地区内は、小栗山（寺沢、朝日、中山、小栗山）、南荷頃（岩間木、荷頃、蘭木）、塩谷（塩谷、十二平）の三つの大字に分かれている。二〇〇二年までは各大字に小学校があり、統合後は旧小栗山小学校跡地に新たに東山小学校が設置された。全児童数は一五名（二〇二二年五月現在）で複式学級によって授業が行われている。

中越地震では、地すべりによる道路の寸断に伴う集落の孤立や、住宅等も甚大な被害を受けた。また、塩谷では三名の児童が倒壊した建物の下敷きとなり亡くなっている。東山地区の被災状況と帰村率については【表1-1、1-2】に示す。東山地区では震災前から人口減少が見られたが、震災後の移転による人口減少も大きい【図1-4、1-5】。一九七〇年から二〇〇〇年までの三〇年間と、二〇〇〇年から二〇一〇年にかけての震災前後の一〇年間の人口減少率を比較すると、七集落（塩谷、十二平、荷頃、蘭木、岩間木、首沢、寺沢）が震災前後一〇年間の人口減少率の方が高くなっている。このことから、東山地区では震災によって急激な人口減少を経験したといえる。

表 1-1　東山地区の被災状況

集落名	従前世帯	全壊	全壊率	帰村世帯	移転世帯		帰村率
					集団移転	個別移転	
塩　谷	49	31	63%	20	15	14	41%
十二平	11	11	100%	0	10	1	0%
荷　頃	39	19	49%	11	9	9	28%
蘭　木	34	16	47%	14	11	9	41%
岩間木	33	10	30%	19	0	14	58%
首　沢	16	7	44%	5	7	4	31%
朝　日	40	11	28%	27	4	9	68%
寺　沢	23	3	13%	20	0	3	87%
中　山	16	5	31%	15	0	1	94%
小栗山	33	11	33%	21	0	12	64%
東山地区合計	294	124	42%	152	56	76	52%

出所：照本他、2012 より一部修正し作成

表 1-2　山地区集落別人口変遷と震災前30年間と震災前後10年間の人口減少率

	1970 年	2000 年	2010 年	1970 ～ 2000	2000 ～ 2010
塩　谷	323	208	68	35.6%	67.3%
十二平	120	43	0	64.2%	100.0%
荷　頃	315	175	50	44.4%	71.4%
蘭　木	263	128	54	51.3%	57.8%
岩間木	198	135	91	31.8%	32.6%
首　沢	146	63	22	56.8%	65.1%
朝　日	249	123	91	50.6%	26.0%
寺　沢	127	108	69	15.0%	36.1%
中　山	99	70	64	29.3%	8.6%
小栗山	242	119	72	50.8%	39.5%
東　山	2082	1172	581	43.7%	50.4%

出所：小千谷市住民基本台帳人口調査票（昭和 55 年、平成 12 年、平成 22 年）より作成

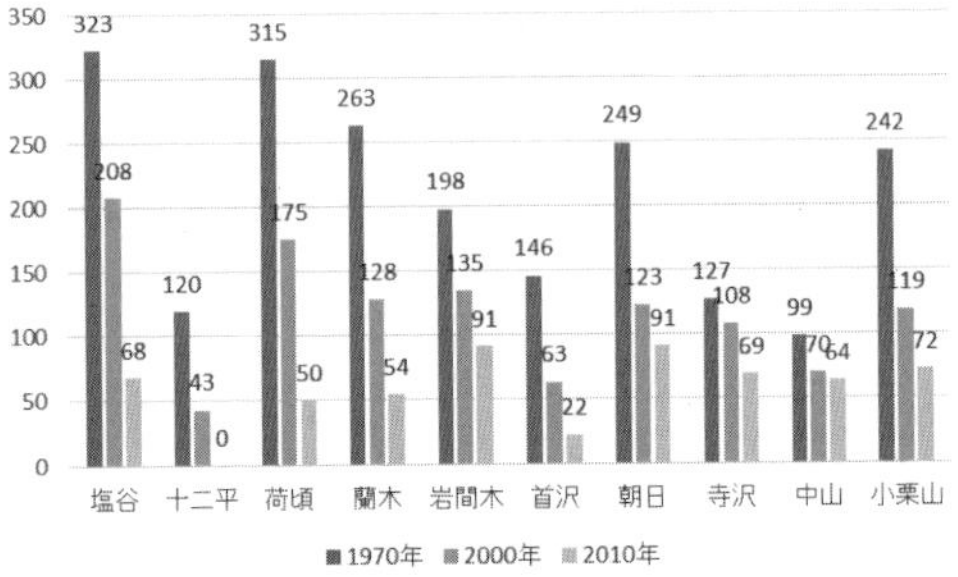

図 1-4　東山地区集落別人口推移

出所：小千谷市住民基本台帳人口調査票（昭和 55 年、平成 12 年、平成 22 年）より作成

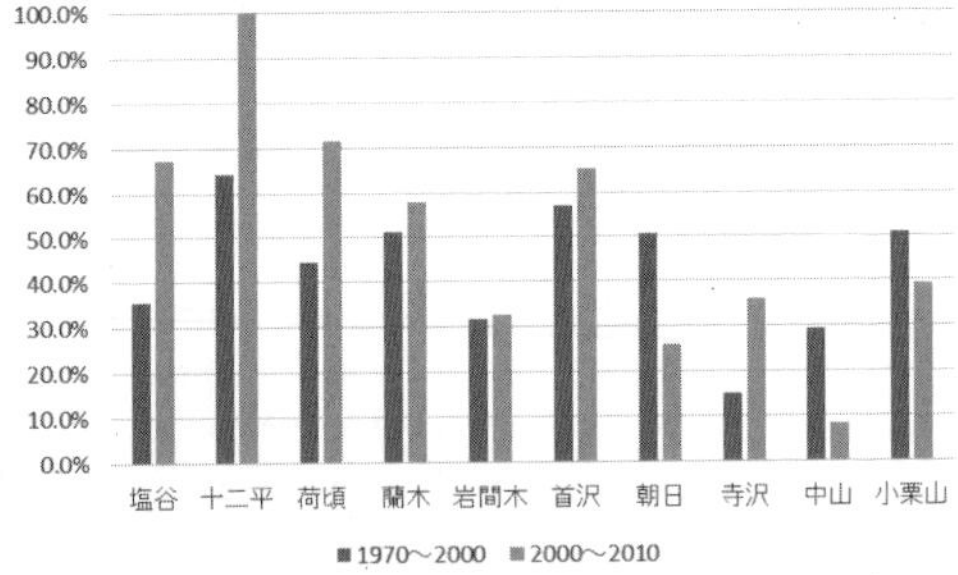

図 1-5　東山地区集落別の人口減少率

出所：小千谷市住民基本台帳人口調査票（昭和 55 年、平成 12 年、平成 22 年）より作成

3　塩谷集落について

位置

塩谷は、小千谷市中心から約一五キロメートル離れた中山間地に位置している。標高は約三〇〇メートルで、小千谷市中心から行くと、国道二九一号を南荷頃交差点で右折した後の最後の約三キロメートルは急な坂道が続く。そして、この急な坂道を上っていくと、雨乞山に開けられた塩谷トンネルがあり、そこを抜けると、塩谷が見えてくる。

周囲を山に囲まれた塩谷は、旧山古志村（現・長岡市古志）、旧川口町木沢（現・長岡市木沢）などと接している。現在はこれらの集落と行政区は異なるが、歴史的にも文化的にもつながりがある。

気候

世界でも有数の豪雪地域である。冬には積雪が四メートルを超えることも珍しくない。一晩で一メートル以上の積雪になることもあり、冬は集落全体が雪に閉ざされる。

この地域では、除雪のことを「雪掘り」と呼んでいる。雪は水分を含んで重く、重労働である。年に数回、屋根に上り、雪掘りを行う。地震直後の二年も大雪となり、地震で被害のなかっ

冬の塩谷

た家屋も、避難中のため雪掘りが十分にできなかったために倒壊してしまった。このように、雪掘りは従来型の家屋を守るために必要な冬の作業になっている。

産業

小千谷市東山地区では、養鯉業が盛んである。塩谷にもいくつかの養鯉業を営んでいる世帯がある。また、地震を機に塩谷を離れた世帯でも、塩谷内で続けて養鯉業を営んでいる世帯もある。

塩谷内の耕地面積は、地理的条件もあり限られている。その限られた農地に米の他、伝統野菜であるかぐら南蛮などがつくられている。まとまった耕地はなく、住宅の周りに点在している。場所によっては、舗装されていない細い山道を下らなければならないところもあり、耕地への移動は主に軽トラックによって行われる。

兼業農家のみであり、近年、高齢化や担い手不足もあり、耕作放棄地も現れるようになってきた。その他に、ゼンマイなどの山菜を採取して販売をしている農家もある。ただし、ほとんどの働き手は小千谷市中心部か長岡市で仕事をしている。

歴史・習俗

郷土資料によると「塩谷」という地名の由来はアイヌ語の「ショウ・コタン（岩・村）」である（星野 一九五四、六頁）。つまり、この地域にはかつてアイヌ民族が住んでいたことを意味する。今、塩谷を含め東山地区で闘牛が行われているのも、アイヌの風習の影響であるとも考えられている。約二〇〇〇年前に、大和民族がこの地に移り住んだといわれる。この地は越後の中央にあり、海陸交通の要所であったため、大きな町として栄えた。

しかし、戦国時代の戦乱により荒廃し、稲越村という寒村となる。その後、現在の塩谷集落は一八七五（明治八）年まで、上村と下村に別れて、それぞれ魚沼郡と古志郡に属していた。現在でもこの上村・下村の名残があり、集落の中央に位置する集落開発センターの前の道路を境に、二つの班（上と下）に分かれて同センターの清掃などを行っている。また、その道路の突き当たりにある家の屋号は村の真ん中を表す「中村」である。

一八七五年まで下村は木沢（現・長岡市川口町）の枝村であった。そのような歴史的経緯から、現在、木沢集落とは行政区画は異なるが、住民間の交流が存在している。たとえば、現在でも、住民のほとんどは木沢にある寺の檀家である。木沢と塩谷の間にある峠集落（長岡市川口町）とも交流があり、もちつきや田植えなどを一緒に行っている。

また、かつて塩谷は「二十村郷」と呼ばれる地域の一部であった。二十村郷とは、古志郡の旧種苧原村・大田村・竹沢村・東竹沢村・東山村を含む東山山地南端の総称であった（山崎久雄

一九六二、一七頁）。文献や住民の語りからも、その境界・領域は明確ではない。渥美によると「二十村郷の境界については、古くから文献にも見られるが、それは一定せず、人々の語りからも曖昧な境界が浮かび上がる。結局、どこからどこまでが二十村郷であるかということは明確には示すことができない」（渥美　二〇一一、三二五頁）という。つまり、二十村郷とは明確な境界によって区切られた空間を示すというより、牛の角突きや、錦鯉、天神囃子や盆踊りといった習俗を緩やかに共有する集落間のつながりを指す社会空間であるといえる。このような時間的・空間的広がりを持つ塩谷の明治以降の沿革を【表1-3】にまとめた。

塩谷を理解する上で、コミュニティ論の視点は重要である。今日のような塩谷における住民の関係や復興への意識、そして住民活動などを考える上で、今日の共同性の基盤がどのようにして生まれてきたのかということを理解することは必要であろう。塩谷には、地震前に移住してきた家を除いて三つの名字がある（関、星野、友野）。それぞれ本家、分家関係をもったサブグループに分かれ、それぞれをマキと呼んでいる。本家はマキ親、分家はイモチである。それぞれの氏神を祭り、冠婚葬祭の単位となるほか、古くは相互扶助の関係にもあったという。現在でも、マキという言葉はよく聞かれ、集落をまとめる単位としての機能は残っている。

一方、集落の歴史をコミュニティ論の視点から見たとき、集落の共同性の基盤や変容が注目される。コミュニティに関する多くの定義を分類したアメリカの社会学者ヒラリーによると、「メンバー間に相互作用がある」「空間的に領域を区切る境界がある」「メンバーが共属感覚を

表 1-3　塩谷の沿革

明治 8（1875）年		塩谷下村は木沢村から分離して魚沼郡の塩谷村（上村と峠・十二平）と合併した
明治 13（1880）年		北魚第 6 中学校区 24 番小学中山校塩谷分校（のちの塩谷小学校）として開校
明治 21（1888）年		塩谷村は古志郡に編入となり、東山村と合併した
明治 35（1902）年		塩谷尋常小学校として独立
昭和 18（1943）年		雨乞山の手掘隧道が 5 年の歳月をかけ完成
昭和 22（1947）年		東山中学校開校
昭和 29（1954）年		小千谷市が誕生。その後、木沢・峠を除く東山村は、古志郡を離れ、小千谷市と合併する
		小千谷市立塩谷小学校と改称
昭和 40（1965）年	11 月	東山中学校寄宿舎完成
昭和 43（1968）年	12 月	塩谷小学校新校舎完成
昭和 50（1975）年	8 月	小栗山の「牛の角突き」が 10 年ぶりに復活
昭和 52（1977）年	8 月	小千谷闘牛場整備完成
昭和 53（1978）年	5 月	「牛の角突きの習俗」（小千谷市・山古志村・広神村）国の重要無形文化財に指定
昭和 58（1983）年	7 月	塩谷トンネル開通（当時、約 60 戸）。12 億円の建設費がかかったといわれる。
昭和 61（1986）年	7 月	塩谷にバスが開通
	3 月	東山トンネル開通
	4 月	東山中学校が東小千谷中学校に統合
平成 14（2002）年	4 月	塩谷小学校、小栗山小学校、南荷頃小学校を統合し、東山小学校開校
平成 16（2004）年	10 月	中越地震発生、全世帯（49 世帯）避難
平成 17（2005）年	8 月	「芒種庵を作る会」発足
	12 月	避難勧告解除
平成 18（2006）年	4 月	帰村開始。災害公営住宅木津のぞみ団地住宅入居も開始
	6 月	牛の角突きが小栗山の小千谷闘牛場で復活開催
	7 月	慰霊塔完成・復興記念式典
	11 月	芒種庵改修完成・「オープンの集い」
平成 19（2007）年	8 月	帰村完了
平成 20（2008）年	1 月	ワークショップ：夢を語る会開始
	5 月	田植えまつり
	8 月	第 1 回二十村郷盆踊り大会（於・木沢集落）開催
	11 月	収穫祭 塩谷分校開校宣言

出所：小千谷市 HP、小千谷市立東山小学校 HP、友野正人氏（塩谷住民）の資料を元に作成

もっている」ことがコミュニティを定義する要素として最も共通するものであった。もちろん、現代的なコミュニティにおいては空間的境界は必須の要素ではないが、塩谷を考える場合、中山間地という地理的条件から見て、空間的境界は集落コミュニティを特徴づける上で重要な要素であると考える。

コミュニティの共通要素である「相互作用」「境界」「共属感覚」をキーワードとして歴史を捉え直した場合、塩谷における「学校」「交通」「習俗」の時代的変化が重要になってくる。コミュニティにおける相互作用は、一般に血縁や近隣、自治会や地域組織などを通じて行われる。しかし、塩谷が山に囲まれ社会的流動性がそれほど高くないことを考慮すると、学校という装置がメンバー内の相互作用において重要な役割を果たしているといえる。多くの住民は、幼い頃から同じ学校に通い、長い時間を一緒に過ごしているのである。そして、記憶を共有していくのである。学校に通うということを通じて、自らが塩谷の一員であることを自覚していたといえるだろう。

また、コミュニティの境界は、都市部では校区や社会福祉協議会といった人為的につくられたものも多いが、塩谷のような中山間地では、自然的な境界である山に囲まれ、近隣集落と区別されている。したがって、その境界はほとんど不変ではあるが、機能的に変化することはある。別のコミュニティと分け隔てていた自然的境界が、人為的な作用によって拡張したり、曖昧になったりするのである。塩谷においては、それは「交通網」の整備によって大きく影響を受けたと考えられる。人々の生活圏が変化し、自ずとコミュニティの境界も変容していったのである。

そして、共属感覚を考える上で、「習俗」は重要な要素である。習俗のような文化的行為は歴史・記憶を引き継ぎ、共同作業を通じて、メンバーが相互承認し合う機会となる。習俗がどのように変化し、どのような位置づけをされているかを明らかにすることで、塩谷における共属感覚の変遷を追うことができるだろう。塩谷にはさまざまな習俗があるが、その中でも古くから伝えられている牛の角突きについて考えてみたい。

牛の角突き

習俗：牛の角突き

「角突き」は、塩谷も含まれる二十村郷に古くから伝わる習俗の一つとして挙げられる。石井によると歴史的には、江戸時代に岡田新川によって書かれた随筆『秉穂録』（一七九五）に「角づき」として残っている（石井　一九九六、六四七頁）。その後、『南総里見八犬伝』に紹介されている。昭和初期には、佐藤垢石が『越後の闘牛』に角突きを観戦したときの様子を詳細に綴っている。彼は長岡の友人に誘われ、竹沢村（現・長岡市古志竹沢）にあった白髭神社で行われる角突きの見物に出かけた。「昼飯を終えたころから、見物人と共に猛牛が続々と神社の境内へ集まってくる。飼主や村の青年にひかれる牛は、もう、うおうと唸って、その声は遠方からきこえてくる。既に殺気立っている前景だ」と始まる前の様子を伝えている。そして、実際の角突きの場面では、塩谷の牛の様子なども記されている。「東の口から曳きだされてきたのが、塩谷村の甚六牛である。茶色で、肩の肉瘤隆々として盛り上がり、目方は二百貫近くもあろうか」。

このように、角突きは塩谷において昔から盛んであった。現在、集落では二人の牛持ち（牛のオーナー）と二人の牛の世話（牛のオーナーとは別の人）をしている人がいる。中越地震時には集落内で飼っていた牛はヘリコプターで救助することになるほど牛は大切にされている。

このように角突きは、塩谷においても長年にわたって関わりをもっていた。高度経済成長期に一時期中断されていたが、昭和五〇（一九七五）年には再開され、昭和五三（一九七八）年には国の重要無形文化財に指定された。

中越地震では、小千谷市小栗山にある闘牛場も大きな被害を受けた。しかし、地震の翌年には小千谷市の白山運動公園の仮設闘牛場で再開され、まだ地震の爪跡が残る中、平成一八（二〇〇六）年には小栗山の小千谷闘牛場が再開した。

このような角突きの再開は集落にとって重要な意味をもつ。植田今日子によると、災害は人々を未来が想定し得ない直線的な時間の流れにおいてしまう。そのような不安から回復するために重要なのは、「過去から未来に向かって繰り返しらせん状に進行していく」回帰的な時間を作り出すことであるという（植田二〇一三：五四）。このような時間の中で、集落は日常の安心感の基礎となるルーティンを作り出すことができるのである。つまり、角突きの再開は、集落にとって回帰的な時間の取り戻しであり、それによって安心感を得て、少しでも災害からの回復を前に進めることを意味しているのである。

塩谷小学校跡

学校

現在の塩谷の原型は、明治八（一八七五）年に塩谷村（上村）と塩谷下村の合併によってつくられた。明治五（一八七二）年に学制が、明治一二（一八七九）年に教育令が公布され、近代的学校制度が開始された。それにより、「小学校」の設置も定められ、塩谷でも、明治一三（一八八〇）年に北魚第六中学校区二四番小学中山校塩谷分校が開校した。

明治一九（一八八六）年には小学校令が発布され、修学年限三～四年の尋常小学校を設置することが定められた（明治三三（一九〇〇）年には四年に、明治四〇（一九〇七）年には六年に小学校令によって修業年限が変わっていった）。そして尋常小学校は、義務教育とされた。明治二二（一八八九）年に市町村制と府県制・郡制が公布され、一定程度の地方自治制度がつくられ、それに合わせて、尋常小学校の設置を市町村に義務づける教育令が出された。それに伴い、少し時間をおいて、塩谷でも明治三五（一九〇二）年に分校が塩谷尋常小学校として独立した。

そして、戦後の市町村合併などを経て、小千谷市が誕生し、それに塩谷村も合流すると、昭和二九（一九五四）年に小千谷市立塩谷小学校が開校した。集落住民からの聞き取りによると、小学校には多くの子どもたちが集っていたという。また、社会的流動性が低いこの地域では、小学校の同級生は小さい頃より共通体験をし、記憶を共有している。いわば、集落の協働想起の装置として機能していたといえる。

戦後、昭和二二（一九四七）年に、教育基本法および学校教育法が制定された。その中で、義務教育が小学校六年、中学校三年の九年と規定されることになる。塩谷が位置する小千谷市東山地区でも、同年、東山中学校が開校されることになった。

東山地区は、雪深いため、冬季の通学は困難であった。そのため、昭和四〇（一九六五）年には、東山中学校に寄宿舎ができ、冬季授業期間、生徒たちは共同生活をすることになった。この共同生活も塩谷に幼い頃から暮らす住民にとっては協働想起に一つの重要な契機となっている。

高度経済成長期の昭和四五（一九七〇）年、過密・過疎が全国的な社会課題となり、「過疎地域対策緊急措置法」が施行された。その中で、各地で小中学校の統廃合も進んでいく。そのような時代の趨勢の中で、東山中学校も統廃合の対象となり、昭和六二（一九八七）年には塩谷から車で約二〇分かかる東小千谷中学校に統廃合されることになった。これ以降、集落の中学生はスクールバスなどで登下校することになるが、同級生とは異なる生活環境や生活リズムとなり、中学校が集落における協働想起の装置としての機能を減退させることになる。

一方、塩谷小学校は、昭和四三（一九六八）年には校舎が新築され、下村から上村の近くに移転した。しかし、集落の人口が減少し、子どもの数が減ってくると塩谷小学校も統廃合の対象となっていく。中越地震の二年前の平成一四（二〇〇二）年には、同じく東山地区にあった小栗山小学校、南荷頃小学校とともに東山小学校に統合され、閉校されることになった。

塩谷小学校の施設存続も検討されたが、集落で維持することは断念され、取り壊された。現在、その校門だけが塩谷に小学校があったことを思い出させる唯一の手がかりになっている。

交通

建築家の原広司によると、境界は「さまざまな出入力を制御し、場合によっては、出入力となる作用因子を変容させるはたらきを持つ」（原　一九八七、一三九頁）。つまり、外部から進入してくるものを内部にとって理解可能なものあるいは操作可能なものに変換し、内部秩序に適合させていく機能をもっている。

塩谷は山に囲まれた中山間地である。しかも、冬期には積雪が三〜五メートルにもなる。地理的条件によって境界づけられた閉じた空間であったといえる。

このような閉じられた空間において、境界を越えること、つまり集落の外に移動するということは、長く大きな課題であった。たとえば、集落には病院などがないため、病人が出ると、山道を何時間もかけて運ばなければならない。そうなると途中で病状が悪化したり、最悪の場合は命を落としたりすることになる。

塩谷では、昭和一八（一九四三）年に雨乞山の山腹に手掘の隧道《すいどう》（トンネルのこと）が掘られた。約五〇〇メートル、幅一・五メートルほどといわれている。この隧道を掘るには五年とも七年ともいわれる歳月がかけられている。それでも、軽トラックがやっと通れる幅であり、時折落盤事故も起こるようなものであった。

塩谷トンネル

この隧道をさらに整備して、生活環境を改善したいというのが塩谷の住民の願いでもあった。その願いを叶えたといわれるのが、田中角栄元首相である。彼は生活環境が十分に整わないことを理由として集落を出てしまう人を減らすために、トンネル建設に尽力したといわれる。

塩谷の住民は田中元首相に何度も陳情したという。その陳情の甲斐もあり、昭和五八（一九八三）年に手掘隧道の横に片側一車線ずつの塩谷トンネルが完成した。トンネルの塩谷側の入り口には、「明窓の碑」という田中元首相による書を掘った碑が置かれている。筆者たちや学生たちもこの塩谷トンネルを通って塩谷を訪れていることからもわかるように、このトンネルによって、明確に集落の内と外とを分け隔てる強固な境界から、内部と外部との交流が可能な緩やかな境界に変化したのである。そのような意味でも、このトンネルはまさに塩谷に明かりを届ける「窓」となっている。

しかし、このトンネルは明かりとともに、塩谷にネガティブな影響も与えることにもなった。トンネルが開通した頃は、モータリゼーションが進んだ時代であり、大都市圏へ人口が集中している時代であった。筆者たちが七〇代の塩谷住民に「今までで一番塩谷が変化したのはいつだったか」という質問をしたとき、彼は「トンネルが開いて、車での移動が普及したとき」と答えた。理由は、住民が塩谷内で行われる農業・養蚕・養鯉などだけでなく、集落外の製造業や建設業で生計を立てることができるようになり、集落内の人間関係が変化したからであった。トンネルができ、車での移動が容易になり、境界を越えることがますます容易となり、住民が集落外で生活する時間が大幅に増えたのである。

このような状況は、集落で農作業や養鯉などを通じて、共通体験や同じ時間の流れで生活することによって生まれていた集落内の共通の生活世界の解体を促していく。広井はコミュニティを「生産のコミュニティ」と「生活のコミュニティ」に分け、農村ではその両者が一致していたが、「高度成長期を中心とする急速な都市化・産業化の時代において、両者は急速に〝分離〟していくとともに、「生産のコミュニティ」としてのカイシャが圧倒的な優位を占めるようになっていった」と述べている（広井二〇一〇、一四頁）。塩谷トンネルが開通したことで、まさにこの状況が塩谷においても促進されたのである。こののちしばらくして、集落の社会的紐帯形成において重要な役割をしていた青年会などの地域自治組織が消滅していくことになる。

二〇〇四年一〇月二三日午後五時五六分。塩谷では、少子高齢化、人口減少過疎化などわが国の中山間地の多くと共通する問題を抱えつつも、畑で作業を続ける大人、仕事を終えてあがり酒を飲み始めた人、お風呂に入る子ども……冬支度が始まる前のゆったりとした週末を迎えていた。

注

（1）令和二年国勢調査
（2）総土地面積、林野面積は二〇二〇年農林業センサス、耕地面積は令和三年面積調査
（3）小千谷市、小千谷市統計書二〇二一年版

（4）積雪積算値とは、毎日の積雪深を足し合わせたもの（注：観測場所は旧北陸農業試験場（元中子）（標高六三メートル）である。一七－一八年より、観測場所を小千谷市消防本部（標高五六メートル）へ変更した。）

（5）現長岡市（二〇〇五年四月合併）

（6）現長岡市（二〇一〇年三月合併）

（7）令和二年国勢調査

参考文献

渥美公秀（二〇一一）「災害復興と協働想起」『大阪大学大学院人間科学研究科紀要』三七　三二一－三四〇頁

五味希（二〇一五）「中越地震被災コミュニティが抱く復興への認識――新潟県小千谷市東山地区９集落の復興曲線から――」東京工業大学大学院社会理工学研究科社会工学専攻二〇一四年度修士論文（未公刊）

原広司（一九八七）『空間――機能から様相へ』岩波書店

広井良典（二〇一〇）「コミュニティとは何か」広井良典・小林正弥編著『コミュニティ』勁草書房、一一－三二頁

石井浩一（一九九六）「牛の角突きの習俗」『日本体育学会第47回大会号』六四七頁

小千谷市「第４次小千谷市生活交通確保計画 平成31年度（２０１９年度）～２０２３年度」小千谷市の歩み https://www.city.ojiya.niigata.jp/soshiki/kikakuseisaku/ojiya-ayumimokuji.html

小千谷市立東山小学校の沿革　https://www.city.ojiya.niigata.jp/east_mt/schoolintro/about02/about02.html
照本清峰・澤田雅浩・福留邦洋・渡辺千明・近藤伸也・河田惠昭（二〇一二）「地震発生後の孤立地域にみられる対応課題の検討」『自然災害科学』三一（一）五九‐七六頁
山崎久雄（一九六二）「二十村郷の山村発生」『新潟大学教育学部長岡分校研究紀要』七　一七‐三五頁
小千谷市統計書二〇一一年版　https://www.city.ojiya.niigata.jp/uploaded/attachment/27604.pdf
東山復興マップ
小千谷市住民基本台帳人口調査票（昭和五五年、平成一二年、平成二二年）

第2章　中越地震の影響

関　嘉寛

1　地震後の塩谷の動き

二〇〇四年一〇月二三日一七時五六分に新潟県中越地方を震源としてマグニチュード六・八、震源の深さ一三キロメートルの地震が発生した。塩谷に大きな被害をもたらした、中越地震である。この地震では、一九九五年の阪神・淡路大震災以来の最大震度七（観測史上二回目）を記録した。しかも、本震後、約四〇分の間に震度五強が三回、六強が一回発生し、被害をさらに広げた。

本震とそれに続く大きな余震は、塩谷の家屋にも大きな被害をもたらした。停電も発生し、電話などの通信手段も使えなかった。中山間地である塩谷に続く道や橋にも被害が及んだ。そのため、塩谷は完全に孤立してしまった。そのような中で、崩れた家屋に生き埋めになっている人たちがいた。孤立してしまったので、住民たちは電灯やジャッキ、バールやチェーンソーなどを持ち寄り、必死に救助を試みた。しかし、住民による懸命の救助作業の甲斐もなく、小学生三人がこの地震で命を落とすことになった。今も、亡くなった子どもが暮らしていた住居跡に立てられた慰霊碑の前で、一〇月二三日一七時五六分には多くの住民や関係者によって黙祷が捧げられている。

地震が発生した時刻は、日没時間が過ぎ、暗くなっていた。気温は下がってきたが、余震も続くため、家の中に留まることはできずに、集落の安全な空地に住民は集まってきた。しかし、この状況を外部に知らせる手段はなく、救助を待っていても、来てくれるかどうかさえわからなかった。そこで、住民一人が真っ暗な道を徒歩で降りて、市役所に救助を求めることを提案した。その提案にもう一人の住民が一緒に行くといい、二人で暗闇の山を下ることになった。

車でも二〇分かかる距離であり、いくら慣れた道といえども、真っ暗な上に、地震によって至るところで道路が寸断されていた。行程は困難を極めたが、幸い、途中でバイクを借りることができ、なんとか夜遅くに市役所に着き、救助を求めることができた。この逸話は、「走れメロス塩谷編」という紙芝居になり、おぢや震災ミュージアムそなえ館で見ることができる。

なんとか塩谷の被害状況を伝えることはできたのだが、至るところで被害が出ており、具体的な被害もわからず、救助計画が立てられないため、救助は翌日の日の出を待ってからになった。不安で寒い一夜を過ごした住民たちは、二四日朝、自衛隊のヘリコプターで東小千谷小学校へ避難した。小学校のテントで一夜を過ごし、翌二五日は小千谷高校体育館の避難所で多くの住民は避難生活を始めた。

発災から一ヶ月あまりで、希望者は小千谷市千谷につくられた仮設住宅団地に集落単位で入居したため、仮設住宅では見知った顔が傍にあった。ほぼ毎夕、「青空酒場」と称して、住民（主に男性）が集まり、避難生活のストレスを発散していた。

塩谷の区長（自治会長）は、住民の相談にのったり、支援を希望するボランティアの窓口になったりして、住民が集落に帰還する道筋を探っていた。しかし、小千谷市の復興計画では、「不便で非効率的な」中山間地よりも、「便利で効率的な」市街地での住宅再建を促す動きがあった。そのため、塩谷の住民の中でも、住んでいた塩谷ではなく、新たに造成された市街地などに住宅を再建することが検討されていった。

地震当時、四九世帯が塩谷で暮らしていた。しかし、結果として、半数以上の世帯が、「山を下りる」決断をした。帰還しなかった住民にはそれぞれ理由はあるが、市が移転に対して住宅再建支援金などの優遇策を提案したことも帰還世帯が少なかった一因と考えられる。

地震後の豪雪により、家屋を失った者もいて、地震後、集落では三軒が新築された。それ以外の帰還世帯は、既存の家屋を修繕し、再び塩谷に住み始めた。帰還は、まだ水道などの整備が終わる前の地震後二〇〇五年八月から徐々に始まり、正式には、発災から一年六ヶ月後の二〇〇六年四月から始まり、最後の帰還者が家を新築して、塩谷に帰ってきたのは、地震発生から約三年一〇ヶ月後の二〇〇七年八月であった。こうして、地震後の新しい塩谷は地震前の半数以下の二〇世帯でスタートを切ることとなった。

2　中越地震の塩谷コミュニティへの影響

全集落避難から帰還の過程で大きく人口を減らした。それはコミュニティとしての塩谷の再構成を迫るものであった。もちろん、コミュニティの再構成には、さまざまな要因が複雑に絡み合っている。本章では、まず、中越地震についての住民の捉え方を、避難所暮らし、仮設住宅での暮らし、そして新しいコミュニティの出発点ともいえる帰還住民全員が塩谷に帰還したときの様子の三点からインタビューを通じて明らかにする。避難所での暮らしは、発災以前の古い塩谷コミュニティの様子を表しており、帰還時の様子は新しい塩谷コミュニティの様子を表しているといえる。そして、仮設住宅時は新旧のコミュニティの移行期ともいえるだろう。もちろん、この移行は新しいコミュニティの規範を生み出すためのコンフリクトを含んだものである。

2-1　住民インタビュー

コミュニティの構成要素である相互作用、境界、共通感覚という視点から塩谷というコミュニティの歴史と現状を見ると、以前と比べると弱くなってはいるが都市部とは異なり一定程度の強さをもった社会的紐帯があることがわかる。このようなコミュニティを中越地震が襲った。コミュニティのメンバーである住民たちは、地震後何を考えていたのであろうか。集落に帰還を希望していた二〇世帯の住民全員が住宅の修繕や再建を経て集落に戻ってきたのが、二〇〇七年八月であった。それから約二年が経ち、新しい塩谷での生活にも慣れてきた二〇〇九年七月（地震発生から約五年）に、半構造化インタビュー調査を行った。

地震後は、個人や家族の生活と集落全体の行く末を重ねて考えることが多かった住民たちも、個人や家族の生活を中心に考えることが多くなるのがこの時期ともいえる。彼らにとって地震とその後の避難生活、そして仮設から新しく二〇世帯に縮小された塩谷での暮らしなどについてインタビューすることで、地震が今の生活に与えている影響とこれからの生活の課題を浮き彫りにできるのではないかと考えた。

今回のインタビューは七〇代一名、六〇代三名、五〇代三名、計七人の男性に行った（年齢は当時）。インタビュー対象者は集落の区長および役員を中心に選んだ。

それぞれに以下の質問を行った。

① 地震発生から避難所暮らしまでの様子（二〇〇四年一〇月二三日～二〇〇四年一二月四日）
② 仮設住宅時代の様子（二〇〇四年一二月五日～二〇〇七年八月一三日）
③ 二〇世帯の塩谷がスタートしたときの様子（二〇〇七年八月一三日～）

2-2 第一回インタビュー調査結果（年齢はインタビュー当時）

① 地震発生時から避難所での暮らし（二〇〇四年一〇月二三日～二〇〇四年一二月四日）

塩谷は、震源地の傍で道路なども寸断され、また停電も起きていた。その翌日に全住民が避難することになる。そして、その後小千谷市市内の避難所で約二ヶ月過ごした。そのときの印象で述べられた言葉は、内容的に二つに分けられる。一つは、集落の人々の関係性について、そしてもう一つは、自分のそのときの状況である。

集落の関係性に関しては、「みんなのことを仲間と考えた時期だった」（星野哲雄氏・六〇代）、「大変さの中に楽しさ」があるという肯定的な意見が挙げられている。その一方で、「地震前はあまりわからなかったが、共同生活で、互いの嫌な面も見えて」きた（関芳之氏・五〇代）、「人間が見える」（星野哲雄氏）という否定的な意見も挙げられている。

また、自分の状況については、「無我夢中」で「プライバシーまで考えられない」（友野正人氏・五〇代）と、当時の混乱した状況が語られていた。

②　仮設住宅での暮らし（二〇〇四年一二月五日〜二〇〇七年八月一三日）

仮設住宅での暮らしは、最長で二年八ヶ月に及んだ（ただし、二〇〇七年四月から水道などが通じ、集落に帰ってくる予定の人たちの多くは帰り始めていた）。集落はほぼ集まった状態で仮設住宅に居住しており、地震前以上にコミュニケーションを取る場が設けられた。成人男性たちは、「青空酒場（のんべえ横丁）」と呼んで、酒を酌み交わしていたという。

そのような仮設住宅での暮らしが、仮設住宅での集落の人々の関係性に及ぼした影響と、仮設住宅を出た後どこに住まいを定めるかという決断がその関係性に及ぼした影響について聞いた。前者の集落の人々の関係性は、「花見を企画した。男女で集うのはこれが初めてだった。全員がまとまっていた」（関芳之氏）というように、避難所生活から継続して良好な関係性が保たれていたことがわかる。

仮設住宅では、次の恒久住宅の場所を「決断しなければならない時期」（星野哲雄氏）でもあった。結果として、避難した四八世帯（一名、仮設住宅において死去）中、二〇世帯だけが塩谷に帰還することを決めた。その間の人間関係は、特にわだかまりはなかったというが、「みんなの気持ちが揺れた」（関芳之氏）と語り、決断が難しい人たちもいたことを語る人もいた。

多くの回答は、塩谷に帰る、帰らないによって関係性に影響はなかったといっていたが、「塩谷に帰る人が出てから、帰る人と帰らない人との間にわだかまりが発生した」（関芳之氏）、「高齢者の間では、帰れる人、帰れない（帰らせてもらえない）人がいて確執があったように思う」（星野哲雄氏）と、影響がなかったといえ、一部の人々やその関係性には、移転の決断は影響を及ぼしていたことがわかる。

③　二〇世帯の塩谷がスタートしたときの様子（二〇〇七年八月一三日～）

二〇〇六年四月から正式に、塩谷への帰還が始まった。最終的に二〇世帯がそろったのは翌年二〇〇七年八月一三日であった。地震発生から約二年一〇ヶ月経っていた。

全世帯避難したときには四九世帯あった集落には、塩谷から転居した世帯の住宅の空き地が点在していた。その一方で、三軒が地震やその後の豪雪により全壊したため、新築された。

このような集落になったときの感想や思いをそれぞれに語ってもらった。帰還開始から全世帯がそろうまで一年以上かかったので、「うれしい、残りの人がやっと帰ってきた」（関芳之氏）と率直な感想を述べる人もいた。また、これからの集落運営について前向きに捉えて、その意欲を語った人たちもいた。

そして、「何かしなければ」(友野正人氏)と考える人たちも多かった。「やっと塩谷。これからが本当に塩谷を考える時期かな」(関邦宇氏)、「やっとみんなもやる気になったかなと思った」(星野哲雄氏)。

しかし、住民たちの協働が進められるか、今後に不安もあった。「ああこうなってしまった」(星野哲雄氏)と世帯が減少したことを残念に思う人もいた。彼は、地震当日の夜、別の住民とともに小千谷市役所へと救助を求めにいったのだが、皆が塩谷へ帰るものと思っていたので、「そんなために(地震の夜に)走ったのではない!」と思っていたという。

2-3　第一回インタビュー調査からみえる中越地震の影響

①の地震発生から避難所暮らしまでの様子は、地震がどのような出来事として記憶されているのかを知る手がかりである。この調査では記憶の正確さを問題にするのではなく、いかなる出来事として思い出されるのかという点に注目している。フランスの社会学者アルバックスによれば、記憶は社会的なものである(Halbwachs, M. 1950)。彼は、さまざまなコミュニケーションや社会環境の中で想起(remembering)されることを通じて、集合的に構築されるものとして記憶を捉えた。記憶を集合的記憶として捉えると、後世に残すべき災害の記憶も唯一の事実を

伝えるのではなく、さまざまな力学の上で成り立っていることがわかる（今井一九九九）。したがって、避難所での暮らしの記憶は、地震以前の塩谷の社会環境を映し出しているといえる。「みんなのことを仲間と考えた時期だった」（星野哲雄氏）という発言は、地震以前の塩谷コミュニティが社会的紐帯の強い集落であったことを表しているといえる。

②の仮設住宅時代を質問した理由は、この時期に集落に戻るのか、集落を出て別の場所に再建するのかを決定する時期であったからだ。この決定に際して、個人の生活と集落の行く末を同時に考え始めた時期であり、他の集落の人々に対する個人（家族）の想定が如実に表れる時期であったと考えられる。「塩谷は自分にとって○○なところ」「塩谷での暮らしは○○だ」「みんなは○○である（はずだ）」というイメージが語られるのではないかと考えた。インタビュー対象者の言葉から、地震以前の「古い」塩谷コミュニティと地震後の人数が減少することで考えざるを得なくなった「新しい」塩谷コミュニティへの不安が表れると考えた。それが「塩谷に帰る人が出てから、帰る人と帰らない人との間にわだかまりが発生した」（関芳之氏）という発言で明らかになっている。

③は、仮設住宅時代に生じた集落への帰還に際するさまざまな葛藤の後、実際に二〇世帯になった集落に戻ったときの感想を聞くものである。地震によって全世帯避難となり、新しい成員構成で始まる集落での生活に対して、どのような考えを持っていたかを知ることによって、新しい塩谷コミュニティの規範（メンバーシップや帰属意識など）に対するイメージを理解するこ

とができると考えた。このイメージとは、「やっと塩谷。これからが本当に塩谷を考える時期かな」（関邦宇氏）という発言からわかるように、「古い」塩谷コミュニティの規範とは異なる「真なる」塩谷コミュニティへの帰属を期待していたといえる。

この新しいコミュニティ規範へのイメージこそ、集落復興の初期の方向性を決定するものであるといえる。もちろん、「災害ユートピア」的な雰囲気が残った中での集落の再始動であるから、そのイメージは流動的であり、共同性や互助的な性格が強い。しかし、新しい塩谷コミュニティという共同体を特徴づけることが読み取れると考える。

このようなコミュニティとしての塩谷は、中越地震を契機として、新しい共同性をつくり出さざるを得なくなった。災害社会学者のE．クワランテリの指摘にあるように、自然災害としての地震は、既存のコミュニティのルーティン＝日常の当たり前に深刻な混乱を引き起こす。安定的なルーティンは、私たちの未来に対する予見に確証を無意識のうちに与えてくれ、この混乱から新しいルーティンをつくり出していくことが復興であるといえる。

したがって、中越地震の塩谷に対する影響をさらに理解するために、コミュニティがこの新しいルーティンの創出のためにどのような変化をしていったのかを明らかにすることが必要である。この変化を明らかにするために、コミュニティの構成要素である相互作用、境界、共通感覚が中越地震によってどのように変化したのかを検討してみたい。

2-4　中越地震による新しいルーティンの創出

(1) メンバー間の相互作用への影響：担い手の減少と外部者の関わり

中越地震後、集落は四九世帯から二〇世帯へと減り、人口が大きく減った。集落人口の減少は、集落での共同生活を支えてきたさまざまな仕組みを見直さざるを得ない結果をもたらす。塩谷には、もともと三つの姓しかなく、それを元に地震前は九つの「マキ（本家-分家関係に相当）」と呼ばれる氏族集団が存在していた。マキは「マキ親（本家に相当）」を中心として、冠婚葬祭や年末年始などには「子」がマキ親の家に集まってさまざまな儀礼を行うことで、集団の結束を確認していた。

しかし、地震による避難からの帰還後、マキは八つに減少し、さらにマキ親は五つになってしまった。つまり、塩谷の秩序を形づくっていたマキという氏族集団が、社会的紐帯を弱め、共同性を創出する力を失いつつあったのだ。

また、たとえば回覧板の回覧などの連絡調整など平常時の活動には、マキに関係なく隣近所で「組」が編成されていた。そして、集落を代表する役員は、区長、会計、農区長の三名の役員であり、かつては組長による推挙を基本として一年交代で運営されてきた。しかし、地震後は、各戸に一票を与える選挙によって決められるようになった。つまり、マキや組に基づく伝統的な集落の統治体系の維持が困難になったということである。このように、地震による人口減少は、それぞれの塩谷というコミュニティの基層的な仕組みであったマキの機能を解体させ、新たな統治体系をつくり出す必要が生じたのである。

塩谷での暮らしを維持・管理するための新たな統治体系の確立には、地震前とは異なる事情も影響してきた。区長は、地震前は主にマキ親から選ばれていた。しかし、前述したようにマキ親も減少し、集落に帰還したマキ親も高齢化していた。そのため、マキ親から選ぶということが事実上困難になった。実際、地震後に交代した区長は全員マキ親ではなかった。

区長は、一年交代であったが、なかなかなり手が見つからないということで、複数年にわたって務める人も出てきた。これは輪番制による集落の合意形成とは異なる状況が生まれたといえる。

集落運営で大切な持続性、つまり世代の交代にも苦心する事態となった。そもそも人口が減ったということもあり、集落に帰還した「少数の若手」、すなわち三〇代から五〇代の人たちに期待が集まる。しかし、彼らは仕事に忙しく、なかなか集落運営に携わる時間が取れなかった。

彼らは、まだ塩谷小学校があり、青年会・あんにゃ会などでの通過儀礼があった時代に塩谷で育ったので、集落に対する愛着や継続させる義務感はもっていた。しかし、ほとんどが未婚男性世帯であったため、集落運営の役割を個人として引き受けざるを得なかった。たとえば、配偶者がいるならば、集落運営の役割を世帯として引き受けるということになり、個人への負担はある程度軽減されるが、未婚の場合、一人でそれを担わざるを得なくなる。そうなると、仕事との両立という点で集落運営の役割を引き受けることを躊躇する傾向が強くなっているのである。

その結果、集落の統治・運営体系を担う世代は非常に限られたものになってしまった。七〇代以上の人々は集落の統治・運営から手を引き、地震当時五〇～六〇代の人々が、集落の統治・運営を継続的に担わざるを得なくなったのである。結果として、限られた人の中で、役員が回っていくことになった。

このように集落運営の担い手が限定されていくことは、集落での意思決定の継続性や迅速性を高めることになる。複数年にわたり同じ人たちが運営の意思決定にあたるため、考え方や方法は安定する。それは、復興過程にある集落にとってはよい影響を与えたといえる。しかし、地震前の状態ならば、多様な意見を取り入れながら意思決定を行うことができたが、担い手が限定された中では、そのような意見の多様性を確保することが難しくなってしまう可能性が高まっているという影響も看過できない。

地震による人口減少は、住民の相互作用の場であった年中行事にも影響を与えている。その一番の例が盆踊りである。開催の規模は徐々に縮小される一方で、地震をきっかけに集落で活動するようになった大学生ボランティアが運営にも関わるようになったのである。

これは、集落の相互作用の減少と新しい相互作用の形式の生成を意味している。前者は、今までの担い手であった若手層が担えず、集落の伝統を受け継ぐ機会が減ったということである。後者は、集落の伝統や習俗を知らない大学生ボランティアに住民が踊り方や太鼓のたたき方を教えることで、集落の伝統を見直すきっかけになったり、気づかなかった集落独自の習俗の「価値」を見出すきっかけとなったりすることを意味している。

（2）境界への影響：集落に帰還しなかった人や外部者との交流

地震によるコミュニティの境界への影響は大きく三つある。一つは、地震後、集落を出て、市街地に移転した人々の中には、塩谷に養鯉施設や耕作地、そしてお墓などを残している人が多くいたことである。この人々は、塩谷に鯉を育てるため、あるいは農作業をするために頻繁に塩谷に通って来ていた。集落を降りた人たちでも、作業の合間には、同じマキや隣近所であった人たちの家に上がり、お茶を飲みながら歓談していたという。このように、集落を降りた人もなお塩谷の一員であるという迎え入れ方をしていることを考えると、境界という点では、集落の境界が降りた人たちも含めた広いものになっていったといえるだろう。

地震による境界への影響の二つ目の点は、境界が強化されたことに表れている。小千谷市では、地震後人口が減少した東山地区にある九集落を一つの集落＝自治会に集約する構想があった。移転や移設などを伴うものではなかったが、東山地区で一番周縁部にあり、除雪などの作業を他の集落よりも必要とする塩谷では、この構想には断固反対であった。

この反対により集約する構想は断念されたが、結果として、塩谷というコミュニティの境界を他の集落と明確に分けることとなった。先ほどの境界の拡大（柔軟化）とは逆に、境界が明確になり、強固になる。このように境界が強固になると、塩谷という集合的アイデンティティが明確になる。それは復興過程において、想いの共有という側面では有利に働く可能性が高い。その一方で、外部者や集約の非賛同者を排除する傾向が強まり、多様性や柔軟性が減退する危うさも同時に生じることとなる。

地震によって、境界に対しては相反する影響が生じたといえる。そして、さらに、地震後、研究者や大学生ボランティアが塩谷に定期的にやってくるようになった。それは、境界についての三つ目の影響、つまり今までの内と外とを分ける意識＝境界が、混乱するということを意味している。なぜ、この人たちは塩谷にやってくるのかという住民の疑問は、まさにその境界の混乱を表しているといえる。研究者や大学ボランティアは、復興に関わろうとし、住民とさまざまな交流を行う。そうなると、研究者や大学ボランティアは完璧な外部者とは思えなくなってしまう。しかし、定住するわけではないので、内部者でもない。このような両方の性質をもちつつ、両方の性質をもたない両義的な存在が集落にいることによって、今までの境界概念が攪乱されていく。結果として、集落の人々は、新しい境界概念に基づく秩序を形成する、もっと簡単にいうならば、新しい価値観の受容を経験することを意味している。

（3）共通感覚：新しいルーティンの基層

前述したように、塩谷コミュニティの相互作用を生み出していた塩谷小学校は地震前にすでに、建物ともども塩谷からなくなっていた。しかし、多くの住民が小学校の卒業生であったり、保護者であったりしたため、小学校の経験は、塩谷住民にとっては、共通感覚の基層となっていたといえる。

このような基層的な共通感覚がある中で、避難生活が送られた。避難生活では、「青空酒場」が毎晩のように開かれた。そこで、主に男性陣が集まり、酒を酌み交わしながら、他愛ない話をしていたという。

避難から一～二ヶ月経ったこの時期は、被災した住民にとってみると、非常に不安な時期であるといえる。集落にいつ帰還できるのか、そもそも帰還できるのか。家の再建のためにどれくらい費用がかかるのかなど、将来の生活に対して明確な判断材料がほとんどなく、しかし、将来の生活に対して決定を下さなければならない時期であった。

その中で、常に基層的な共通感覚をもった人々が、明確な目的もなく集まるということはとても心強いものであったと容易に推察される。このような経験は、「塩谷で一緒にがんばろう」という共通感覚を生み出すことにつながったといえる。

このように新しい塩谷コミュニティでの新しいルーティンは、若者の減少に伴う集落の相互作用の減少とボランティア等の参入による新しい相互作用の形式の生成という相反する状況があった。そして、境界という点では、コミュニティの境界の拡大（柔軟化）と境界の明確化に伴う排他性の強化が読み取れる。さらにボランティア等の定期的な往来による境界概念の攪乱という状況の中で、方向性が定まらないままであったのである。そこで唯一確固として存在していたのは「古い」塩谷コミュニティへの帰属意識を基盤とした共通感覚であったといえる。

参考文献

渥美公秀（二〇一一）「災害復興と協働想起」『大阪大学大学院人間科学研究科紀要』三七　三二一-三四〇頁
渥美公秀（二〇一四）『災害ボランティア――新しい社会へのグループ・ダイナミクス』弘文堂
Halbwachs, M.（1950）**La mémoire collective, Albin Michel.**（＝一九八九年、小関藤一郎訳、『集合的記憶』行路社）
広井良典（二〇一〇）「コミュニティとは何か」広井良典・小林正弥編著『コミュニティ』勁草書房、一一-三二頁
今井信雄（一九九九）「さまざまな『震災モニュメント』が意味するもの」神戸大学〈震災研究会〉編『阪神大震災研究四　大震災五年の歳月』神戸新聞総合出版センター　二九八-三一二頁
宮本匠他（二〇〇八）「被災者による復興過程の意味づけについての研究」『日本心理学会発表論文集』七二（〇）、七三頁
植田今日子（二〇一三）「なぜ大災害の非常事態下で祭礼は遂行されるのか」『社会学年報』四二、四三-六二頁

第3章　塩谷を分析する視点：キーワードと文献

関　嘉寛

1　災害はどのように理解されてきているのか

中越地震という災害を被った塩谷の復興過程を理解するためには、どんな視点が必要であろうか。自然科学的パースペクティブからすれば、災害は「発災」「救命・救助」「復旧・復興」「防災」というそれぞれ異なるディシプリンからなる領域に分けられる。どのように災害は発生するのか（発災）、どのようにしたら生命を救うことができるのか（救命・救助）、どのように現状復旧させるのか、あるいは新たな生活基盤をつくり出すのか（復旧・復興）、そして次の災害にいかに備えるのか（防災）という具合に、関心はそれぞれ異なるテーマを導き出していく。

しかし、塩谷における復興過程を理解するためには、災害とはあらゆる局面の基底に「暮らし＝社会」があると理解することが重要である。いいかえると、災害とは、災害社会学者のクワランテリ（一九九八）が指摘するように、「社会的集合体のルーティンに深刻な混乱を引き起こす」現象なのである。災害によって社会的集合体であるコミュニティは、家屋の崩壊や社会的インフラへの被害によって物理環境の変化が生じ、通常の暮らしが送れない空間に突然、変化し、人々は混乱するのである。このように、災害とは優れて社会的な現象であり、災害の基底に暮らしをおくと、「発災」「救命・救助」「復旧・復興」「防災」というそれぞれ独立した関心領域は、連続した現象として表れてくるのである。

このように災害が社会的な現象であり、連続した局面からなると考えると、災害による暮らし＝社会への影響を捉える視点は非常に多岐にわたる。とりわけ、災害復興に関する研究はさまざまな視点を含んでいる。なぜならば、災害復興とは道路や建物などの物理的物質的な側面や制度や経済のフォーマルなシステム、そして相互作用やコミュニティ、文化や価値観など私たちの暮らしを支えるあらゆるものが関係してくるからである。

アメリカを中心とした欧米の災害研究における災害復興に関する研究[1]は、Wenger and Parr（1969）、Burton, Kates and White（1978）、Comfort（2007）、Quarantelli and Dynes（1972、1976、1977）による初期の研究や、Reardon（1986）による研究のまとめ以来、かなりの蓄積がある。しかし、Button（2009）は、災害の復興過程に関する研究の少なさを指摘している。Passerini（2000）は、災害が物理的・社会的コミュニティを変化させるかどうか、また、変化が生じた場合、それが良い方向か悪い方向かどうかを吟味している。しかし、先行研究のレビューの結果、かなり複雑な結果が出てきたので、より厳密な方法を用いた復興に関する研究が必要であると結論づけた。

このような災害復興に関する研究を最も大きく前進させたのは、二〇〇五年八月に米国メキシコ湾岸を襲ったカテゴリー5の熱帯低気圧、ハリケーン・カトリーナである（たとえば、Burton and Hicks 2005参照）。Weil（2011）は、カトリーナの影響を受けた地域で観察されたコミュニティ組織、市民参加、新しい制度に注目し、Henderson（2011）は、記憶などの心理的要因に焦点を当て、生存者の住居移転について調査した。

以上の先行研究から、最近の傾向や復興研究の方向性について、三つの重要な見解を得ることができる。

第一に、文化的、歴史的、社会的な文脈に根ざした工学的、計画論的なアプローチをより多く行う必要がある。たとえば、Kim and Olshansky（2014）は、The Journal of the American Planning Associationの特集号をレビューし、災害復興にかかる時間やプロセスの完了を知る方法など、復興の測定や指標について確定的なものはまだないと結論づけた。

第二に、ソーシャルネットワークとソーシャル・キャピタルのアプローチを拡大する必要がある。復興過程におけるソーシャルネットワークの機能については、特にハリケーン・カトリーナ以降、何年にもわたって研究されてきた（たとえば、Carpenter and Montoya 2011を参照）。Aldrich

（2012）は、一九二三年九月の関東大震災、一九九五年一月の阪神・淡路大震災、二〇〇四年一二月のインド洋地震・津波、二〇〇五年八月のハリケーン・カトリーナの事例をもとにソーシャル・キャピタルを分析した。そして、支援額や被害額、人口密度、社会経済状況といった一般的に参照される要因以上に、高いレベルのソーシャル・キャピタルが復興の中核的なエンジンとして機能することを明確に示した（Aldrich 2012 p. 15）。

第三に、集団的・心理的な要因が、近年の復興研究の中心となっているということである。たとえば、Peek and Mileti（2002）は、災害によってコミュニティの基本的な「外観」が変化した場合、コミュニティの感覚は戻らないと主張した。そこで、コミュニティは災害前のパターンに近い形で再建することを勧め、その結果、災害後の再建の連続性と親しみやすさが心理的な回復を促進する可能性があるとした。より最近では、Richardson ら（2014）が「コミュニタス」（Turner 1974）の理論的概念に言及し、利他主義とコミュニティ感覚が、小さな町の災害からの復興の成功にどのような役割を果たしたかを評価している。

以上のように、欧米における災害研究では、災害の工学的な側面だけではなく、社会文化的な側面への注目が高まっていることがわかる。それにならい、複雑に入り組んだ塩谷の復興過程を理解するために、本章では「概念」「方法」「現象」の三つの点から視点やキーワードを整理する。

2　概念：「暮らし」を基底とした現象として災害を捉える

連続した局面の連続として災害を捉えた場合、その特徴はどのように表されるだろうか。災害人類学者のアンソニー・オリバー＝スミスは、「災害は自然と文化が交差するところで発生」（Oliver=Smith 2002=2006: 30）すると指摘している。つまり、私たちが関心を寄せる地震という災害は、断層のズレなどで説明される一般的な自然現象が、文化的にも時代的にも固有の社会へ固有の影響を与えることなのである。この指摘は、同じような断層のズレが別の社会で発生した場合、その社会にとっての影響は、社会が異なるのだから、まったく違う災害として現れてくるということを意味している。

彼はまた、「自然科学的パースペクティブと社会科学的なパースペクティブの双方」（Oliver=Smith 2002=2006: 30）が必要になると指摘している。たとえば、地震によって家財を失った人の状況を理解するとしよう。自然科学的な見方からそれを理解しようとすると、その人の家屋がどのような地盤の上に立ち、どのような構造をしていて、どのような揺れで家屋が壊れ、その人が被災したのかを考える。しかし、それだけではその人の被災状況を理解するには不十分であろう。つまり、地震で大きな被害を受けるような建物しか手に入れられなかった状況になぜ至ったのか、家屋を失ったことでどのような生活を強いられるのか、という疑問に答えられなければ、被災状況を理解したとはいえないだろう。そのような暮らしに関わる疑問に対する答えを探しているうちに、私たちは、その人が、そのような被災状況に陥らざるを得なかった個人や集団や地域が災害発生よりも前に抱えていた脆弱性（vulnerability）に気づくのである。

災害はその地域がもつ脆弱性によって特徴づけられるとすれば、復興はいかに特徴づけられるのだろうか。浦野はレジリエンス（回復力）によってその特徴は変化すると述べる。彼によるとレジリエンス概念は、「地域や集団の内部に蓄積された結束力やコミュニケート能力、問題解決能力などに目を向けていくための概念装置」であるので、レジリエンスは「地域を復元＝回復していく原動力をその地域に埋め込まれ育まれていった文化や社会的資源のなかに見ようとする」ことを可能にする（浦野二〇〇八：三二）。

私たちは、塩谷の復興を外部からの観察者として記述することを目指してはいない。このレジリエンスは災害後、自動的に発生するものではないと考える。レジリエンスがそもそもその地域に備わっている、すなわちアマルティア・センが指摘するケイパビリティ（潜在能力）であるのならば、私たちはそれを塩谷住民と一緒に「発見」することを目指す必要がある。あるいは、レジリエンスが創発的なものであるならば、塩谷住民と一緒に考え、いろいろな挑戦をしていくことを目指さなければならないのである。

このような災害復興におけるレジリエンスの考え方は、「人間開発」という考え方とも親和性が高い。恩田守雄によると「人間開発としての社会開発は、経済的行為と社会的行為をバランスさせ、コミュニティ行為を中心とした社会的行為の意識化（conscientization）とエンパワーメント（self-empowerment）によって、行為システムのパフォーマンス（遂行能力）を高めることである」とされる（恩田二〇〇一：一〇六）。つまり、住民が自分や自分のコミュニティに問題を含んだ状況を見出したり、それを解決することが必要であると思ったり（＝意識化）し、その気づきに対して、コミュニティを中心とした活動によって対処する方法や能力を身につける（＝エンパワーメント）ことができるような支援が人間開発なのである。いいかえるならば、レジリエンスの発現を促すことが人間開発であるともいえる。

阪神・淡路大震災の復興過程では「創造的復興」が唱えられた。この言葉に込められた意味は「単に一月一七日以前の状態を回復するだけではなく，新たな視点から都市を再生する」（兵庫県阪神・淡路震災復興計画）ということである。しかし、中越地震は阪神・淡路大震災とは異なる社会環境の中で発生したので、同じことを目指すことはできなかった。中山間地を中心として発生した中越地震は、経済は停滞し、地域は少子高齢化の中で減少傾向にある中で発生した。そこで、災害直後から復旧・復興に関わっていた活動者・研究者たちが「復興デザイン研究会」を立ち上げ、中越地震における復興を考えるようになった。研究会では発足時に「法末《ほっすえ》宣言」（法末は被災集落の一つ）を行い、復興とは何か、復興支援とは何か、そして何を目指すのかなどを定めた（渥美二〇〇八：二四）。

法末宣言
復興とは人々が元気・活力を取り戻すこと
復興とは過程であり時間がかかるが、目標の共有も大切
復興過程は、個人・地域の自己の再認識、多様性を認め合うこと、から始まる
復興支援とは、被災者に希望の火を灯し、それが大きくなるように支えること
復興の推進力は、地域の力と災害バネと台頭する人材である

私たちは、上記の認識をもとに、次のことを宣言します
一、中越地震被災地が、都市と農山村との新たな関係を築くモデルとなることを目指します
一、私たちの活動を広く発信し、被災地に限らず、社会全体の成熟・発展に寄与することを目指します
一、私たちは、支援活動を通じ無形の財産を養い、世界に誇ることのできる復興を目指します

このような中越地震の復興概念は、創造的復興とも東日本大震災の後に示された Build Back Better（よりよい復興）とも異なる。東日本大震災の後、二〇一五年に仙台で開かれた第三回国連防災世界会議での「仙台防災枠組」で「災害前と同じ状態にただ戻すのではなく、被災の教訓を踏まえ、脆弱性を克服し、災害に対しより強靭な社会への復興」＝ Build Back Better が提

唱された。津波による被害の大きさは、社会に「二度とあのような被害を発生させない」という決意につながったのかもしれない。しかしながら、中越地震の復興では「ここに住む意味」を見出すことが復興過程において重要な意味をもっていたのである。

3　方法：アクションリサーチに基づく復興過程への研究者の関わり

中越地震および塩谷の復興過程への私たち研究者の関わりは、アクションリサーチに依拠している。アクションリサーチは、「現場」に研究者が入り込むという点でフィールドワークに似ている。現場にある生活世界を内側から理解しようとする姿勢において、同じ方法論といえる。しかし、研究対象に対する研究者の立ち位置や研究成果の還元という点において大きく異なる。経済学者で地域経済の復興に取り組む草郷孝好はアクションリサーチを以下のように説明している（草郷 二〇〇七：二五一）。

アクション・リサーチとは、常に変化していく社会が抱えているさまざまな問題に対して、研究者と一緒に個々の問題の当事者が自身の解決策を考え、その解決策の有効性について検証し、検柾結果を

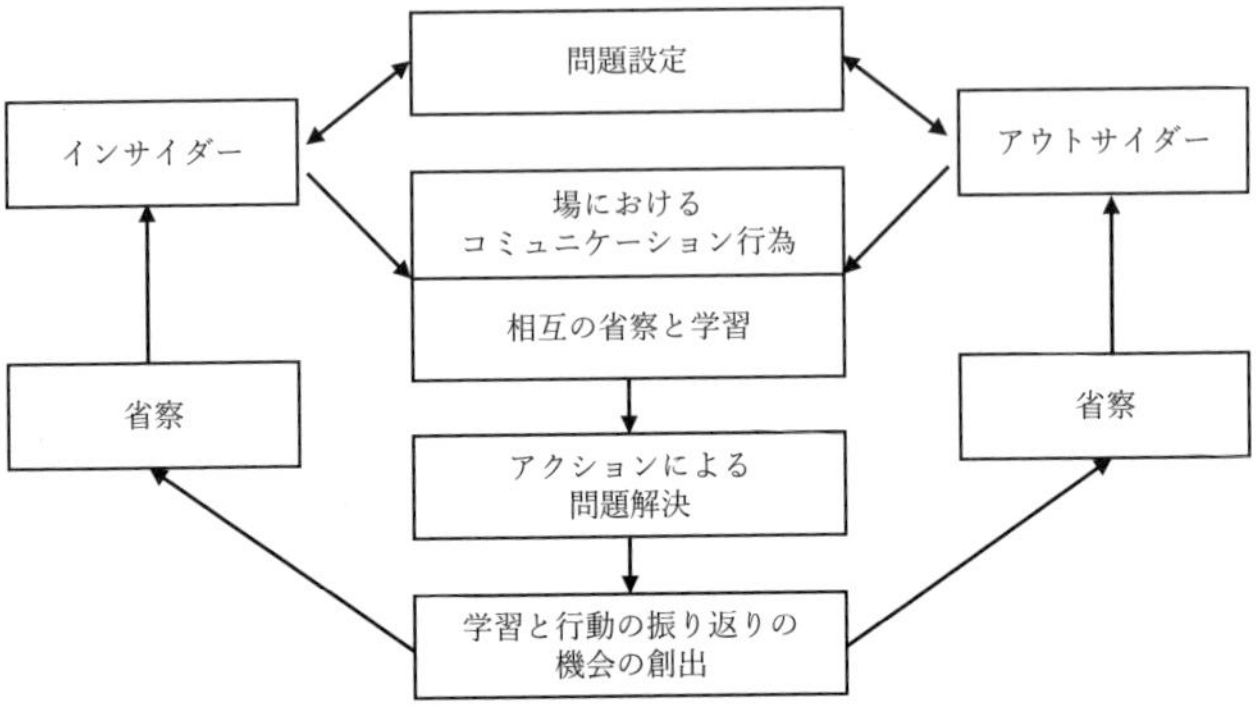

図 3-1　共創的なアクションリサーチのモデル（Greenwood and Levin 2007=2023: 54）

もとにして，自身の解決策を修正し改善していくことで問題解決を目指す調査活動手法のことである。

つまり、アクションリサーチにおける研究対象は、観察対象ではなく、当事者と一緒に問題の解決策を考えて活動することを特徴としている。積極的に対象（被災地・被災者）へ関与することで、対象と協働して問題の解決＝「よりよい状態」を目指していくのである。社会心理学者で防災や防災教育を研究している矢守克也は、「望ましいと考える社会的状態の実現を目指して研究者と研究対象者とが展開する協働的な社会実践」（矢守二〇一〇：一）のために、アクションリサーチにおいては、「研究者と対象者は共に当事者として…（中略）…「現状よりも望ましい斯く斯くしかじかな社会的状態」とは何かについて価値判断を下し、現状のベターメントへ向けて協働する」（矢守二〇一〇：一四）ことが求められるとしている。

このようなアクションリサーチにおける研究者と当事者の協働的実践を、グリーンウッドとレヴィンは、アウトサイダー（研究者）とインサイダー（当事者）による問題設定から始まる共創的モデル（cogenerative model）として表した。このモデルでは、相互の省察と学習が問題設定や問題解決というアクションリサーチ全体を通じて行われていくサイクルから構成されている（図3-1参照）。

「災害復興とは、被災者の世界の意味ある文脈を創造・維持・変化させるダイナミックなプロセスである」（Atsumi, et. al 2018）ので、復興過程におけるアクションリサーチでは、研究者と被災者が協働して災害復興の文脈を変化させることによってよりよい状態に近づけていくことが目指される。研究者は単なる観察者やアドバイスを与える存在ではなく、復興の動的プロセスをつくる。当事者との相互作用を通じて活動のあらゆる段階が見直され、記述し直されていくのである。

塩谷の災害復興過程へのアクションリサーチは、具体的には、被災者が自分たちのコミュニティをより良いものにしようとするモチベーションをいかにして高めることができるか、また、外部のボランティアや研究者とのコラボレーションとして後述するメタファー・アプローチを導入することによって、この災害復興プロセスをいかに加速させることができるかを探っていくものであった。

塩谷でのアクションリサーチによって用いられたメタファーは、古くて新しい問題である。

古代ギリシャの哲学者アリストテレスの時代から、詩的・修辞的思考の中核をなす概念の一つであった。ラコフとジョンソン（一九八〇：五）は、代表的な著作『Metaphors We Live By』において、ある種のものを別のもので理解し経験するというメタファーの機能は、言葉の問題にとどまらず、日常生活に広く浸透していると主張し、通常の概念体系は根本的にメタファーの性質をもつと説得的に結論づけた。メタファーの使用に関する研究は、組織論において発展し（Morgan 1986）、最近では神経科学の領域でもメタファーの科学的分析が行われている（Bohrn, Altmann and Jacobs 2012）。

社会心理学者のGergen（1982）は、災害復興などの社会変化に関して、メタファーの重要な機能を指摘した。彼は、メタファーだけでなく、他の三つのメカニズムも、社会環境に対する人々の理解を再構築する能力を通じて、生活を変革する力をもっていると提案した。社会心理学の文脈でいう四つの生成メカニズムとは（i）メタファーの力を利用する、（ii）少数意見を説明する、（iii）普通の考えを極端に押し出す、（iv）支配的見解に対するアンチテーゼを推進する、である。このうち、メタファーは、具体的・視覚的な置き換えをより多く行うため、災害復興のような現実的なプロセスには、他の三つの手法よりも適していると思われる。

Gergen（2009）の最近の研究によると、メタファーは、ある問題に焦点を当て、新しい行動指針を設定するよう導く。比喩を受け入れた後に代替行動を生み出すこの独立した生成プロセスは、災害復興、特に外部の人間が生存者を支援した場合に不可欠である。メタファーの効果は文脈や文化によって異なるので（Lakoff and Johnson 1980）、外部の人間は、被災者が復興のためのメタファーとしてある概念を選ぶときに、メタファーの候補が被災者の間でどれだけ広く、積極的に受け入れられるかに注意を払う必要がある。

4　現象：ボランティア・集落

4-1　災害ボランティアとは

（1）ボランティアはいかに活動するのか

一般に、ボランティア活動では、「ニーズ」の存在が重視される。何かしてほしいことがあるからこそ、ボランティアが必要とされ、そのニーズを満たすためにボランティアがコーディネートされる。このようなニーズを前提としたボランティア観に基づき、災害ボランティアの研究は展開されてきた。研究のテーマを大別すると、機能的側面と内容的な側面に分けられる。ボランティア活動の機能的側面に関して、菅磨志保は阪神・淡路大震災時のボランティアが「行政をはじめ、他の主体が対応しない問題を発見し、対応していく、いわば「対応の穴を埋めていく」機能」と「問題に関わる者同士をつなぎながら「対応の仕組みを創っていく」機能」を果たしていたことを見出した（菅二〇〇八：六三）。

阪神・淡路大震災では、それまであった「自己犠牲」「行政の下請け」「特殊」というボランティア像とは異なる性格をもつ人々がボランティアとして活動した。大学生が多く参加していたが、兵庫県西宮市にあった関西学院救援ボランティアセンターでは次のような特徴がみられたという。「自分たちで感じた問題意識でもって，さまざまなボランティアの形を考えていき，それを具体化していった。学生たちはそれらの活動をとおして，本当に自分たちが生かされているること，すなわち自分たちの活動が被災者のためになっているという素直な喜びを感じ，有用感，自信そして責任感を持つこと」（野口・荒川二〇〇一：四一‐四二）ができた。このように、阪神・淡路大震災のボランティア活動では、それぞれが問題意識をもち，やりがいを感じながら活動を行っていたといわれている。

ボランティア活動の内容面では、被災者の「こころのケア」が注目される。災害で大切な人、家財、仕事、将来の希望などさまざまなものを失ったり、傷つけられたりした被災者たちは、さまざまな心的なストレスを抱える。したがって、精神科医や心理療法士のような専門家がその対応に当たらなければならないと考えられる。阪神・淡路大震災を機に、ＰＴＳＤ（心的外傷後ストレス障害）という語が広まったのは、このような理由による。

しかし、このように専門家が対処するのは「クライアント」として被災者が現れてきた場合だけである。クライアントとして問題化されない多くの被災者は、日々の避難生活の中で、人に言えない悩みや不安を抱えていかざるを得ないのである。そのような中で、人と人との関係の中で被災者を支援しようとする活動として捉えられるボランティア活動は、被災者を「固有の人」(三井二〇一五：一四五)としてみなし、関わっていくことで、問題化されない被災者の悩みに寄り添っていくことも目指すことができる。足をお湯につけ手をさすって、ときに被災者と会話しながら、被災者にくつろぎのひとときを提供する「足湯」という活動が阪神・淡路大震災や中越地震のときに広がっていった。この活動を行ったボランティアが書き残した被災者のつぶやきなどを分析した三井さよは、ボランティアたちは「ニーズに応えるという発想ではない聴き方」(三井二〇一五：一五二)をしていると指摘する。ボランティアは「被災者が洩らすそれぞれの〈思い〉を全身で聴く」(三井二〇一五：一六四)のである。ボランティアは活動を通して、一人ひとりの人に個別に、そして具体的な関係を作り、支えていっているということが明らかにされている。

このように「ボランティアとは被災者のニーズを満たす活動である」という前提によらず、ボランティア活動そのものを捉え直す必要があるだろう。一二章で詳述するが、ニーズと支援の関係自体を捉え直すことが、特に復興過程に関わるボランティアにおいては重要になると考える。私たちが塩谷において、明確な「ニーズ」に基づき、それに対応するために研究・活動を行ってきているわけではないということを理解する一助になるはずである。

（2）ボランティア・コーディネート：いかにボランティアを「活用」するのか

一九九五年における国の防災基本計画の改訂や災害対策基本法の改正で、災害時のボランティアへの対応がそれらの法律や計画に含まれるようになり、災害時のボランティア活動にとっては新しい局面を迎えることになった。国の方針をうけ、各自治体では、防災計画において、災害時にボランティアへの対応が求められるようになり、ボランティアが制度化されていくこととなった。具体的には、二〇〇〇年頃から、自治体と地元の社会福祉協議会が協定を結び、災害ボランティアセンターを設置することが防災計画などに組み込まれるようになっていったのである。

ただ、このような災害ボランティアの合理化・制度化を、渥美公秀は「秩序化のドライブ」（渥美二〇一四）と呼び、災害ボランティアセンターを前提としたボランティア・コーディネートのために災害ボランティアが被災者から遠のいていく危険性を指摘している。彼によると、被災者の苦しみを少しでも早く軽減することが本来の目的で、そのための手段としてボランティアセンターの効率性を向上させようとしていたはずが、手段が目的化してしまい、災害ボランティアセンターの効率的な運営が中心的な課題となり、肝心の被災者への視点が弱くなってしまうというのである。

このように災害ボランティアにおける効率性の追求が被災者にとって逆機能として働いてしまう理由は、災害ボランティアにおける被災者への「寄り添い」がはらむ微妙な問題に関わっている。ボランティアは被災者一人ひとりの声に耳を傾け、その上で、その人にとって自分には何ができるのかを考えていく。そのようなボランティアの思いは誰かから強制されたわけではなく自分の意志を起点としている。しかしそのため、自分の思いを優先しがちで、被災者のペースに合わせて寄り添うことが忘れられる可能性が生じてしまうのである。

このような災害ボランティアの秩序化の流れに抗することが重要である。なぜならば、私たちは自らの生をコントロールしようとする暴力に常に晒されているからである。したがって、災害ボランティアは、「まずは、被災された方々の「ただ傍にいる」こと」が大切であり、そうすることによって「一体感と新しい関係を紡ぎ出すことが必要である」。そして、〈暴力〉を感じることで、その〈暴力〉を「いかに言語化して、抗う実践へとつなげていけるかが次の課題となる」（渥美二〇一四：一八二）のである。

4-2　集落復興の課題

（1）過疎高齢化の中での復興の課題

中山間地を襲った中越地震では、阪神・淡路大震災をはじめとする都市災害では見られなかった多くの課題が露呈することとなった（照本他二〇一二）。中でも大きな課題となったのは、地震以前から課題となっていた過疎高齢化の問題であった。災害は、潜在していた社会の課題や問題を顕在化させるといわれるが、中越地震では、農村の過疎化と高齢化という課題を顕在化させたといわれる（稲垣二〇一六）。

震災後、過疎高齢化が明確な形で顕在化し、さらには深刻化していった状況に対して、福留（二〇一二）や稲垣（二〇一三）は、被害が甚大な中山間地域では、地域（集落）の持続という観点からも復興に際して地域コミュニティの維持、発展が重要となったと指摘している。また、中林他（二〇〇五）も、中越地震からの復興目標は「持続的発展性を確保した中山間地域」の地域構造の再構築であり、特に人口構造の「持続性」を確保できるか、若者が地域集落に参入したくなるような中山間地域づくりができるかが大きな課題であると述べている。

震災からの復興の目標が地域コミュニティの持続可能性や発展へと向かう中で、外部支援者としての関わり方も変わっていった。その関わりについて宮本（二〇一六）は、中山間地域では顕著な形で表れる少子高齢化によって、復興の主たる被災者が現実的に未来を構想することが難しいという問題があり、そういった地域では災害からの復興は地震以前の状態を回復するだけでは十分でないと主張している。

（2）「限界集落」論から見た中山間地

過疎・高齢化が極端に進行した集落を「限界集落」と呼ぶようになって久しい。大野（二〇〇五）は数値指標から、高齢化率五〇％以上、戸数二〇戸未満の小規模高齢化集落、あるいは集落の状況から、冠婚葬祭をはじめ田役、道路などの社会的共同生活の維持が困難な状態に置かれている集落を「限界集落」と定義し、限界集落が消滅の危機に瀕していると指摘した。また、橋詰（二〇〇五）によると、挙家離村などにより農家が消滅した集落は一九九〇年から二〇〇〇年の一〇年間の間に三三六集落ある。作野（二〇〇六）は、集落が無人化した場合、農地・林地の資源荒廃が生じ、それが近隣の集落へ悪影響を及ぼし、連鎖的に集落が消滅していくことへの引き金となる可能性が高いと述べている。また、集落が消滅する直前には冠婚葬祭や共同作業の維持が困難な状態となると指摘している。

このような「限界集落」と集落の消滅が指摘される中で、自治体の消滅について言及し、地方消滅の危機を煽ったのが二〇一四年に発表された「増田レポート」である。増田（二〇一四）は二〇一〇年の国税調査を基にした試算で、二〇四〇年までの間で二〇〜三九歳の女性人口が半減することを根拠として、二〇四〇年までに日本全体の四九．八％にあたる八九六の自治体が消滅する恐れがあると主張した。

その一方で、それらに反対する議論も数多く存在する。山下（二〇一二）は「人々の「ここで生きる」意志と努力は、多くの人間が考えているよりはるかに強く深い。集落はそう簡単に消滅するものではないようである」と反論し、小田切（二〇一四）も農山村の集落は基本的に強靭で、強い持続性を持っているとを述べたうえで、限界集落論のように、現在も未来も、集落が次々と消滅していくような議論は正しい指摘とはいえないと限界集落論を否定している。

（3）心の空洞化としての過疎

過疎化は、人口の減少による集落機能の低下や、生活の変化、集落の景観の変化といった顕在的なものから、人の意識という潜在的なものにまで及んでいる。たとえば、小田切（二〇一四）は農山村における過疎化に対して「人・土地・むらの三つの空洞化」を問題として挙げている。人口減少を意味する人の空洞化。人の流出と住民の全体的な高齢化の進行によって地域内で農地を引き受けられる農家が限られていき、最終的に受け手が見つからない農地が耕作放棄地化していく土地の空洞化。そして、人・土地の空洞化に引き続き、集落構成員の社会的生活の維持が困難になった集落機能の著しい停滞を意味するむらの空洞化である。

さらに、小田切（二〇一四）はこれら三つの現象面での空洞化の深奥で本質的な空洞化が進んでいると主張している。それは、地域住民がそこに住み続ける意味や誇りを見失いつつある「誇りの空洞化」である。強い持続性を持っているように見える集落でも、自然災害などを引き金として急に活動が停滞する「臨界点」が存在し、その強いインパクトにより集落を次世代につなごうという思いが「諦め」に変わることがある。この「諦め」として顕在化するのが「誇りの空洞化」である。

また、上村（二〇一七）は、今までの過疎地域での人々のあり方自体を問題にしている。衰退していく地域の現実に目をつぶり、問題が起きれば他人事のように役所に陳情し、地域を持続していくんだという覚悟はなく、行動を起こすこともなかったのではないかと問いかける。自分の生まれ育った地域に誇りをもてず、こんな不便な地域に未来はないと自虐的に自ら語っていたことに、本当の問題があったのではないかと指摘している。また稲垣他（二〇一四）は、中越地震が顕在化させた本質的な課題は「課題に主体的に向き合ってこなかった地域社会の姿勢」にあるのだから、その姿勢を変えていくことこそが地域再生の本質的な課題であったと主張している。これらの議論を踏まえて田中（二〇二一）は、これらの人口減少が進む地域で見られる、住民の「誇りの空洞化」や「あきらめ」に起因する主体性の欠如している状況を「心の過疎化」と表現し、「心の過疎化」こそが本質的な課題であるとした。

（4）過疎化の進展と量的な対策

社会学者の山下（二〇一〇）は、第二次世界大戦後の地域の人口変動を三つの過疎に区分した。一九六〇年代に顕在化した、地方から都市へと人口が移動する社会減少による過疎が第一次過疎期である。一九八〇年代末以降になると、死者数が出生数を上回る自然減少への転換が始まり、社会減少と自然減少が同時に進行するのが第二次過疎期である。次いで二〇〇〇年代から現在に至るまでが第三次過疎期である。この第三次過疎期では、人口の社会減少・自然減少が一部の過疎集落が消滅するとまで予言されている状況になっている。

第三次過疎期では、「地方創生」政策に代表される地方の人口減少対策が始まった。地方創生に取り組む地域では、移住により人口を増やすことが再生の方向性として広く認識され、いかにして都市部から地方へ移住させるかということが関心事となった。出生率を上げることはできない状況の中で限られた人口を各地域が奪い合う状況が生まれ、「自治体間人口獲得ゲーム」（山下二〇一四）が起きた。また、中澤（二〇一六）は、「地方創生」は地域再生の主体の確保よりも、東京一極集中の是正に向け人口をどう移動させるかという量的側面を強調し、地域は国全体の経済や人口を維持・拡大するための装置と位置づけられていると批判した。

これまでの過疎対策は、当該地域を存続させるためにどのようにして経済的な成長を見込めるか、あるいはいかにして人口を増加させることができるのか、という点に執着してきたということができる。そこでは、量的な側面に重きが置かれ地域再生が画一的な価値基準によってのみ進められてきており、そこで暮らす人々がどのように生きるのか、あるいはどのような地域のあり方を望むのかという質的な側面は重視されてこなかったといえる。

(5) 交流人口から関係人口へ

これまでの過疎化対策は、工場の誘致や道路整備という「モノ」の整備によって都市部から地方への人口移動、都市農村交流による地域の活性化や、人口を奪い合うような「地方創生」が図られてきた。そこで重視されていたことは人口という量的基準であり、人口を維持することで地域を存続させることが至上命令であった。しかし、量への着目、地域の存続という唯一の価値観から脱却し、地域活性化の質的な側面に目を向け地域の存続のみに固執するのではない地域再生の形を提示してきたのが「関係人口」の議論である。

作野（二〇一九）によると、関係人口という概念は二〇一六年から二〇一七年にかけて広まった新しい概念である。関係人口の提唱者の一人である高橋（二〇一六）は、これまで対象地域に関わりを有するのは定住することが前提として考えられており、「定住するか、しないか」という二者択一が迫られていたが、実際には多様な関わり方があることを提示し、交流人口と定住人口の間に眠る存在が「関係人口」であると述べた。また、指出（二〇一六）は若者を中心に地方などの「ローカル」に価値を見出す人が増加するとともに、「ローカル」との関わり方は、必ずしも定住することが絶対条件ではなく、多様なスタイルが存在していることを指摘し、「地域に関わってくれる人口」のことを関係人口であると定義している。

作野（二〇一九）によると、この関係人口への注目の高まりの背景には、二〇〇〇年代前半の団塊世代を中心にした引退した人たちが出身地に帰る「ふるさと回帰」や、人口減少社会を迎え社会の価値観が変化したこと、そして政策的な影響による二〇代、三〇代の若者世代が農山漁村地域に関心をもったり移住したりする「田園回帰」があるという。また、田中（二〇二一）は人口減少社会において各自治体が定住人口の増加を目指して移住者を奪い合うことは、どこかの自治体は増えてもどこかの自治体は減るという「ゼロサム問題」が発生するとして、このジレンマを回避するために定住人口ではない地域外の関係人口が着目される理由があるとしている。

関係人口を考える上で、交流人口との違いを理解することは非常に重要である。交流人口という概念が初めて使用されたのは、一九九〇年の日本経済新聞上であると平尾（二〇〇三）は述べる。その後、交流政策を推進していくための指標として一九九四年に国土庁が交流人口の概念を提示しており、国土庁計画・調整局編（一九九四）では、交流とは「その土地を訪れる、訪れないにかかわらず、地域に何らかの効果を与えるような関わり」と定義されている。作野（二〇一九）は、交流人口とは本質的に定住人口を補完する人口として捉えられているという。したがって、交流人口の対象は当該地域への来訪者のみならず、何らかの「関わりを有する者」も対象にしており、本来的には関係人口も含まれていると述べる。しかし、交流人口という概念は地域経済の活性化という命題のために、観光客数や宿泊客といった計測可能な指標によってのみ捉えられるようになったと述べている。つまり、交流人口という概念には、その地域で交流する人口がもたらす地域への影響や地域を支える視点が欠如してしまったのである。

定住人口でも交流人口でもないという点や、人口という量ではなく、関わりを有する者という質に目を向けたアプローチであることなど共通する部分も多いが、さまざまな場面で便利に使われることも多く定義が曖昧になっているのが関係人口である。そのような状況に対して、田中（二〇二一）は、従来の多様な定義は農村論の視点が強く社会学的な要素が不足しているとして「特定の地域に継続的に関心を持ち、関わるよそ者」と定義づけた。

（6）過疎高齢化に対する関係人口

作野（二〇一九）は、関係人口の果たす役割について三つの観点からまとめている。一点目は、個々の地域が個性を磨き、それぞれの地域に合ったスタイルで地域を持続させるという役割である。従来、個々の地域は経済的な優位性を求められ、そのために必要な人口集積、企業誘致、交通や物流の利便性などの単一の価値への関心が高かった。これらの点は、今後も否定されるものではないが、日本全体が人口減少社会を迎えた今日では、それだけに執着するのではなく、宮口（二〇〇七）が指摘するように、「時代にふさわしい地域の価値を内発的に作り出し、地域に上乗せする作業」としての地域づくりが重要になり、関係人口は、それぞれの地域が固有の価値観に依って持続していくための重要な役割を果たすとしている。二点目は、地域を持続可能にするための住民自治の維持という役割である。地域が固有の価値観のもと持続していくためには住民自治が必要不可欠であるが、大半の地域では担い手や後継者の不足が問題となっている。定住人口の維持は見込めない状況において、関係人口に期待がかかってくる。関係人口の拡大が住民自治を支え、持続可能な地域を構築していくものと考えられる。三点目は、地域における生活様式、生産様式、合意形成のあり方等を変革させるローカルイノベーションとしての役割である。急速に変化していく現代社会においては、農山漁村地域では過去の伝統を維持しつつも、新しい生活様式や生産様式に対応していかざるを得ない。そのためには、固定観念に捕らわれることなく、新たな感覚やアイディアを身に付ける必要があるが、当該地域の出身者だけでは限界がある。その際には出身者以外の者が主体的に関わる必要がある。その、関係人口が大きな役割を果たしていくことが期待されている。

さらに、田中（二〇二一）は地域再生の主体形成として関係人口の可能性を見ている。地域再生主体の形成過程には三つのステップがある。一つ目の段階は、関係人口が地域課題の解決に動き出すステップである。関わる者はもともと関心や問題意識を有していることが前提で、それに重なる地域課題の解決のために動き出すことがすべての始まりであり、関係人口自身の主体性が存在しているということが重要なことである。二つ目の段階は、関係人口と地域住民の間に信頼関係ができるステップである。地域で活動を行い地域住民との交流を深め信頼関係が結ばれていく過程で、もともと地域課題をさほど意識していなかった地域住民が主体性を獲得していく段階である。最後の段階は、地域住民が地域課題の解決に動き出すステップである。主体性を獲得した地域住民が地域課題の解決に動き出し、課題が解決されていく段階である。これらのステップは地域課題が解決した後にも、新たな地域課題の顕在化によって再び駆動することが想定されており、何度も繰り返し行われるこの地域再生のプロセスを地域再生サイクルとしている。

このような地域再生主体の形成過程の中で地域再生主体が課題を解決していく上で重要な点

が二つある。一つ目は、「特定の地域に継続的に関心を持ち、関わるよそ者」つまり関係人口がそのまま地域再生主体となるわけではないという点である。地域再生主体となるためには、関心の対象が地域課題であること、その解決に取り組むことで地域と関与すること、そして地域住民と信頼関係を築くことが必要なのである。二つ目は、関係人口と住民の立場が対等で協力して共に働く協働という相互作用形式で課題解決にあたるという点である。地域課題に対して関係人口の役割に依存して住民が主体性を失うのでもなく、逆に利益をもたらす者として関係人口を利用し、関係人口を客体化してその主体性を奪うのでもなく、ともに対等な地域再生の当事者として向き合う姿勢が重要なのである。

（7）人口減少社会における集落の行く末

人口減少が地方にのみ影響を及ぼしている間は、いかにして人口の一極集中を回避し、人口の均一化を行うかという取り組みによって地域を存続させる地域再生の形がとられてきた。しかしながら、人口減少の影響が日本全体に及び社会にまで大きな影響を与えるようになった現在では集落を存続させるという選択肢以外の集落の行く末も模索されてきた。

林（二〇〇八）は、集落の「積極的な撤退」の可能性について論じている。中山間地における最悪のシナリオとして考えている、過疎地における生活の崩壊（通院が著しく困難、土砂災害など）、共同体の崩壊、弱者の置き去り、耕作放棄地、固有文化（気候風土に適した農法や環境に優しい生活様式）の消滅、二次的自然の消滅、さらには所有者不明の土地が残されることなどの「消極的な撤退」を避けるための一つの方法として「積極的な撤退」を取り上げている。「積極的な撤退」とは中山間地域とその周辺における土地利用などの戦略的な再構築のことであり、一つの集落内ではなく、地域全体での再構築を指し、集団移転なども視野に入れている。

また、作野（二〇〇六）は、集落の活性化を図る「むらおこし」に対して、「むらおさめ」という考えを提示している。人口や世帯数が減少し始めの集落衰退期には、従来の集落機能を維持するために、集落の再生を意図した活性化対策である「むらおこし」が有効であるとする一方で、人口・世帯数が一定の規模を下回り集落機能も急速に低下してくる集落限界期ともいえる時期には「むらおさめ」も必要である。集落限界期では、集落住民が最後まで幸せな居住を保障し、人間らしく生きていくための手段を構築していくとともに、集落住民が有している知識や技能、かつての集落の暮らしや生産の様子などを記録保存し、そこに集落があったという確かな記録と、そこで培われた知恵を次世代につなげていくことに役立てることが必要となってくる。集落を「看取る」ともいえる行為を行うとともに、集落の存在を記録として後世へ伝えていこうとする考え方が「むらおさめ」である。

「むらおさめ」と類似した概念として、渥美（二〇二〇）は「尊厳ある縮退」という概念を提示している。「尊厳ある縮退」における「尊厳」とは、集落の住民と集落に関係する人々が対話を通して、互いの人生の価値を認め合うことができることとしている。また、「縮退」とは動的な概念であることを強調したうえで、従来のように集落が活性化し発展していくべきだという価値観をもとに現状に対応するのではなく、集落は沈静化し、充実していくものであるという価値観（を醸成してそれ）をもとに現状を再考していくということとしている。

参考文献

Aldrich, D. (2012) *Building Resilience: Social Capital in Post-Disaster Recovery.* University of Chicago Press, Chicago, IL.

渥美公秀（二〇〇八）「災害ボランティアの一四年」菅磨志保・山下祐介・渥美公秀（編）『災害ボランティア論入門』弘文堂　八三–九六頁.

渥美公秀（二〇一四）『災害ボランティア』弘文堂

渥美公秀（二〇二〇）「尊厳ある縮退によるコミュニティの再生と創生——概念の整理と展望——」『災害と共生』四（一）

Atsumi, T., Seki, Y., & Yamaguchi, H. (2018). The generative power of metaphor: long-term action research on disaster recovery in a small Japanese village. Disasters, 43(2), 355–371.

Bohrn, I.C., U. Altmann, and A.M. Jacobs (2012) 'Looking at the brains behind figurative language: a quantitative meta-analysis of neuroimaging studies on metaphor, idiom, and irony processing'. *Neuropsychologia*. 50(11). pp. 2669–2683.

Burton, I., R.W. Kates, and G.F. White (1978) *The Environment as Hazard.* Oxford University Press, New York, NY.

Burton, M.I. and M.J. Hicks (2005) *Hurricane Katrina: Preliminary Estimates of Commercial and Public Sector Damages.* Marshall University, Huntington, WV.

Button, G.V. (2009) 'Family resemblances between disasters and development-forced displacement: Hurricane Katrina as a comparative case study'. In A. Oliver-Smith (ed.) *Development and Dispossession: The Crisis of Forced Displacement and Resettlement*. School for Advanced Research Press, Santa Fe, NM. pp. 255–274.

Carpenter, A. and N. Montoya (2011) 'Plugging into the power of community: how social networks energize recovery'. In A. Liu et al. (eds.) *Resilience and Opportunity: Lessons from the U.S. Gulf Coast after Katrina and Rita.* Brookings Institution, Washington, DC. pp. 220–234.

Comfort, L.K. (2007) 'Crisis management in hindsight: cognition, communication, coordination, and control'. *Public Administration Review.* 67(s1). pp. 189–197.

Gergen, K.J. (1982) *Toward Transformation in Social Knowledge.* Springer-Verlag, New York, NY.

Gergen, K.J. (2009) *Relational Being: Beyond Self and Community.* Oxford University Press, New York, NY.

Greenwood, D. J. & Levin, M., (2007=2023) *Introduction to Action Research 2nd edition,* Sage（小川晃弘監訳（二〇二三）『アクションリサーチ入門』（新曜社））

橋詰登（二〇〇五）『中山間地域の活性化要件』農林統計協会

林直樹（二〇〇八）「撤退の農村計画」『農業農村工学会誌』七六（一二）　一一二四-一一二四頁

Henderson, K. (2011) 'Mind maps, memory and relocation after Hurricane Katrina'. In R.A. Dowty and B.L. Allen (eds.) *Dynamics of Disaster: Lessons on Risk, Response and Recovery.* The Earthscan Science in Society Series. Routledge, London. pp. 77–96.

平尾元彦（二〇〇三）「交流産業と地域経済の成長」『地域経済研究』一四　三七-五〇頁

福留邦洋（二〇一二）「災害発生による集落移転要因に関する研究」『都市計画論文集』四七(三)　九一三-九一八頁

稲垣文彦（二〇一三）「中越地震における地域復興支援員に学ぶ」『農村計画学会誌』三二(三)　三五四-三五七頁

稲垣文彦・阿部巧・金子知也・日野正基・石塚直樹・小田切徳美（二〇一四）『震災復興が語る農山村再生：地域づくりの本質』コモンズ

稲垣文彦（二〇一六）「災害と地方創生――中越地震の教訓を地方創生に活かす」『農村計画学会誌』三四(四)　四二八-四三一頁

上村靖司（二〇一七）「「課題解決」か「主体形成」か」『消防防災の科学』一三〇　四-六頁

Kim, K. and R.B. Olshansky (2014) 'The theory and practice of building back better'. *Journal of the American Planning Association*. 80(4). pp. 289–292.

国土庁計画・調整局（一九九四）『交流人口〈新たな地域政策〉：平成五年度四全総推進調査』大蔵省印刷局

草郷孝好（二〇〇七）「アクション・リサーチ」小泉潤二・清水宏吉（編）『実践的研究のすすめ』有斐閣　二五一-二六六頁

Lakoff, G. and M. Johnson (1980) *Metaphors We Live By*. University of Chicago Press, Chicago, IL.

増田寛也（編）（二〇一四）『地方消』中央公論新社

三井さよ（二〇一五）「いっとき傍らに立つ」似田貝香門・村井雅清（編）『震災被災者と足湯ボランティア』生活書院　一四四-一七〇頁

宮口侗廸（二〇〇七）『新・地域を活かす』原書房

宮本匠（二〇一六）「現代社会のアクションリサーチにおける時間論的態度の問題」『実験社会心理学研究』五六　六〇-六九頁

Morgan, G. (1986) *Images of Organization*. Sage Publications, Beverly Hills, CA.

中林一樹・澤田雅浩・市古太郎（二〇〇五）「新潟県中越地震の災害特性と復興課題（C. 防災計画と対策 E. 突発災害・事故）」『地域安全学会梗概集』一六　三七-四〇頁

中澤高志（二〇一六）「「地方創生」の目的論」『経済地理学会年報』六二（四）二八五-三〇五頁 https://www.jstage.jst.go.jp/article/jaeg/62/4/62_285/_article/-char/ja/

野口啓示・荒川義子（二〇〇一）「救援ボランティア委員会におけるボランティア・マネジメントの実際」立木茂雄（編著）『ボランティアと市民社会（増補版）』晃洋書房　三一-四八頁

小田切徳美（二〇一四）『農山村は消滅しない』岩波書店

大野晃（二〇〇五）「限界集落――その実態が問いかけるもの」『農業と経済』七一（三）五頁

Oliver=Smith, A. (2002) "Theorizing Disasters: Nature, Power, and Culture", in Hoffman, S. M. and A. Oliver=Smith eds., *Catastrophe and Culture*, School of American Research Press.（=若林佳史訳（二〇〇六）「災害の理論的考察：自然，力，文化」『災害の人類学』明石書店　二九-五五頁）

恩田守雄（二〇〇一）『開発社会学』ミネルヴァ書房

Passerini, E. (2000) 'Disasters as agents of social change in recovery and reconstruction'. *Natural Hazards Review*. 1(2). pp. 67–72.

Peek, L.A. and D.S. Mileti (2002) 'The history and future of disaster research'. In R.B. Bechtel and A. Churchman (eds.) *Handbook of Environmental Psychology*. John Wiley and Sons, Hoboken, NJ. pp. 511–524.

Quarantelli, E. L. (1998)"Introduction. The basic question, its importance, and how it is addressed in this volume," in Quarantelli, E. L. (ed.), *What is a disaster? Perspectives on the Question*, pp. 1-7, London: Routledge.

Quarantelli, E.L. and R.R. Dynes (1972) 'When disaster strikes (it isn't much like what you've read and heard about)'. *Psychology Today*. 5(9). pp. 66–70.

Quarantelli, E.L. and R.R. Dynes (1976) 'Community conflict: its absence and its presence in natural disasters'. *Mass Emergencies*. 1. pp. 139–152.

Quarantelli, E.L. and R.R. Dynes (1977) 'Response to social crisis and disaster'. *Annual Review of Sociology*. 3. pp. 23–49.

Reardon, L.F. (1986) *Florida Hurricane and Disaster 1926*. Lion and Thorne Publishers, Tulsa, OK.

Richardson, B.K., L.K. Siebeneck, S. Shaunfield, and E. Kaszynski (2014) 'From "no man's land" to "a stronger community": communitas as a theoretical framework for successful disaster recovery'. *International Journal of Mass Emergencies and Disasters*. 32(1). pp. 194–219.

作野広和（二〇〇六）「中山間地域における地域問題と集落の対応」『経済地理学年報』五二（四）二六四–二八二頁

作野広和（二〇一九）「人口減少社会における関係人口の意義と可能性」『経済地理学年報』六五（一）一〇–二八頁

指出一正（二〇一六）『ぼくらは地方で幸せを見つける――ソトコト流ローカル再生論』ポプラ社

菅磨志保（二〇〇八）「阪神・淡路大震災一〇年以降の災害ボランティア活動（二）：中越地震から中越沖地

震へ」『消防科学と情報』九一　二七-三五頁
高橋博之（二〇一六）『都市と地方をかきまぜる』光文社
田中輝美（二〇二一）『関係人口の社会学——人口減少時代の地域再生』大阪大学出版会
照本清峰・澤田雅浩・福留邦洋・渡辺千明・近藤伸也・河田惠昭（二〇一二）「地震発生後の孤立地域にみられる対応課題の検討」『自然災害科学』三一（一）　五九-七六頁
Turner, V. (1974) *Dramas, Fields, and Metaphors: Symbolic Action in Human Society.* Cornell University Press, Ithaca, NY.
浦野正樹（二〇〇八）「脆弱性概念から復元・回復力概念へ」浦野正樹・大矢根淳・吉川忠寛（編）『復興コミュニティ論入門』弘文堂　二七-三六頁
Weil, F. (2011) 'Rise of community organizations, citizen engagement, and new institutions'. In A. Liu et al. (eds.) *Resilience and Opportunity: Lessons from the U.S. Gulf Coast after Katrina and Rita.* Brookings Institution, Washington, DC. pp. 201–219.
Wenger, D.E. and A.R. Parr (1969) *Community Functions under Disaster Conditions.* Disaster Research Center, University of Delaware, Newark, DE.
山下祐介（二〇一〇）「戦後日本社会の世代と移動」『日本都市社会学会年報』二八　一-二五頁
山下祐介（二〇一二）『限界集落の真実：過疎の村は消えるか？』ちくま新書
山下祐介（二〇一四）『地方消滅の罠：「増田レポート」と人口減少社会の正体』ちくま新書
矢守克也（二〇一〇）『アクションリサーチ』新曜社

注

（1）欧米の災害研究に関する記述は、Atsumi, Seki & Yamaguchi (2018) をもとに加筆修正したものである。

コラム 1

復興への「種まき」としての芒種庵

塩谷集落の住民と外部支援者との協働による復興過程を辿る上で、塩谷分校の取り組みに焦点が当てられることが多いものの、塩谷集落の復興過程でまず立ち上がった主体は芒種庵を作る会であった。その活動の足跡は誕生一〇年を迎えた二〇一六年に「おぢや震災ミュージアム そなえ館」で開催された企画展の記念誌に詳しい。記念誌には塩谷集落の復興過程を知る上で貴重な年表も四ページにわたってまとめられた。そこで、記念誌に綴られた内容をもとに、塩谷集落と芒種庵の動きを辿っていく。

塩谷で芒種という言葉が最初に掲げられたのは、二〇〇五年六月一一日から一二日に行われた「芒種の陣」が最初である。字義としての芒種の意味は、稲・麦など芒（のぎ）をもつ穀物の種をまく時期のことで、太陽の周期を基準とした二十四節気の一つとして六月六日頃を指す。前掲の年表を紐解くと、当時は未だ避難勧告が発令中で、四月二九日に旧川口町木沢集落側から集落内に入ることが可能となったばかりであった。

この「芒種の陣」での作業終了後に住民らが用意した感謝の焼肉パーティーを契機に、古民家再生への動きが生まれた。具体的には、「春の陣」と「芒種の陣」に参加したボランティアが住民らに再生を提案したのである。後日、芒種庵完成を祝って行われた「オープンの集い」にて、阪神・淡路大震災の際には「神戸元気村」で活動した吉村誠司氏は、「神戸の僕たちが経験した失敗というのは、例えばこの古民家、こういう修復すればまた住むことができるという建物をたくさん壊しちゃったんです

芒種庵での交流の様子

ね。だから中越に来たときに、これを見たときに、絶対これ遺したらいいな、そうしたら必ず離れる人たちの拠り所になるだろうな、と」と語っている。後に芒種庵となる築一〇〇年の古民家は、集落のほぼ真ん中にあり、倒壊は免れつつも全壊の被害を受けた。数百万円で修復は可能であると判定されたものの、家主は現地での生活再建を断念した。

そこで二〇〇五年六月二四日、前掲のボランティアの提案を受け、町内会で組織された塩谷復興委員会に古民家の再生・保存が提起されるものの異論があり、七月一一日に発案者・専門家らの出席のもと塩谷復興委員会にて改めて話し合いがもたれ、「有志で行う」ことで了承された。倒壊家屋の片付けに訪れたボランティアらの提案を契機に活用の筋道が見出された拠点の命名にまつわる背景が、芒種庵一〇年の記念誌にも遺されている。具体的には、二〇〇五年七月一八日、長岡技術科学大学の上村靖司助教授（当時）がメーリングリスト「塩谷復興ＭＬ」に送られたメールが部分的に引用の上で収められた。そこには「春の陣、芒種の陣と大勢の方が応援に来て入ってくださいました。あの建物が再生された後、名前を呼ぶたびに、あのときの人との触れ合いを思い出す、あるいは、『あの名前の由来は?』と聞かれたときに説明をする、そういう中で、語り継いでいったらどうかと思うのです。復興と、そして心の深いところでつながった人と人の交流のシンボルにしたいという意味を込めています。」とある。こうして集落としてではなく、有志による保存・活用が決議されて1週間の後、その決議の場に参加していた者からの提案により、築一〇〇年の古民家は芒種庵の名で再生されていくことになった。

その後、八月二〇日に芒種庵を作る会の会則が作成され、活動が開始された。二〇〇五年一〇月一日には住民とボランティア合同による改修作業が始まったが、その作業の着手に合わせて開催された仮設住宅での集会所での説明会において披露されたのが、栃木県の那須野ヶ原青年会議所の桑原誠氏が制作したTシャツであった。背中には自身の書による絆の字と、胸には「中越元気村」でボランティアとして活動する高橋泰子氏のデザインによる芒種庵のロゴマークが印刷された。このTシャツの販売により資金調達が行われ、有志による保存と活用が進められていった。

そして二〇〇六年一一月四日、芒種庵は改修を終え、秋の村祭りに重ねて「オープンの集い」が行われた。「作る」という目的を達成した会は、新たな価値を創出するという新たな目的のためにその名を「創る」会に変更した。毎週日曜日には「絆デー」と称して誰でも気軽に立ち寄ることができるよう、お茶飲み会を開催している。その他、春には田植えと慰霊碑清掃、夏にはじゃがいも植え・収穫祭と親善焼肉パーティー、秋には稲刈りとそば粉挽き・そば打ち及び雪囲い、冬には除雪作業と、季節の変化に応じて年中行事が定例化している。また、県外の会員への支援としていわき市での家財道具の片付け(二〇一一年五月)、石巻市での古民家再生(二〇一一年六月~)、また塩谷分校との協働で南相馬市での炊き出し支援(二〇一二年・二〇一三年・二〇一四年五月)などにも取り組まれている。こうして芒種庵は塩谷の住民の間に生まれる分断(集落を離れたか戻ったか)、さらには外部支援

雪が溶け、冬囲いを外す直前の芒種庵全景

者の間に生じる断絶（発災当初の災害救援活動に携わったか集落が進んでむらづくりの活動に携わったか）、それぞれの境遇の違いを越えて交流し合う拠点となった。

（山口洋典）

第Ⅱ部

塩谷〈復興〉への実践知

二〇一五年、仙台で開催された第三回国連防災世界会議において、日本政府は復旧・復興過程における「Build Back Better」を提唱し、優先行動の一つとして採択された。日本語では「よりよい復興」と訳されている防災・減災の観点である。確かに、発災後には家や職場から避難所へと向かい、その後は仮設住宅での生活を経て、再び住み慣れたまちへと戻っていく、という流れを前提にするなら、この「よりよい」という言葉は再建の上での合言葉として広く受け入れられるだろう。しかし、再び住み慣れたまちへと戻ることができない人たちにとっては、迷いや悩みの種となる可能性がある。

第Ⅰ部で見てきたとおり、塩谷では現地再建を選択する世帯と新たな場所で復興プロセスを辿ること世帯とに分かれることとなった。また、中には一〇月二三日の地震では損壊を免れたものの、長い冬のあいだに距離の離れた避難生活を送る中、雪下ろしができずに倒壊してしまった家屋もあった。そして、地震の翌年、二〇〇五年六月三日には、塩谷集落は国土交通大臣の同意のもとで小千谷市役所が行う「防災集団移転促進事業」への要望書を提出した。その結果、発災前の場所ではなく、小千谷市内の中心部に程近い場所に新たに整備されることとなった団地や団地内の公営住宅、もしくは地区内移転により、新たな生活が築かれていった。

「よい理論ほど実践的なものはない」とは、グループ・ダイナミックスの祖、クルト・レヴィンが残した言葉である。ドイツに生まれたレヴィンは、ヒトラー政権後にアメリカに亡命し、組織やリーダーシップの研究に取り組み、この集団力学という分野を社会心理学の一つとして確立した。その際、研究者の頭で考えた論理は研究者によって研ぎ澄まされていくものではなく、現場に根ざす問題と真摯に向き合う中で、その解決策だけでなく問題そのものの本質に対する認識も深まっていく、という姿勢が貫かれてきた。こうした姿勢は塩谷に関わってきた筆者らにも通じるところであり、研究の前に実践を重ねていくことで集落の復興と魅力的なむらづくりを協働的に展開していった。

第Ⅱ部では、実践されてきた中で生み出された特徴的な取り組みとして、復旧から復興への移行期に行われた「初夢ワークショップ」、発災から三年を迎える前に発生した新潟県中越沖地震における「刈羽への手紙」、周辺の集落と共に取り組まれていった「二十村郷盆踊り」、大学教員らの訪問を契機に集落の人々との交流を通じて数々展開されていった「学生企画」、そして各世帯に防災集団移転の選択が迫られた後に現地再建を選択された方々による住民有志の集落活性化集団「塩谷分校」を紹介する。その中で教員たちが行ってきた理論的な観点からの接近についても合わせて紹介していく。

第4章　初夢ワークショップ

山口洋典

1　「初夢ワークショップ」とは何か

「初夢ワークショップ」とは、二〇〇八年一月六日に塩谷集落開発センターで開催された対話の場である。地震直後から塩谷への支援と交流を重ねてきた渥美公秀（本書筆者）と、当時は大阪大学に在職していた関嘉寛（本書筆者）も参加し、中越復興市民会議の協力のもとで行われた。記録写真には、参加者はグループに編成され、自分の意見をまず付箋紙に記入し、進行役の指示に基づいて個々が発言し、模造紙にグループとしての意見をまとめていく、まちづくりワークショップの風景が残されている。具体的な内容としては、「塩谷で誇れるところ」「塩谷でしたいこと（今年）」「塩谷でしたいこと（五〜一〇年後）」をテーマに、男女や世帯横断的に五人前後のグループになって話し合われた。この「初夢ワークショップ」の後、ほぼ月に一回の割合で、塩谷の復興を検討する住民ワークショップが開催されていくこととなった。

「初夢ワークショップ」は、二〇〇七年一月二六日に開催された「夢を語る会」を継承・発展したものである。塩谷の住民は二〇〇四年一〇月二三日の地震の後、まずは避難所にて、続いて仮設住宅で過ごし、二〇〇五年の一二月に避難指示が解除された。そこで、地震後に初めて住み慣れた集落で年末年始を落ち着いて過ごすことになった二〇〇七年の初頭、今後の暮らしについて、文字通り「夢」を語る会が開催された、という具合である。したがって、二〇〇八年一月の「初夢ワークショップ」は、当時は第二回「夢を語る会」として開催された。

「夢を語る会」および「初夢ワークショップ」の特徴は、個人単位で参加者を募ったことである。それにより、他地域でのまちづくりワークショップでも開催に際しての目的として掲げられるように、参加者が自分の意見をいうことができる場を創出することで、参加者どうしが地域を改めて捉え直すことができるためだ。しかし、都市部とは異なり、常々、世帯単位での参加のもとで集落の意思決定がなされていた塩谷において、個人単位での参加を前提とする場を設けること自体、特別な機会であった。第一回の「夢を語る会」が発災から二年あまりの時間が経過し、第二回の「夢を語る会」はそこから約一年後に「初夢ワークショップ」として開催されるに至ったのは、こうした集落に根ざす生活文化や風習を外部支援者が尊重していたことを反映したものでもある。

「初夢ワークショップ」を契機とした連続ワークショップを経て、後述する「塩谷分校」が開講することになった。地震の前には四九世帯が暮らしていた塩谷では、一五世帯が防災集団移転事業により小千谷市が整備した市内中心部の団地への転居を選択し、その他の世帯は個々の選択のもとで新たな生活拠点を設けたことにより、二〇世帯に減った。そして、住民のあいだでは、今後の集落での暮らしを展望する上で、現地再建を選択した二〇世帯の住民七〇人の一人ひとりの考え方や行動が重要と捉えられるようになっていた。こうした背景のもと、住民の個人参加を基本として外部支援者の協力のもと実施された対話の場が「初夢ワークショップ」である。

2　「初夢ワークショップ」の経緯と経過

2-1　外部支援者との出会いと交わり

「なんか一人、老いた学生がいるねえ。」プロローグで紹介したように、これは今なお塩谷に

「なんか一人、老いた学生がいるねえ。」
(2006年6月18日)

おいて、外部支援者の関わりの始まりの象徴として語り継がれているものである。塩谷の複数の住民が「老いた学生」と見間違えたのは、前出の渥美(当時、大阪大学大学院人間科学研究科・人間科学部助教授)であった。二〇〇六年六月一八日に塩谷において行われた田植え交流会にて、ジーンズの裾をたくし上げ、泥にまみれながら田んぼの中に入って手植えをしていた姿を見て、そのように受け止めたようである。大学の先生がそんなことをするはずがない、という思い込みがあったのかもしれないが、一〇年の時を経た塩谷分校設立一〇周年を契機に行ったインタビューの際、当の田んぼの主は「田植え始めたらみんなが「先生、先生!」って呼ぶんだ」と、出会いの際のインパクトを昨日のことのように想い起こしている。

渥美の関わりは偶然でもあり、必然でもあった。『ボランティアの知』(渥美二〇〇一)で詳述されているように、阪神・淡路大震災で被災者かつ支援者となった渥美は、プロローグでも記されているとおり、発災一〇年を迎えようとする「KOBE(阪神・淡路大震災の復興過程。以下「KOBE」と略記)」から支援に駆けつけ続けた。そうして地域間の交流を重ねる中、都市部とは異なり集落単位の自治が長年にわたって営まれてきた農村部が多いという新潟県中越地震の被害の特徴を踏まえ、住民主体の再建を支援するために、二〇〇五年の五月に「中越復興市民会議」が創設された。この組織の設立と運営には、渥美の旧知である神戸市兵庫区に事務所を置く被災地NGO協働センターの鈴木隆太が参画しており、その縁で共に山古志方面へ向かう際に塩谷にも立ち寄ったことで、関西の大学と塩谷との接点が生まれることになった。

渥美が塩谷に初めて立ち寄った二〇〇五年の年末、一二月二六日になって塩谷の避難勧告が解除となった。解除となったとはいえ、雪深い長い冬ということもあって、仮設住宅での暮らしが当面続けられることになった。そして四月七日、雪解けが徐々に進む中で住民の帰村が始まった。いうまでもなく、小千谷市塩谷はその名のとおり市域の一部ともいえるが、住民にとっては「我がむら」なのである。

住み慣れた集落へと徐々に帰村が進みつつも、地震や豪雪により住み慣れた我が家を失った人たちは自ずと帰村への時間を必要とすることから、改めて集落としての連帯感や一体感を駆り立てる契機として企画されたのが、先述の二〇〇六年六月一八日に行われた田植え交流会である。地域全体で地震後の作付け第一号ということもあって、NHKが取材・放映し、各方面からの注目を集めた。ちょうどこの時期には三人の子どもたちの慰霊碑の建立が進められており、その完成・復興記念式典を七月一六日に控えていた。「やけに老いた学生」として見間違えられた渥美は、その後、塩谷の住民との対話を重ねる中で、マスメディアには取り上げられない話を数多く耳にすることになり、結果として教員という「教える」側ではなく、改めて復興に向けた一人ひとりの物語に「学ぶ」姿勢で頻繁に塩谷へ足を運んでいくこととなった。

2-2　集落帰還にあたり生まれた一体感

田植えから稲刈りまで、さらには途中に盆踊りの再開を経て、開催されたのが第一回の「夢を語る会」であった。世帯単位ではなく個人単位での参加を呼びかけた結果、子どもや高齢者、仕事で不在の人などを除く二〇名以上の住民が参加し、世帯主のみならず女性や高齢者など幅広い層が集う場となった。「自分の思いは、こんな小さな紙には書けない」と、付箋紙を使った対話の方法への戸惑いを表明する住民もいたというが、文字通り参加者が「夢を語る」場が生まれた。そして、個人単位とはいえ、それぞれに家族や集落に対する復興への思いや願いは一体化しており、復興に向けて「みんな」で何かに取り組もうという意欲が高まる契機となった。

そもそも第一回の「夢を語る会」を開催する前から、二〇〇六年から集落への帰還を希望する住民を中心に、復興に向けてのいくつかのイベントや話し合いが行われていた。また、第一回の「夢を語る会」の後、二〇〇七年には塩谷入り口の県道脇を花壇として整備する「フラワーロードづくり」も始まった。そして、二〇〇七年八月一三日に、現地再建を選択した二〇世帯のうち、最後の一軒が完成・入居となり、塩谷の新たな歩みが進められることになった。その後、農繁期を経て、二〇〇八年一月に第二回の「夢を語る会」が「初夢ワークショップ」として実施されるに至ったという具合である。

前掲のとおり、「初夢ワークショップ」は、その後、むらづくりに取り組む住民有志の団体「塩谷分校」の設立（第八章）に結実する。ただし、二〇〇八年一月六日の「初夢ワークショップ」から、一一月三日の「塩谷分校」開講まで、一体感と連帯感が右肩上がりで高まっていったわけではない。二〇〇九年七月に関氏が中心になって行った塩谷に帰還した住民へのインタビュー（第二章）では、「震災前に〝みんなで何かに取り組もう〟というものがなかったので、面白かった」という好意的な意見を述べる人、「初めは、夢を語った。皆が前のめりだった」が「同じことばかりでつまらない。停滞していた」と賛否両論を語る人、さらには「みんな思惑がちがい、手探り」と否定的な意見が目立つ人と、個人単位でのワークショップに対しては必ずしも統一した印象を抱いていたわけではない。

復興に向けた集落での一体感や連帯感が高まるからこそ、むしろ個人単位では見解の相違が際立ちやすくなるのは必然かもしれない。それでも、住民一人ひとりが「夢」を語り、一つひとつの思いに耳を傾けていく共通体験は、全会一致での議決を図るのではなく、意見の異なる他者を尊重する意義が塩谷に浸透する機会となった。「初夢ワークショップ」は、放言・放談と捉えられたとしても、夢想といわれたとしても、個々が抱く理想の集落像を語り合った場である。それゆえ、この場に参加した人たちは、多様な意見から妥協点を探るといった、議論の「落としどころ」を安易に見出すことなく、未来を起点として現在を見つめ、過去を見つめ直すことの大切さを、後々にわたって想い起こすことができる経験を得ることができた。

3　「初夢ワークショップ」の到達点と課題

3－1　都市部と農村部との規範の相違点への配慮

都市と農村ではコミュニティの形成原理が異なる。公共政策や科学哲学を専門とする広井良典は『コミュニティを問いなおす』（二〇〇九）の中で、複数の理論を端的に整理し、都市部では規範的かつ言語的、農村部では情緒的かつ非言語的、そうしたコミュニケーションの特徴を区別している。もちろん、これはAかBかの二分法として明確に区別されるわけではなく、その度合いや水準は各々のコミュニティごとに異なり、コミュニティごとに固有の特徴が表れることになる。たとえば塩谷では地元の日本酒を交わしながら語り合う場面が数多く存在してきたし、今なおお存在するが、酒席ゆえに情緒的な振る舞いが散見されるとしても、その後の場面では酒席の場面が克明に語り直されることもあり、一概に農村部が情緒的かつ非言語的だと定めることはできない。

集団での合意形成の際には、都市部と農村部とのコミュニケーションの特徴の違いに一定の配慮が必要である。特に都市部から外部支援者として農村部に関わる場合には、なおのこと重要である。たとえば、ＫＯＢＥでもよく行われた住民参加によるまちづくりのワークショップは、必ずしも農村部で効果的であるとはいえない。ワークショップにも多様な方法があるが、ここでいうワークショップは「初夢ワークショップ」でも取り入れられたように、模造紙と付箋紙とフェルトペンを用意し、進行役が示したルールのもとで手際よく付箋紙に自分の意見を記入し、記入語は模造紙に貼り付けながら他の参加者に対して内容とその理由を説明する、といったものである。

ＫＯＢＥでワークショップが積極的に展開された理由は、準備した議題に対して結論を出すことよりも、対話を重ねながら合意形成を図っていくこと、すなわち結果よりも過程を重視したためであった。この点は都市部の災害でも農村部の災害でも変わらず重視する必要がある。しかし、等しく発言の機会が与えられ、かつ、発言の際には先に文字で意見をまとめる必要があるという手順は、情緒的かつ非言語的なコミュニケーションに慣れてきた塩谷の住民にとって新鮮に受けとめられた。もちろん、一部では戸惑いも抱かれたことも想像できよう。

結果として、ＫＯＢＥで行われたワークショップの方式が塩谷で行われるまでには、帰村から一年あまりを経ることが必然となった。その間、二〇〇七年七月一六日の新潟県中越沖地震への支援で刈羽村に何度か訪問するなど、支援する／されるの関係から共に支援者という同じ立場での共通体験を経て、互いのコミュニケーションの機が熟するに至ったためである。そもそも、ワークショップでは議論の促進役を担うファシリテーターが起用されるものの、突然一変した山間の集落の未来を考える上では、誰でもその役割を担えるわけではない。結果としてファシリテーターによる議論の関与に慣れていないことも相まって、いわゆる住民とのラポールを形成してきた渥美・関の仕切りのもと、「私たち」の集落の未来を共に考えていく場が創出されるに至ったのである。

3-2　個人（Ｉ）と集団（Ｗｅ）のあいだ

「過疎地域は、依存性、閉鎖性、保守性という伝統的体質を色濃く残している」とは、長きにわたり鳥取県智頭町の地域活性化の事例「日本1／0村おこし運動」を実践的に研究してきた杉万俊夫（二〇〇六）による整理である。重要なことは、これらの性質を地域活性化における制約ではなく、前提としている点にある。そのため、鳥取県智頭町の事例では、世帯単位で加入する町内会による伝統的な自治と並行して、個人単位で参加する「集落振興協議会」を設立し民主的に運営できる制度が導入された。世帯主の参加のもとで一軒一人役を担う伝統的な自治とは異なり、若者や女性にも参加が開かれた仕組みが一九九七年から地域に根ざしてきている。

塩谷における二〇〇八年に「初夢ワークショップ」として実施した第二回「夢を語る会」も、二〇〇七年の第一回「夢を語る会」も、鳥取県智頭町での事例のように、個人を単位にして集落の展望を語り合っていく場が創出された。実施時期も「夢」を語る好機だったこともあり、それぞれに積極的な参加と、和やかな語りが重ねられることになった。しかし、そこで語られた個々の「夢」を、集落の復興と関連づけて実現へと導くのは容易なことではなかった。むしろ、「初夢ワークショップ」後に月一回の頻度でワークショップを実施したことが、住民どうしのあいだに集落復興の理想像やその手法に対する葛藤をもたらすことになった。

夢と現実のあいだには、当然のことながら開きがある。だからこそ、夢を現実へと引きつけて、具体的な手立てを見出していくことが求められる。目標を達成したい時期を定め、その時点での理想的な状態を目標として掲げた上で、その理想像へと結実するための行動計画を策定するという、いわゆるバックキャスティングと呼ばれる思考方法がそれである。ただ、塩谷においては、個人単位での対話の場づくりのために「夢」を語ることは奏功したものの、そうして語られたことをもとに集落の未来を構想し、具体化する手立てにはならなかった。

ここで精神科医の木村敏による「リアリティが現実を構成する事物の存在に関して、これを認識し確認する立場からいわれるのに対して、アクチュアリティは現実に向かって働きかける行為のはたらきそのもの」（木村二〇〇〇）という言葉に着目しよう。これは現実を客観的に捉えて表現する現実をリアリティと、主観に捉えて表現する現実をアクチュアリティと、それぞれに呼び名を分け、事実に対する向き合い方を区別する考えである。この考えを借りると、ＫＯＢＥではワークショップを通じて復興への取り組みが具体化できたのは自らが置かれた状況を客観的に捉えることによるリアリティをもとにした語りがなされ、その一方で塩谷においては依存性、閉鎖性、保守性が特徴とされる村落共同体の活性化において、個人単位でのワークショップが展開される中で、まずは「私」の、続いて「私たちの」という具合に、アクチュアリティをもとにした主観的な語りが重ねられたのではなかろうか。なぜなら、被災した「私」が「私たち」の集落でどう過ごしていくかの「夢」を互いに語り合う中で、結果として事実への認識のずれが顕在化し、むしろ「私たち」の集落を「私たち」がどうしていくかの集団意思決定が困難となったと捉えられるためである。

４　「初夢ワークショップ」がもたらす集落復興への示唆

塩谷での「初夢ワークショップ」の意義は、その後の連続ワークショップとの不連続に着目することによって、むしろ明確となる。それは、こうして住民どうしが外部支援者と共に復興を遂げた先にある未来を語り合うことが簡単なようで困難を極めることを、とりわけ支援者に対して注意を促してくれるためだ。ここで改めて、発災当初から現地に支援に駆けつけていた渥美らが、ＫＯＢＥでの経験をもとに塩谷でワークショップを行ったのは、発災から二年二ヶ月あまりが経過したときであることを確認しておこう。いいかえれば、それまでは被災された住民のために、という思いを携えつつも、まずは住民の方々と共に時間と空間を共有し、決して自らの思いや経験をもとに意思決定を牽引せずに――互いに協同的（cooperative）に、立場の違いを越えて協働的（collaborative）に――過ごしたのである。

「初夢ワークショップ」
（2008年1月6日）

　折しも「創造的復興」をスローガンに掲げたＫＯＢＥから一〇年を迎えようとする中で新潟県中越地震が発生したこともあり、その復興過程では行政主導の計画策定に対する慎重な姿勢が見られた。実際、二〇〇七年二月一七日から一八日にかけて、新潟県長岡市の蓬平温泉にある「福引屋」にて、中越復興市民会議など主催する「第一回地域復興交流会議」が開催された。

テーマは「物語復興」で、一九八九年にアメリカ合衆国の西海岸で発生したロマ・プリエータ地震の際、サンタクルーズ市が多様性を重視して策定した復興計画から学ぶことが中軸とされた。一泊二日で一五〇人の参加のもとで交流した様子は、中越復興市民会議内に設置された「復興デザイン研究会」のニュースレター第三号（二〇〇七年五月六日発行）にまとめられており、花村周寛（当時：大阪大学コミュニケーションデザイン・センター特任助教）により「復興の理想を想像（妄想？）する『物語復興ワークショップ』」が行われたことが報告されている。

阪神・淡路大震災における創造的復興に対する一つの揺り戻しとして、新潟県中越地震では「物語復興」というキーワードのもとで住民と外部支援者の双方に「想像」が重視された。これは創造的復興が目の当たりにした現実を客観的に捉えた上での復興であったのに対し、物語復興は各々が実現したい未来を主観的に捉えた上での復興として位置づけられるかもしれない。少なくとも「初夢ワークショップ」は、それぞれが突然の災害に見舞われる中、住み慣れたふるさとで暮らしていく「私」の思いを互いに言葉にする、実に「アクチュアル」（現実的）な復興への展望を語り合う機会となった。何より、こうして丁寧に言葉を紡ぐことは、後述するように二〇〇七年七月の新潟県中越沖地震の際に塩谷から送られた「刈羽への手紙」においても織り込まれただけでなく、二〇〇七年一月の第一回「夢を語る会」から変わらず、塩谷の復興過程において大切にされていたと記しておく。

参考文献

渥美公秀（二〇〇一）『ボランティアの知』大阪大学出版会
広井良典（二〇〇九）『コミュニティを問いなおす：つながり・都市・日本社会の未来』筑摩書房
木村敏（二〇〇〇）『偶然性の精神病理』岩波現代文庫　一三頁
杉万俊夫（二〇〇六）『コミュニティのグループ・ダイナミクス』京都大学学術出版会　八八頁

第5章　刈羽への手紙

山口洋典

1　「刈羽への手紙」とは何か

「刈羽への手紙」とは、二〇〇七年一一月三日に新潟県刈羽郡刈羽村に小千谷市塩谷の前区長から届けられた手紙である。章末の資料1「被災されました刈羽の皆様へ」と題された手紙には、塩谷の災害復興過程に対する町内会長としての思いが便箋五枚にわたって綴られた。この手紙は塩谷に大きな被害をもたらした新潟県中越地震からは三年近くが経過し、刈羽村では二〇〇七年七月一六日から三ヶ月あまりが経過する頃に届けられた。ここで着目したいのは、手紙の末尾近くに「どうしても不安から、少しでも早く自分の進路を決めたくなります。でも、

「刈羽村文化祭」での塩谷集落ブース
（2007年11月3日）

あせらないでください」とメッセージが綴られたことである。

　この手紙は塩谷から刈羽へと郵便局や宅配業者によって届けられたものではない。文化の日の祝日でもあった一一月三日と四日の土日に開催された「刈羽村文化祭」に訪れることにしていた兵庫県神戸市に事務局を置いていた特定非営利活動法人日本災害救援ボランティアネットワーク（ＮＶＮＡＤ）が届けたものである。阪神・淡路大震災を契機に設立されたＮＶＮＡＤは、新潟県中越地震を含め、新潟県中越沖地震もまた例外ではなく、その後の災害救援に積極的に取り組んでいた。そのため、そうして支援に駆けつける中では、かつて被災した地域が次の被災地への支援活動に参加し、後に「被災地のリレー」と呼ばれる災害ボランティアのネットワーキングが生み出されるようになっていた。

　一一月三日、ＮＶＮＡＤは刈羽に向かう前、塩谷を訪れた。そもそも、この日に刈羽を訪れることにしたのは、兵庫県宝塚市にある小林聖心女子学院高等学校奉仕部が新潟県中越沖地震で被災された方々への支援にとＮＶＮＡＤに寄せられた募金を、高校生たちの思いと共に刈羽村へ届けるためであった。そこで、新潟県中越地震からの復興を進めてきた小千谷市塩谷からも何らかの思いを届けられるのではないかと着想し、前区長に依頼したところ、真鯉と山菜料理が刈羽村に届けられることになった。そして、当時ＮＶＮＡＤの理事長の職にあった渥美が塩谷に寄贈品を受け取りに行ったところ、前区長から渡されたのが「刈羽への手紙」だった。

渥美は刈羽村に到着すると、刈羽村社会福祉協議会の会長に手紙が入った封筒を手渡し、イベントの準備を手伝った。すると程なく、「刈羽への手紙」は拡大コピーされ、会場に貼り出されることになったという。もちろん、届けることを託された渥美は、その道中で文面に目を通してはいなかった。受け取った刈羽の方々によって掲示された塩谷から刈羽の方々に宛てられた文面を刈羽で目にし、渥美は「塩谷は、この手紙を機にいよいよ復興へと動いていくことになった」と受け止めたという。

２　「刈羽への手紙」の経緯と経過

２－１　ボランティアセンターによる支援対応窓口の一元化の時代

二〇〇七年七月一六日午前一〇時一三分に発生した新潟県中越沖地震は、新潟県柏崎市、刈羽村などで震度六強を観測し、死者一五名、負傷者二、三四五名、住宅の全半壊が六九四〇棟に及ぶ大惨事となった。避難者は一時一万人を超え、真夏の避難所での健康管理が問われた。また、被災地にある東京電力柏崎・刈羽原子力発電所では、火災が発生し、微量であるとの報告があるとはいえ、放射能漏れも確認されたという報道もなされた。三年前に発生した中越地震の被災地とも重なる地域での被災は、二度とも全壊した家屋六軒を含む二重被災（半壊以上二回）をもたらした。

阪神・淡路大震災以来、大きな災害が発生すると全国から災害ボランティアが駆けつけることが珍しくなくなっていた。加えて、一九九八年頃から、被災地に駆けつけた災害ボランティアは、災害ボランティアセンターを通して活動することが多くなっている。そうした災害ボランティアセンターの運営主体は、被災地の社会福祉協議会（社協）が担うことが多い。その設立・運営には、地元社協、地元行政、新潟県社協、地元ＮＰＯ、外部のＮＰＯや諸団体（たとえば、全国社会福祉協議会を中心に経済界とも連携して組織されている支援プロジェクトなど）が積極的に関わっていく。

新潟県中越沖地震の被災地にも直後から数ヶ月間に二万七〇〇〇人を超えるボランティアが活動した。刈羽村では発災翌日に中越復興市民会議のスタッフが支援に入り、刈羽村社協を拠点として刈羽村災害ボランティアセンターが発足し、この災害ボランティアセンターを通して六五六六人のボランティア（一二月末現在）が活動した。一般社団法人消防防災科学センターが発行する「消防科学と情報」の九一号に掲載された菅磨志保（当時：大阪大学コミュニケーションデザイン・センター特任講師）による報告「阪神・淡路大震災一〇年以降の災害ボランティア活動（2）――中越地震から中越沖地震へ――」によれば、刈羽村災害ボランティアセンターでは、生活再建をも視野に入れた避難所班の設置、地域サテライトの開設、専門家集団との連携など、「復興を視野に入れた被災者本位の支援活動復興を視野に入れた被災者本位の支援を提供していく仕組みがつくられていった」と記されている。

緊急救援・応急対応などの「災害」モードが落ち着くと、発災直後に設立された災害ボランティアセンターは、復旧・復興に向けて「災害」の名称が掲げられないボランティアセンターに役割を譲ることになる。刈羽村でも農業改善センター一階に設置されていた災害ボランティアセンターが二〇〇七年九月三日から「ボランティアセンター」に名称変更された上で社協内に設置されることとなった。そして仮設住宅には生活支援員が配置され、被災者を含む地域住民の復興にあたった。一方、イベント時などを中心に、他地域からのボランティアも継続して復興支援に関わっていた。

2-2　新しい日常を探る時期の葛藤を知る者として

「刈羽への手紙」は、災害ボランティアセンターがボランティアセンターへと移行し、仮設住宅に併設された集会所が日常の集会、お茶会、健康教室などの場となっていく時期に届けられた。手紙は、「中越地震で被災した者として、何か皆様と一緒に考える事が出来たら」という思いで書くことにした、という文章で始まり、塩谷の三年間の歩みを振り返りながら、各場面での当時の区長として、また一住民として感じた思いが綴られた当事者自身による塩谷の復興過程の総括である。そして、「どうしても不安から、少しでも早く自分の進路を決めたくなります。でも、あせらないでください」という一節が末尾近くに記され、続けて「急いだ人の中には、後悔した人達がいたからです」と述べている。

標高四〇〇メートル近くの山間にある塩谷では、集落外に集団で避難して仮設住宅で暮らしている間に、集落へ戻る人と、さまざまな理由から戻らない（戻れない）人々に分かれていった。地震はこれから冬に向かう一〇月二三日に発生したため、地震による家屋の倒壊を免れても、避難生活中の雪下ろしがままならなかったため、避難生活のあいだに集落にあった家が倒壊したという例もあった。果たして、集落に戻って再建するか、それとも集落には戻らず、小千谷市内に斡旋された土地に家を新築したり公営の住宅に入居したりするかといった選択に直面する厳しい場面があった（プロローグ参照）。

結局、被災者は、可能な選択肢を十分に検討する時間があまりにも乏しい状況で意思決定を急かされる。期限が迫る中でやむを得ず選択した後に最善の選択ではなかったことを悔やむ場合や、最善の選択に至る選択肢を当時は知ら（され）なかったことに気づく場合もある。その結果、被災者には、焦ったためにうまく行かなかったとの思いが募る。前区長による「あせらないでください」という言葉は、多くの塩谷住民の偽りのない印象であると共に、塩谷の人々が経験した切ない思いが凝縮された刈羽の方々への実にストレートなメッセージである。

ただし、塩谷の人々は、何も住宅支援を早く得たくて我慢しきれず、いわば好んで焦ったなどというわけではない。厳しい選択を迫られ、ゆっくりと時間をかけて検討することが許されなかったというのが現状である。ちなみにこの手紙は二〇〇八年の復興デザイン研究会のニュースレター第六号に全文が掲載された後、「災害復興過程の被災地間伝承：小千谷市塩谷集落から刈羽村への手紙」（渥美二〇一一）や『災害ボランティア』（渥美二〇一四）で紹介されたほか、日本災害復興学会設立大会（二〇〇八年、神戸）では、塩谷前区長自身が手紙を朗読する場面もあった。その結果、この手紙を読んだ阪神・淡路大震災の被災者、および、災害ＮＰＯから共感の意見が届き、災害復興に関わる実践家や研究者の間に流布していった。

3　「刈羽への手紙」の到達点と課題

3－1　声が文字となって力となり不安な媒体ながらも文脈を越えて伝承する

現代の日本では、スマートフォン・携帯電話を使ってＳＮＳ、電子メールといった手軽な手段で連絡がとられることが圧倒的に多くなっている。塩谷も例外ではなく、携帯電話はよく使われているし、メールやＳＮＳを使いこなす人も少なくない。刈羽の人々に向けて手紙を書いた前区長も携帯電話をもち、パソコンでメールを日常的に使っていた。しかし、彼は、電話でもメールでもなく、手書きの手紙によって「あせらないでください」というメッセージを伝えた。

そこで、「刈羽への手紙」が被災地間での災害復興過程における経験を伝承する媒体として成立する背景について、三つの特徴を挙げておくことにしよう。まず、手紙は、読み手を書き手の示す時間の中へ引き込む力がある。この「読み手を引き込む力」という観点のもとでは、この手紙は前区長という一人の人物による声が手紙になることによって、その小さな声に込めら

刈羽村文化祭での「刈羽への手紙」
（2007 年 11 月 3 日）

れた書き手の存在が残されたまま物質性を獲得したもの、と捉えられる。そのため、受取人とされた刈羽村で被災された方々は、読み手となる中で塩谷が経験した三年という時間を（手紙を通して）追体験することになる。そうして書き手が過ごした復興過程に思いを馳せた結果、書き手から絞り出された〝あせらないでください〟という切なるメッセージを書き手と同じ地平で実感したのではなかろうか。

次に、手紙は、誤配や未開封のまま読まれない可能性もあり、読まれたとしても誤解や書き手の意図が伝わらない可能性もあるなど、書き手にとって不安な媒体である。そうした不安を承知のうえで「それでも書こう」という書き手の姿勢が表れるのが、手紙という媒体である。塩谷の前区長にとって、自らの体験を振り返ることは決して楽しい思い出を振り返ることと同等ではなかったはずだが、「それでも」言葉にして刈羽村で被災された人々に対して書かれたのがこの手紙である。被災という経験を「それでも」伝えようとした塩谷の前区長の姿勢が、刈羽村の人々にも理解されたのではなかろうか。

さらに、受け取られた後に手紙がどのように扱われるかは受取人次第である。勝手に引用される場合や無断で公開される場合などの不安もある反面、差出人の意図とは別の文脈のもとで手紙に込めたメッセージがより深く広く伝わることがある。実際、塩谷からの手紙は二〇〇七年一一月三日〜四日の「刈羽村文化祭」での掲示のみならず、別途で示すとおり、後日、刈羽村社会福祉協議会発行のニュースレターでも紹介された。それは小さなコラムであったが、手紙の全文から〝あせらないでください〟という部分が見事に強調されたレイアウトになっていた。見事に抜き出されていた。もちろん、コラムの執筆には塩谷の前区長も、それを届けた渥美も一切関わっていない。

３-２　読み返すことで共に生きなおす

媒体としての手紙は、これまでも文学や哲学で研究の対象とされてきた。たとえば、アメリカ文学者の時実早苗は『手紙のアメリカ』（二〇〇八）にて、アメリカの小説における手紙を概観して、手紙には、「だれが書くか、だれが受け取るのか、どのように読まれるのか、書く力、あるいは読み、知識を得ることによる力、送るための制度とテクノロジー、時間と場所のトポロジー」（二五一頁）など複数の論点があることを示している。哲学者の東浩紀は『存在論的、郵便的――ジャック・デリダについて』（一九九八）において、デリダが哲学に対して「概念（郵便物）が哲学者（郵便局）のあいだを配達されていく」（六八頁）イメージを抱いていると紹介し、配達の不確定性、行方不明の郵便物など興味深い議論を展開している。これらの研究は、前述した手紙がもつ「読み手を引き込む力」に加え、「それでも」伝えようとする書き手への意欲を下支えする理論的観点として取り上げることができる。

また手紙は研究の対象とされるだけでなく、フィクションを通じて書き手が読み手のリアリティを喚起する手段としても効果的に用いられる。端的に言えば、小説において登場人物の思考や感情の変遷を効果的に提示する媒体として効果的に用いられることもある。たとえば、ほとんど手紙だけで構成された宮本輝『錦繍』（一九八二）や、所々に挿入される手紙を通して書き手の存在を忘れようとしても決して忘れたりできないことが示される東野圭吾『手紙』（二〇〇三）などが挙げられる。また、手紙は実話をもとにしたフィクションでも登場人物が置かれた境遇を描き出す上で用いられており、後に『マリと子犬の物語』として映画化された桑原眞二と大野一興による小説「山古志村のマリと三匹の子犬」（二〇〇五）では、新潟県中越地震の前に病死した妻からの手紙を、母と過ごした記憶のない娘のために父が夜ごとに読む、という場面が挿入されている。

そもそも手紙は、何度も読み返すことができるものとして、そこにあり続ける。それが、現実と想像とのあいだをつなぎ、自らに響いたメッセージをより広く他者にも届けたいという衝動を駆り立てる。「刈羽への手紙」を「塩谷からの手紙」として捉え直してみると、読み手側には書き手と共に生きた塩谷の人々の存在が、書き手側には手紙の読み手になることを通して一緒に生き直した刈羽村の人々の存在が、相互に想像できるだろう。さらに、この手紙は前述のとおり、いくつかの媒体に転載されたことで、塩谷から刈羽村へというだけでなく、阪神・淡路大震災以降のさまざまな復興活動に参加してきた人々にも届くことになった。

塩谷からの「刈羽への手紙」は、何度も繰り返し読める手紙という媒体として、先に被災した地域での経験知を伝承するものとなった。郵便制度の比喩を用いるなら、その手紙の消印は発災から三年を迎えようとする新潟県中越地震で被災した塩谷で、集配は発災から一二年が経過した阪神・淡路大震災を経験した支援者が担った。しかし、その手紙は刈羽から塩谷への返信が期待されたものではなく、むしろ塩谷では刈羽からの返信を期待せず、復興に向けて過ごす時間を大切にしていただければよい、という願いを「あせらないでください」という言葉に濃縮して伝えられたものである。ちょうど、哲学者の鷲田清一が『「待つ」ということ』（二〇〇六）で指摘したように、「あらゆる予期がことごとく潰えたあと、諦めきったあとで、そこからようやく立ち上がってくる」（一八頁）ものを、前のめりになって何かを待つのではなく「あせらないで」ただ待つことの大切さが伝えられたのが「刈羽への手紙」である。

4　「刈羽への手紙」がもたらす集落復興への示唆

塩谷から送られた「刈羽への手紙」は、新潟県中越地震から約三年を経過した時点で、塩谷の住民（少なくとも前区長）が、自らの被災経験を言葉にすることができたことを示している。このことは塩谷が救援から復興へと場面転換を遂げつつあったことと対応している。このことを象徴的に表すフレーズが、刈羽の方々に向けて綴られた「あせらないでください」というメッセージである。なぜなら、このメッセージは、復興を進める制度の時間と被災者の生活世界の時間との間に齟齬が生じていることが示されているためである。

復興過程において、被災者と呼ばれる人々には、特定の時間内に何らかの選択が迫られる。自然災害による被災という非日常の環境において、支援という名のもとに数々の制度が提示され、その中から新しい日常に向けての選択が迫られる。もちろん、制度そのものの改善や改革の余地もあることは否定しないが、現在の制度のもとでも「あせらせないで」待つことが許容されてもいいのではないか、という戸惑いと怒りが「刈羽への手紙」を通じて表明されたと捉えられる。つまり、新潟県中越地震で「あせらされた」人たちの願いとして、次の災害でもまた待つことが許容されない人たちに対して「あせらないでください」という言葉を織り交ぜた手紙が届けられたのである。

被災者は、さまざまな支援制度を利用することができる。しかし、制度が複雑であったり、新制度ができたりして、なかなかその全貌が把握できないことがある。また、特に住居については、日々の生活の基盤となるため、できるだけ速やかに制度の適用を受けたいとの思いが募る。一方で、ある時点で何らかの制度を利用すると決めると、申込み期限までの極めて限られた期間でさまざまな重要かつ（多くの場合）不可逆な意思決定をしなければならないことになる。

塩谷からの「刈羽への手紙」は、被災者が少し立ち止まり、正しい答えだと確証がもてなくても、さらには何らかの手応えさえないときでも、機の熟するのを待ち、そして、焦らないで自らの生きる道を開いていくことが復興にとって大切なのだと訴えている。無論、いつまでも延々と選択を先送りにすることは効率は悪いだろうし、せっかくつくった制度や仕組みには則さないことがあるだろう。しかし、復興においては、被災者の生活世界の時間の流れに合わせることが求められているのではなかろうか。

〈資料「刈羽への手紙」全文〉

被災されました　刈羽の皆様へ

一一月三日に刈羽村で、「被災地からのリレー」として行事が行われる事を、〝日本災害救援ボランティアネットワーク〃の渥美様からお聞きし、中越地震で被災した者として、何か皆様と一緒に考える事が出来たらと思いペンを取らして頂きました。

私達の村、塩谷は、中越地震の際、小千谷市では、最も被害の大きかった集落です。

三人の子供達が倒壊した家屋の下敷きになり、幼い命を失くしました。

錦鯉の池・田も九割以上が、崩れたり、ヒビが入ったりの状態でした。そして、追い打ちをかけるかの様に、その年は大雪となり多くの家が潰れました。

みんな途方に暮れ、これから先の事は考える事もできない位落ち込んでいました。

しかし、幸いなことは、集落のほとんどの人達が、同じ仮設住宅で過ごせた事です。地震前、いやそれ以上にコミニュティーを大事に保ちました。

雪の消えた四月の末、とにかく元気を出さなくてはと、子供からお年寄り迄、全員で仮設住宅で花見の会を開きました。

久しぶりに皆んな元気を取り戻しました。

三月と五月、村独時（原文ママ）で「住宅再建におけるアンケート調査」を行いました。村と離れたい人が半数でした。

年寄り夫婦だけの世帯の多くが復興公営住宅を希望しました。村を離れる決意だったのです。

村で集団移転の要望書を作成し、署名をもらい提出しました。


そんな中、多くのボランティアの皆さんが、塩谷をめざして倒壊した家の片づけに入ってくれました。反対する人もいた事はありましたが、四九戸のうち三三戸が取り壊わさなければならなかったのです。

ボランティアの皆さんは、本当に良くやってくれました。

ボランティア最後の日、私達は、お礼にと焼肉を催しました。

別れを惜しみ、あちこちで涙するボランティアさんを見て、

「塩谷は必らず復興します。復興した村に遊びに来て下さい」と約束しました。

三年過ぎた今は、友達として、多くの人達が遊びに来てくれています。嬉しい限りです。

私達は、前向きに、前向きにと進んできたつもりですが、完全復興するには、高いハードルがあります。

村に残った二〇件の人達と、村を離れた人達の心の問題もその一つかと思われます。

以上が私達の地震後の経過と、今の状況ではないかと思っています。

中越沖地震で被災された皆様は、八月中旬に仮設住宅に入居され、ようやく生活になれた頃かと存じます。そして、自分達の再建に向けて、悩んでおられるのでは、ないのかなと思います。

私達も家が壊れた人達が、立場の違う状況の中で悩み苦しんできた姿を見てきました。

四八戸（一戸は仮設住宅で死亡）全てが落ち着く事ができたのは、地震後二年一〇ヶ月が過ぎた八月末でした。どうしても不安から、少しでも早く自分の進路を決めたくなります。でも、あせらないで下さい。

急いだ人の中には、後悔した人達がいたからです。

今は色々な制度もありますし、皆さんが声を上げれば新しい復興基金も生れるかも知れません。

地震で被災した、神戸・中越・そして中越沖地震の皆さんと一緒に考える日を作る事も大事かと思います。


もうすぐ厳しい冬がやってきます。皆様が心も身体も健康で春を迎えられる事をお祈りしております。

参考文献

渥美公秀（二〇一〇）「災害復興過程の被災地間伝承：小千谷市塩谷集落から刈羽村への手紙」大阪大学大学院人間科学研究科紀要

渥美公秀（二〇一四）『災害ボランティア』弘文堂
東浩紀（一九九八）『存在論的、郵便的――ジャック・デリダについて』新潮社
東野圭吾（二〇〇三）『手紙』毎日新聞社
桑原眞二・大野一興（二〇〇五）『山古志村のマリと三匹の子犬』文藝春秋
宮本輝（一九八二）『錦繍』新潮社
時実早苗（二〇〇八）『手紙のアメリカ』南雲堂
鷲田清一（二〇〇六）『「待つ」ということ』角川学芸出版

第6章　二十村郷盆踊り

山口洋典

1　「二十村郷盆踊り」とは何か

「二十村郷盆踊り」とは、二十村郷と呼ばれる地域での合同盆踊り大会である。二〇〇八年八月二四日に第一回が行われた後、翌年から参加集落の持ち回りで開催されていった。合同盆踊り大会とはいえ、元来からある集落の盆踊りを取り止めて合同化したものではなく、各集落での盆踊りから数日後、改めて設定された集落間の交流の機会として行われたものである。この取り組みは新型コロナウィルス感染症の影響により、二〇一九年八月三一日の第一二回大会で中断されるまで、毎年続いた。

二十村郷盆踊りは、塩谷の他、旧川口町の木沢集落と荒谷集落、旧山古志村の梶金集落の参加により始まった。塩谷は小千谷市に属しているが、それ以外の三集落は平成の大合併により長岡市に編入された集落である。二〇〇八年の第一回大会が木沢集落の復興に外部支援者として参画していたボランティアによる発案であったこともあって、主催する集落の順番は木沢集落から始まり、塩谷集落、梶金集落、荒谷集落の順で回っていった。主催する側は会場となる場所で櫓を組み、一人ずつパック詰めした焼きそばと、ビール・日本酒・その他ソフトドリンクを準備して、各集落を迎える役割を担った。

そもそも盆踊りは集落間の交流の場ではあっても、集落ごとに行われるものである。しかし、新潟県中越地震を経て、山間部での復興に奮闘する各々の集落どうしを外部支援者が行き交う中、かつて二十村郷と呼ばれていた地域で、集落間のつながりをつくることで、集落内のつながりもまた深められることに関心が向けられた。具体的には、それらの集落で「よいようさ」という踊り唄が用いられて同じリズムと節回しでの盆踊りが行われていること、ある程度の人々は盆踊りを通じた交流が昔からあったと記憶していること、この二点を手がかりに、集落持ち回りによる合同盆踊りが実施される運びとなった。実際、かつてこの地域は一八八八年に明治政府が導入した町村制により設置された南荷頃・小栗山・木沢・塩谷の四つの村からなる東山村という自治の単位が（一九五四年に木沢・塩谷の一部は川口村に、残部は小千谷市に分割編入されることで廃止となるまで）あり、文化的な側面のみならず、社会的な制度面でも一定のつながりがあった。

四集落での合同盆踊りの名前に掲げられた「二十村郷」の由来には諸説あり、数多くの文献も残されているものの、少なくともこの四集落が参加している合同盆踊り大会を二十村郷盆踊りと称することに異議を示す人はいないだろう。一つの象徴として、二〇一五年一〇月二三日に設立された「長岡・小千谷『錦鯉発祥の地』活性化推進協議会」によって、かつて二十村郷と呼ばれてきた地域での「雪の恵みを活かした稲作・養鯉システム」が二〇一八年度の農林水産省による日本農業遺産に認定される運びとなったことを取り上げておく。この日本農業遺産への認定を経て、長岡市錦鯉養殖組合は冊子『のぞいてみよう！　二十村郷』を発行しており、その冒頭において二十村郷を「今はもう地図には載っていないけれど、新潟県長岡市（旧山古志村、川口町）と小千谷市にまたがる標高五〇〇メートル程の山間にあった集落」で、「冬は雪に閉ざされる厳しい自然の中で、昔の人は色んな工夫をして生活してきた」と記されている。この「山間にあった」という表現からは、既に集落が消滅したと捉えられる可能

塩谷集落での二十村郷盆踊り大会
（2009年8月29日）

性もあるが、いくつかの山と谷のあいだで二〇もの集落が個々の伝統を継承し発展させつつ、同じ踊り唄で盆踊りでの交流がなされてきたことが、震災後に二十村郷盆踊りが始められる揺るぎない土台となっている。

2　「二十村郷盆踊り」の経緯と経過

2-1　集落間での情報交流を通じた連携・協働の萌芽

二十村郷盆踊りは木沢集落で第一回が始まり、新型コロナウィルス感染症の影響で木沢集落での第一二回で休止状態となった。このうち、塩谷は二〇〇九年の第二回、二〇一三年の第六回、二〇一七年の第一〇回を主催している。ただし、二〇一七年に共同主催からの脱退を表明した荒谷集落に続き、二〇一九年には塩谷も脱退を表明しているため、塩谷は今後、二十村郷盆踊りを主催することはない。そもそもなぜ、二十村郷盆踊りが集落間の持ち回りで開催されるに至ったかを確認するため、住民と行政と外部人材の三者をつなぐ役割を担った「中越復興市民会議」の存在に着目してみよう。

集落間の持ち回りでの二十村郷盆踊りを最初に主催した木沢集落では、新潟県中越地震の前より、住民主体の「フレンドシップ木沢」という地域づくり団体が設立されていた。二〇〇二年一月の設立後、フレンドシップ木沢は休眠状態にあったものの、二〇〇五年五月に発足した中間支援組織「中越復興市民会議」により、改めてその存在と役割に関心が向けられ、二〇〇六年度からは集落復興と地域活性化に取り組む組織として組織再編と事業計画が定められることになった。このように、集落への外部支援者の受け入れを通じて、結果として集落の結束力が高まることは不思議な現象ではないものの、実際は容易なものではない。なお、木沢集落の復興に「フレンドシップ木沢」が果たした役割については、宮本匠・草郷孝好（二〇二〇）で詳述されている。

「フレンドシップ木沢」において、世帯単位で選出された役員が一年ごとに交代していく住民自治とは異なる形態のもと、有志の組織として活動するという点、さらには各種の活動に外部支援者も参加して展開されるという点は、地震後に塩谷で設立された住民主体の地域づくり団体「塩谷分校」（第八章）の特徴とも共通する。そして、各集落で災害からの復旧から復興へと視点と視野を広げていく中で、本書の第四章「初夢ワークショップ」で紹介した中越復興市民会議らによる「地域復興交流会議」が連続して開催されることになった。「地域復興交流会議」は二〇〇七年二月一七〜一八日に長岡市の蓬平温泉「福引屋」での第一回を皮切りに、九月一〜二日には第二回が川口町（当時）のえちご川口温泉横の地域交流体験館「杜のかたらい」にて、二〇〇八年三月八～九日には第三回が堀之内町（当時）の折谷温泉「ゆのたに荘」にて、という具合に、年二回の頻度で実施されていった。その後「地域復興交流会議」は、二〇〇八年に設立された日本災害復興学会の後援も得て「震災被災地市民サミット～地域復興交流会議全国大会」へと規模を拡大し、第一回が二〇〇八年一〇月二三日に前掲の「杜のかたらい」にて、第二回が二〇〇九年一〇月一六～一七日に長岡技術科学大学で、それぞれ開催されている。

「地域復興交流会議」を通じて、かつての東山村界隈での集落間の交流がなされたことで、復興過程の進捗とあわせて集落内での活性化がもたらされたことは容易に想像できる。実際、「地域復興交流会議」の仕掛け人の一人である中越復興市民会議の事務局長を務めた稲垣文彦は、二〇一三年に刊行された農村計画学会誌第三二巻三号の特集論考「中越地震における地域復興支援員に学ぶ」（稲垣二〇一三）において、「地域復興交流会議」を「主体的な取組が活発になった各集落の住民を一堂に集めての情報交換や競争意識の醸成の場として」（三五四頁）開催してきたと述べている。二十村郷盆踊りは、こうして外部支援者と共に集落間での交流を通じて、集落間の競争による分断や対立の助長ではなく、集落間の信頼による連携と協働の促進の中で生み出された取り組みである。それは長岡技術科学大学の上村靖司によって日本災害復興学会での「復興デザイン研究会」の理念にも掲げられた「協創恢興」（地域を以前より良い状態へと創造的に協力しあうこと）を体現する動きとしても捉えられる。

2-2　ハレの日を包み込む「〝異様な〟昂揚感に満ちた場」

　第一回目の二十村郷盆踊りの様子は、渥美（二〇一一）で詳述されている。そこには、塩谷からは一一名が参加したこと、一八時三〇分からの酒宴に続いて一九時から踊りが始まったことなどが記されている。そして、各集落の人々が代わる代わる歌い、太鼓を叩き、各集落の支援者も加わって、全身に汗をかきながら踊り続ける場は、他の復興過程では決して見られなかったという率直な印象が「〝異様な〟昂揚感に満ちた場」と表現されている。あわせて、木沢集落では事前に周知された結果として日頃は集落の行事に出席しない高齢の住民も出席して楽しんだこと、また終了後には興奮冷めやらぬ住民と支援者・研究者が口々に素晴らしい交流だったと述べつつ太鼓や唄の良し悪しを論じていたことも記されている。

第1回二十村郷盆踊り大会
（2008年8月24日）

　木沢集落からのバトンを受け継いだ塩谷では、二〇〇九年八月二九日に第二回目の二十村郷盆踊りが開催された。二〇〇二年に閉校の後には除雪用の重機の置き場（塩谷では重機を管理している家の屋号から通称「大下ドーム」と呼ばれている）となっている旧塩谷小学校のグラウンドを会場に、再び「〝異様な〟昂揚感に満ちた場」となった。前掲の論文では、前回に引き続き、新潟県中越地震からの復興過程において形成された有志の集団がある木沢集落（フレンドシップ木沢）と荒谷集落（はぁ〜とふる荒谷塾）はそれぞれの団体名が書かれた法被（木沢は青、荒谷はピンク）をまとっていたこと、塩谷は村の鎮守「仙竜神社」（仙龍社）に由来して背中に「仙龍」と書かれた赤い法被や背中に赤く「塩谷」と染め抜かれた紺の法被をまとっていたこと、旧山古志村東竹沢地区（梶金、木篭、小松倉各集落）からは屋号をあしらった提灯を掲げて浴衣での参加がなされたとの報告が記されている。当時の写真に目を向ければ、各集落の住民のみならず、二〇〇八年一一月三日に開校となった「塩谷分校」の活動に参加していた大阪大学や関西学院大学や長岡技術科学大学などの学生も浴衣で参加しており、中央に置かれた太鼓を各集落の人々が代わる代わる打ち、スムーズな音頭取りのもとで人々は踊り、踊り疲れた人々は踊りの輪から離れた後に周辺で話に花を咲かせて集落内外の人々との交流が図られたことが見て取ることができる。そして終了後、これも第一回目に続いて、興奮冷めやらぬ参加者は口々にその楽しみと意義を語りながら、各集落に戻るバスに分乗していったことも、前掲の論文には記されている。

こうして山間の集落どうしがバスで簡単に移動できるのも、雪深い中を生き抜いてきた先人たちの知恵と努力があったからこそである。一九三二年に東竹沢の梶金と木篭を結ぶ七曲トンネル、一九三四年に東竹沢と竹沢を結ぶ梶金トンネル、一九四九年に広神村に通ずる中山トンネル、そして一九五二年には南平地区と竹沢を結ぶ羽黒トンネル、これらが手掘りによって開通し、一九五二年からは小千谷と竹沢の間内平との間でバス路線が新設されたという記録がある。さらには長らく幅一・五メートル・高さ二・一メートル・延長五〇五・〇メートルの手掘りの隧道（一九四三年四月貫通）を使用していた塩谷では、一九八三年に幅七・五〇メートル・高さ五・八五メートル・延長五一二・五〇メートルの塩谷トンネルが開通し、路線バスが運行されることになった。「週刊現代」の二〇一六年一〇月二九日号に掲載された塩谷で暮らした住民のインタビューのうち「トンネルができる前は、子どもが病気になったら熊の胆を飲ませるか、大人が総出で、雪の中を小千谷の病院まで運ばんくてはならんかった」という語りが象徴するように、山越えを伴う暮らしは容易ではなかった。

都市生活者にはわかりえない過酷な暮らしが日常だった二十村郷の人々にとって、盆踊りはハレの日の一つであった。そして簡単には行き来できない集落どうしではあったが、盆踊りの開催日が集落ごと重ならないよう異なる日に設定され、むしろ互いに訪問して交流する機会になっていたため、結果として同じ節回しでの盆踊りが新潟県中越地震の発災前まで継続して実施されてきたことが伺える。冒頭に記したとおり「地図には載っていない」二十村ではあるが、木沢・塩谷・荒谷・梶金の四集落が共同で主催する合同盆踊りは、二〇一七年に荒谷集落が「はぁ〜とふる荒谷塾」の活動終了に伴い脱退、また二〇一九年に塩谷の町内会にて高齢化に伴い他の集落を招いて開催することが厳しいとの決断により主催団体から離脱という変化を受けつつ、木沢↓塩谷↓梶金↓荒谷↓木沢↓塩谷↓梶金↓荒谷↓木沢↓塩谷↓梶金↓木沢と、一二回にわたって開催されてきた。今後、残りの二つの集落での開催は難しくなるだろうとの判断から、二〇二〇年を最後の開催にしようとなっていたが、新型コロナウィルス感染症の蔓延により二〇二〇年以降は休止に至った。

3　「二十村郷盆踊り」の到達点と課題

3-1　共に過去を見つめ未来を見据える

二十村郷盆踊りは、「よいようさ」という盆踊り唄や踊りなどを通じて、えもいわれぬ一体感を参加者にもたらした。それは二十村郷という集合性のもとで互いに踊り合う住民どうしのみならず、「〝異様な〟昂揚感に満ちた場」と外部支援者が表現するほど、会場全体を包み込むものであった。住民を包み込んだ昂揚感は、互いに共有する歴史や思い出を確認し合う場を創出したことでもたらされたことについては容易に想像が及ぶところである。雪深い山間で独自の文化を織り成してきた二十村郷では、盆踊りだけでなく、「牛の角突き」として国の重要無形民俗文化財に指定されている闘牛を通じた交流、錦鯉の飼育、さらには祝いの席で唄われる「天神囃子」といった習俗を共有していた。ただし、これまでは集落間の交流の場としての盆踊りでさえ、各集落で個別に行われており、二十村郷として一堂に会する形式で開催されることはなかった。

ここで木沢集落での第一回が二〇〇八年に行われたこと、そこには「中越復興市民会議」による広域的な連携・協力への関心が重ねられていたことに着目してみよう。この時期は発災から五年を前にということもあり、内外から復興の進捗に対して関心が寄せられやすい時期であった。そうした中で、外部支援者を受け入れてきた集落の住民らが行政区の境界にこだわらず、二十村郷という範囲を射程に入れ、一堂に会する盆踊りを企画し実施していったことは、共に育んできた地域の文化を手がかりに過去を振り返りつつ、復興を経た未来を展望する契機をもたらした。これは第四章でも簡単に触れた言葉であるが、一九九〇年にカナダの環境学者、ジョン・B・ロビンソンが理想的な未来像を射程に入れて着実な行動を計画する意義を示した「バックキャスティング」の概念にも通じるところがあろう。

第一回から参加し、その実体験を「〝異様な〟昂揚感に満ちた場」と表現した渥美は、記憶はさまざまなコミュニケーションや社会環境の中で集合的に構築されるものというフランスの社会学者アルバックスの指摘などを踏まえつつ、社会心理学の中でも研究者と研究対象となる事物とのあいだで一線を画さずに愚直に実践の意味と価値を追求する立場から、二十村郷盆踊りは死者をも召喚した「協働想起（collaborative remembering）」する場であったと整理している（渥美　二〇一四）。「協働」ではなく立心偏（忄）の入った「恊働」の字を充てている点から、何らかの変革を企図する上では、特定の文脈をもった現場で当事者と過去に思いを馳せると共に、よりよい未来を設計・構想する態度が重要となることが示唆される。伝統的な心理学においては、人間の記憶を机の引き出しやコンピュータの装置のように見立てて、一定のルールのもとで整理（いわゆる「コード化」）されたものが静的に貯蔵され、それらを検索によって引き出すという枠組みとして取り扱い、記憶とは客観的な真実としてその真偽が問われるもの、という前提で人々の言動に関心が向けられてきた。それに対して恊働想起では、過去の出来事を静的な記憶として取り扱うことはなく、想起するという言葉からも連想されるように、動的な営みとして捉えるものである。

実際、二十村郷盆踊りの企画と実施においては、二十村郷と呼ばれる地域や各々の集落の過去や未来に関わる客観的事実を精緻に検証していくのではなく、むしろ外部支援者と共に歴史的・文化的な一体感をもって生活していた過去を恊働想起することによって、突然襲われた大規模災害によって発災前に思い描いていた未来とは異なる現在を、現在において思い描くことができる理想的な未来を、それぞれに受け入れる機会を創出した。そもそも二十村郷盆踊りには、集落以外の人々も有料（五〇〇円）で参加でき、歴史的・地理的には二十村郷に含まれていない荒谷集落は企画段階から参加しつつ主催集落の一つとなっていることからも、二十村郷とは地理的・空間的なつながりものではなく、むしろ文化的・時間的なつながりのもとで、「ふるさと」への実感を回復する端緒となった。逆説的に言えば、二十村郷盆踊りが地域に根ざすかけがえのない歴史や伝統を再確認しつつ、復興を遂げた先の未来を展望する契機となったため、ささやかな閉塞感に直面していた人々を「〝異様な〟昂揚感に満ちた場」へと導いたと捉えられる。

3-2　工学的な復旧の先にある復興に文学的に迫る

このように二十村郷盆踊りでの協働想起が時間的な連続性の回復をもたらしたことに加えて、踊りや盆踊り唄という身体的パフォーマンスを伴う場であったことが「〝異様な〟昂揚感に満ちた場」を生んだ要因であることを指摘しておきたい。繰り返し述べたとおり、二十村郷盆踊りは、踊り、歌、太鼓が共鳴する場であり、発災前から同じ節回しで踊ってきた各集落の住民はもとより、各集落で復興支援を展開している外部ボランティアや研究者もまた、ただただ踊り続け、太鼓を打ち鳴らすという身体的な没頭が見られた場であった。この状況を渥美（二〇一一）は「生の燃焼とでも形容される空間が広がっていた」と表現している。すなわち、すべての参加者は新潟県中越地震からの復興に関するさまざまな言説（復興計画やイベントも含む）、共有される歴史や文化、展望される未来など、あまたある協働想起の対象の如何によらず、踊り続けるという身体的パフォーマンスを介して協働想起をしていたことへの素朴な表現と捉えられる。

身体的パフォーマンスを介した協働想起が、これほどまでの昂揚感を現場にもたらし、未来を展望する契機を生み出すことで復興過程に影響を与えるのは、研究者をはじめとする外部支援者に「言語化の一時停止」を半ば強制的に求めるためである。通常、研究者は現場の事象を言語化することにこそ役割や意義を見出し、共に身を置く世界において現前していながらも気づいていない前提や命名されていない事物を言語化して関心の対象へと引き上げ、さらには口述や文字を通じて他の現場へとその知見を届けていくことを使命とする。しかしながら、二十村盆踊り大会では、そういった外部支援者も踊り続けることで、言語化の営みを一時停止し、一緒になってパフォーマンスする姿そのものが、他の研究者や外部ボランティア、そして、何より、当事者の目に映るものとなった。その共通体験こそが、当事者と外部支援者とのあいだで、無自覚のうちに形成されていた距離感や抵抗感の緩和や解消をもたらす要因となりうるのである。

第四章で取り上げた「刈羽への手紙」が端的にあらわすように、当事者が思いを吐露するとき、そこには多くの行間が伴う。この点を渥美（二〇一〇）は「言語の多義性を留保し、通常の言語規範に回収されることを回避する言語」（一三頁）という定義のもと「詩的言語」と呼んでいる。しかし、研究者は観察によって、理論によって、また観察内容や理論の翻訳を通した実践家との共通言語の探索によって、行間を埋める語りに努めがちである。少なくとも二十村郷盆踊りは、盆踊りという身体的なパフォーマンスという非言語的なコミュニケーションの共通体験により、改めて言語的なコミュニケーションにおける当事者と研究者の言語の水準の違いを一時的ながら無問題化し、さらに集落間での交流という共通体験を得る機会を創出した。

こうした非言語的なコミュニケーションを通して復興への確かな歩みを進めてきた塩谷ではあるが、そもそも災害からの復旧や復興では土木工学の側面から構造物の再建に主軸が置かれる。たとえば、新潟県中越地震では国土交通省北陸地方整備局が河道閉塞により水没した東竹沢地区にある木籠集落周辺を「芋川砂防フィールドミュージアム」として技術と経験の伝承に努めているし、大規模・広域・複合災害である東日本大震災からの一体的な事業の企画・調整のために設置された復興庁の英訳が「Reconstruction Agency」であることからも想像できるだろう。転じて、塩谷での復興過程においては、渥美（二〇一一）のみならず、哲学者の内山節（二〇一二）が「復興のグランドデザインは文学的に書かれなければいけない」（一六四頁）と示した指摘を先取りするかのように、文学の範疇を非言語のパフォーマンスの領域にまで広げつつ、現場の（ローカルな）当事者だけでなく、場所を越えて、また時空さえも越えて未災の地域の人々にも（インターローカルに）届く知見を見出そうと、場づくりと言語化との往還がなされてきた。そこには、技術者や研究者が導入する普遍的な解決策が、無自覚なうちに地域の文化を軽視し、かつ住民の無力化をもたらしてしまうことへの強い抑制が働いている。

4　「二十村郷盆踊り」がもたらす集落復興への示唆

発災から五年を前に始まった集落間連携による合同盆踊り大会「二十村郷盆踊り」は、外部支援者の発案ながら、住民が主体となった住民と外部支援者との協働を通じた復興への実践として展開された。そして少なくとも新型コロナウィルス感染症の影響を受けるまで、一二回にわたって実施されてきた。継続的な展開を可能とした特徴を挙げるなら、共通の節回しで盆踊りが行われていたこと、共通の節回しが用いられている地域に二十村郷という名前がついていたこと、計画段階から参加してきた集落の持ち回りで開催してきたこと、同じ節回しでの集落すべてに拡張していくことを目指してはいなかったこと、という具合に、枚挙にいとまはない。転じて、そうした複数の特徴を踏まえた上で、特に今後の災害における集落間連携を通じた集落復興にもたらしうる知見を、改めて三点に整理してまとめておきたい。

まず、集落間連携には絶妙なタイミングが求められるという点である。新潟県中越地震では、全住戸に避難が余儀なくされた集落があり、避難生活の後に仮設住宅の生活から集落に戻る人と戻らない（戻れない）人とが生まれ、村落共同体を安定的に包み込んでいた一体感の喪失がもたらされた。そうした一体感は、ときに村落共同体の閉鎖性や保守性をもたらす要因として否定的に捉えられるものの、過去を回顧しながら集落復興の未来を展望する上では住民どうしの連帯感を醸成する手がかりとなる。目に見える成果の乏しいまま進んできた復興過程にささやかな閉塞感が漂う中で計画された二十村郷盆踊りは、発災前から脈々と継承されてきた習俗を新しい形で共通体験として抱くことによって、着実な復興への一歩を刻んでいこうという一体感へと結びつくものとなった。

次に、集落間連携では現在の行政区への厳密かつ過剰な関心は不要という点である。二十村郷盆踊りに参加した集落は、震災以前からそれぞれの行政上の区分（小千谷市、山古志村、川口町）に分かれて互いに独立した別の集落として活動してきており、新潟県中越地震の後には各自治体が復興計画を策定する中で各々の集落で外部ボランティアが長期的に関わりつつ住民を主体とした独自の展開のもとで復興に取り組まれてきた。そのため集落内に留まることで、あるいは現在の行政区分であれば分断されてしまうことで、集落間では共有し得ない経験が広域的な支援に取り組む「中越復興市民会議」による開催地域や場所を固定せずに行った交流の機会に共有された。そうして、二十村のように町村制施行以前に人や物の移動を通じて交流があった文化圏・生活圏に着目することができ、集落間連携による企画立案への契機を生むと共に、行政間で異なる復興の進め方を本人たちが比較する機会がもたらされた。

そして、集落間連携は共通の習俗を再確認することを通して各集落で自信の回復につながりうるという点である。これは「中越復興市民会議」が「地域復興交流会議」において「競争意識の醸成の場」と企図して挙げていることに鑑みれば、それは単なる競争ではないということ、つまり優劣を競い合うようなものではなく、むしろ部分的には手本としつつ切磋琢磨していく仲間意識を醸成する場となり、それが二十村郷盆踊りという形で結実したと捉える方が妥当ではなかろうか。実際、塩谷で盆踊りの太鼓の練習に参加した際の学生の記録（以下の付録において注記する崎浜公之の卒業論文）の中に、「まさか大阪の学生の子が、こんな田舎の盆踊りの太鼓にハマってくれるなんて、思わなかったなぁー」という塩谷の住民の素朴な声が収められている。ここに、立場の違いを越えて、また過去の実体験の有無にかかわらず、いにしえからの集落での営為に対する協働想起が、被災者と支援者という関係から、住民と外部者との区別を経て、改めて住民としての自覚と誇り、転じて自信の回復をもたらしうると示すことができる。

〈資料〉

盆踊り音頭（よいようさ）

以下に示す歌詞は、塩谷の友野正人氏によって、集落に残されていた記録と小栗山地区で練習に使われている文書を総合して整理されたものである。初出は渥美（二〇一一　三二一〜三四〇頁）で、塩谷前区長などに歌詞の点検を依頼し、さらに盆踊りに参加して、音頭取りの実際の歌を確認した上で収められた。その際、歌詞は正しいが、どの部分から歌い始めるかということについては、特に定まっていないこと、古くは、〝正しい〟始め方があったようだが、現在では失われてしまったことが明らかになった。なお、以下の歌詞とは別に、塩谷でのフィールドワークを通じて二〇一三年九月に「全唄、よいよーさ」として文字化された崎浜（二〇一三）もある。

私世間から今着きましてよーほー　世間から今着きましてよ
私世間から今乗り込んでよーほー　世間から今乗り込んでよー
はぁーりぁ出た出た物好き出たいよーほー　出た出た物好き出たいよー
前の音頭取りーはどなたか知らぬよーほー　音頭取りーはどなたか知らぬよー
声もいよいし唄の勘も上手によーほー　いよいし唄の勘も上手によー
私ゃあのようにまねでもならぬよーほー　あのようにまねでもならぬよー

私へただども音頭を語るよーほー
唄って乗るやら乗らぬやらもしらぬよーほー
唄って乗らぬとこ囃子で乗せてよーほー
唄って乗らぬとこ許してくりゃれよーほー
さーて側衆さ囃子をたのむよーほー
さーて若い衆さ囃子をたのむよーほー
よいこらさと足音高くよーほー
音戸とるとて別なことがなくてよーほー
音戸とりは側衆がたよりよーほー
さーて音頭取りは囃子が頼りよーほー
側衆さ囃子がたらぬよーほー

（音頭取りが交代を頼む時）
私ゃ正直ださ声が嗄れましてよーほー
あまり長いのは側の衆がよまずよーほー
どなたか跡継ぎたのむよーほー
切れます跡継ぎたのむよーほー

へただども音頭を語るよー
乗るやら乗らぬやらもしらぬよー
乗らぬとこ囃子で乗せてよーほー
乗らぬとこ許してくりゃれよー
側衆さ囃子をたのむよー
若い衆さ囃子をたのむよー
よいこらさと足音高くよー
音戸とるとて別なことがなくてよー
音戸とりは側衆がたよりよー
音頭取りは囃子が頼りよー
ち側衆さ囃子がたらぬよー

正直ださ声が嗄れましてよー
長いのは側の衆がよまずよー
どなたか跡継ぎたのむよー
切れます跡継ぎたのむよー

さーて皆の衆さ代わりを頼むよーほー　　皆の衆さ代わりを頼むよー
ここで切れます、跡継ぎ頼むよーほー　　切れます、跡継ぎ頼むよー
（音頭取りが交代する時）
はーあーてがってんだー（新に音頭を取る人）
　さーあーて頼みだー（今まで音頭を取っていた人）

さあーてここらで文句を語るよーほー　　ここらで文句を語るよー
囃子あるなら文句にかかるよーほー　　あるなら文句にかかるよー

（数え歌形式で）
一つ　日も良しお正月始めよーほー　　日も良しお正月始めよー
二つ　二日の晩の夢見が良くてよーほー　　二日の晩の夢見が良くてよ
三つ　三日の日にその夢かなったよーほー　　三日の日にその夢かなったよ
四つ　萬の宝を求めよーほー　　萬の宝を求めよ
五つ　いかほどに警護衆が増してよほー　　いかほどに警護衆が増してよ
六つ　睦まじくこの家の繁盛だよーほー　　睦まじくこの家の繁盛だよ
七つ　なーにかにと商いはじめよーほー　　なーにかにと商いはじめよ

八つ　山ほどに宝をつめばよーほー
九で九つ　蔵まで建ててよーほー
十に　戸前まで詰め込みましてよーほー

新発田新町糸屋の娘よーほー
姉の三七（二一才）妹の二八（十六才）よーほー
姉の三七望がなくてよーほー
妹欲しさに御りょう願掛けてよーほー
掛けた御りょう願一二と読めばよーほー

一に　乙の大日様よーほー
二に　新潟の白山様よーほー
三に　讃岐の金比羅様よーほー
四に　信濃の善光寺様よーほー
五に　五泉の若宮様よーほー
六に　村上石動様よーほー
七に　長岡の蔵王の町権現よーほー

山ほどに宝をつめばよ
九つ蔵まで建て込みましてよ
戸前まで詰め込みましてよ

新町糸屋の娘よー
三七妹の二八よー
三七には望がなくてよー
欲しさに御りょう願掛けてよー
御りょう願一二　と読めばよー

乙の大日様よー
新潟の白山様よー
讃岐の金比羅様よー
信濃の善光寺様よー
五泉の若宮様よー
村上石動さ様よー
長岡の蔵王の町権現よー

八に　弥彦の御明神様よーほー
九に　国上の国上寺様よーほー
十に　栃尾の町秋葉の権現よーほー

伊勢へ七度　熊野へ八度よーほー
奥のお山へ九の度、十度よーほー

掛けた御りょう願叶わぬ時はよーほー
前の小川に身を投げ捨ててよーほー
前のお池に身を投げ捨ててよーほー
三十三尋大蛇なりてよーほー
天に上りて血の雨降らすよーほー

今年は豊年だよ満作年だよーほー
秋のかたから福神様よーほー
福を招いてお出でござるよーほー
親父大黒、おかみさんが恵比寿よーほー
後の子供が七福神だよーほー

弥彦の御明神様よー
国上の国上寺様よー
栃尾の町秋葉の権現よー

七度　熊野へ三度よー
お山へ九の度、十度よー

御りょう願叶わぬ時はよー
小川に身を投げ捨ててよー
お池に身を投げ捨ててよーほー
三尋の大蛇なりてよー
天に上りて血の雨降らすよー

豊年だよ満作年だよー
かたから福神様よー
招いてお出でござるよー
大黒、おかみさんが恵比寿よー
子供が七福神だよー

参考文献

渥美公秀（二〇一〇）「災害復興過程の被災地間伝承」『大阪大学大学院人間科学研究科紀要』三六　一一一八頁
渥美公秀（二〇一一）「災害復興と協働想起：二十村郷盆踊り大会の事例」『大阪大学大学院人間科学研究科紀要』三七　三二一―三四〇頁
渥美公秀（二〇一四）『災害ボランティア：新しい社会へのグループ・ダイナミックス』弘文堂
稲垣文彦（二〇一三）「中越地震における地域復興支援員に学ぶ」『農村計画学会誌』三二（三）
松田賢弥（二〇一六）「特大号特別企画 田中角栄最後の言葉：小沢一郎に引導を渡したジャーナリスト・松田賢弥が地元・新潟を踏査して書く」　週刊現代五八（三七）　一六〇―一六三頁
宮本匠・草郷孝好（二〇二〇）「中山間地域の復興過程における住民主体性と地域社会の変容――新潟県中越地震から十五年を前に――」『自然災害科学』三八（四）　四六九―四八五頁
崎浜公之（二〇一三）大阪大学人間科学部卒業論文「「過疎」と呼ばれる集落における「復興」に関する現場研究～小千谷市塩谷集落の葛藤を巡って～」付録一「全唄、よいよーさ」（未刊行）
内山節（二〇一二）『内山節のローカリズム原論：新しい共同体をデザインする』農山漁村文化協会

第7章　学生企画の展開とその拠点整備

山口洋典

1　「学生企画」とは何か

「学生企画」とは、集落復興において一般的に通用する手段や方法の名称ではなく、文字通り塩谷に訪れた学生たちが企画し実施してきた一連の取り組みを指している。コミュニティ活動を推進するために小千谷市役所が市内三ヶ所に設置した住民センターの一つである「東山住民センター」などを通じて塩谷を訪れる学生もいるが、少なくとも復興過程において組織的かつ継続的に集落を訪れているのは大阪大学、関西学院大学、立命館大学、そして地元の長岡技術科学大学の大学生たちである。大阪大学は渥美が指導する人間科学部の学生および大学院人間科学研究科の大学院生が二〇〇五年から、関西学院大学は関が指導する社会学部の大学生が二〇〇九年から、立命館大学は山口が担当する全学教養科目の受講生が二〇一二年から、そして長岡技術科学大学はボランティアサークル「VOLT of NUTS（ボルトオブナッツ）」（VOLTはボランティアチームの略、NUTSは大学の英語名称の略称、愛称：ボルナッツ）のメンバーが二〇〇八年から、それぞれ足を運んできている。

学生に限らず、塩谷に訪れる人々には個々に背景や目的が設定されているものの、複数の大学が組織的かつ継続的に足を運ぶようになる中で、学生の自主企画、さらには複数の大学による合同企画も展開されるようになっていった。とりわけ関西学院大学の参加以降、その動きが加速していった。大阪大学は現地での協働的実践を卒業論文や修士論文など研究成果としてまとめあげることを基軸としていること、また長岡技術科学大学は新潟県中越地震を契機に設立されたサークルとして地域密着型の災害復興や地域おこしのお手伝いを主としているためである。それに対して、関西学院大学は「フィールド社会学」という専攻分野において指導教員のもとで「ボランティアや災害復興およびまちづくりに関する研究」を行うこととされ、三年次に定めたフィールドに四年次により深く関わった上で卒業していく、というゼミナール（いわゆる「ゼミ」）の形態を取っている。そのため、兵庫県西宮市に本部がある関西学院大学の学生たちは、遠隔地から頻繁に足を運ぶ上で同学年のゼミ生どうしで相談しており、フィールドワークの入門書として知られる佐藤郁哉（二〇〇六）での解説になぞらえれば、フィールド（野良）

でのワーク（仕事）として各々の関心に基づいて企画立案し（種を蒔き）実施し（育て）ている。

　学生による一連の取り組みの中で、大きな転機となったのは二〇一四年である。この年の一〇月二三日に迎える新潟県中越地震の発災から一〇年を前に、学生企画に関する二つの動きがあったのだ。一つは四月二〇日付で、塩谷から住民らによる有志の団体「塩谷分校」により、公益財団法人新潟県中越大震災復興基金の「記録・広報事業（中越大震災一〇周年事業支援）」補助金に地域復興検証・発信支援事業の枠で記念誌作成等を目的とした「塩谷分校の総合的な学習の時間」が申請されたことである。もう一つは、震災後に現地での生活再建を選択してきたある家族から、塩谷から小千谷市内のスーパーや病院が近い場所へと転居するのを機に、家屋一棟の所有権を塩谷に訪れる学生らを指導している教員らへ無償で譲渡したいとの申し入れを受けたことである。

「ごろすけハウス」看板設置
（2015年10月24日）

　結果として、二〇一四年の七月から、塩谷に学生たちの活動と宿泊の拠点となる「ごろすけハウス」が生まれた。「ごろすけ」の名前はかつての屋号をそのまま使わせていただくこととし、二〇一四年一〇月四日の塩谷町内会の通常総会（常会と記し「ジョウカイ」と呼ばれている）において、その経緯、趣旨、今後の動きなどについて教員らから説明する機会が設けられ、概ね好意的に受け入れられた。また「ごろすけハウス」を学生らの活動と宿泊拠点として整備していく過程で、前掲の補助金が採択となり、一〇周年記念誌の作成も進められていった。その後、新型コロナウィルス感染症が拡大するまで、「ごろすけハウス」は住民との交流を目的とした「お好み焼きパーティー」の会場（二〇一四年八月二九日）、その他にも写真展（例：二〇一六年三月「塩谷の中心でわたしたちの想いを叫ぶ」）準備の作業場所としての活用の他、長期滞在する学生が研究室として利用する「研究所」という側面も持ちながら、多面的に活用されていった。

2　「学生企画」の経緯と経過

2-1　発災からの時の流れを一冊にまとめあげる

塩谷には、築一〇〇年を越える民家が「芒種庵」と名付けられて残されている。これは未だ塩谷には避難勧告が解除されない二〇〇五年六月一一日から一二日、二四節期では稲・麦など芒（のぎ）をもつ穀物の種をまく時期であることから「芒種」と呼ばれる頃、東京にある日本財団のコーディネートにより、重機なども用いて倒壊家屋の解体や家財道具の持ち出しなどを行う大規模なボランティア活動が行われたことが契機となっている。「芒種の陣」と名付けられた活動から古民家の再生に至る流れは山口・渥美・関（二〇一九）で端的にまとめたが、阪神・淡路大震災の救援・復旧の際の反省から、全壊したものの倒壊を免れた古民家を、復興を遂げた後にも集落内外の人々の交流拠点として整備してはどうか、という提案が現地に駆けつけたボランティアから提案されたのである。その提案は後に常会にて協議された後、集落としての保存や運用は行わず、有志のメンバーにより管理・運営されることとなり、その資金調達の方法としてロゴマークと「絆」と書かれたTシャツが制作・販売されることになった。

発災からの時間が経過する中で、学生たちは発災当初から多くの人たちが塩谷に訪れてきたことを、芒種庵の太い梁や板張りの壁に、所狭しに飾られた写真を目にすることで確認することができる。それらの写真の多くに映っているのが学生たちの笑顔である。田植えや盆踊りや稲刈りでの慣れない手つきなどはもとより、県道を花いっぱいに彩る活動で幅広い年代の方々と交流している風景、さらには見慣れない大雪に驚きながらも充実した表情でカメラに目を向けた学生の姿や、中には塩谷で結婚のお披露目会が行われた場面も並べられている。写真からも窺えるのは、学生たちが自然の中で暮らす大変さや難しさとあわせて丁寧に生きることの尊さに触れ、自分たちと違った暮らしを送っている方々から何らかの学びを得ているのではない

塩谷集落震災復興記念誌
『叶』表紙（2015年）

か、という点である。

その後、発災から一〇年を前に、二〇〇八年に設立された住民主体で集落活性化に取り組む「塩谷分校」の取り組みの一環として、前掲のとおり、新潟県中越大震災復興基金による補助金を活用して記念誌が作成されることになった。その作成・編集に期待を寄せられたのが、遠隔地から組織的かつ継続的に足を運んでいる学生たちであった。そして、大阪大学の崎浜公之が取りまとめ役となり、三大学から一五名（大阪大学二名、関西学院大学九名、立命館大学四名）が参加、「中越大地震から一〇年／小千谷市塩谷集落震災復興記念誌」が『叶〜塩谷集落の震災からの一〇年』と名付けられ、二〇一五年三月に刊行された。巻頭にはカラーページで発災から一〇年の写真記録が収められ、集落を離れた世帯を含む全世帯を対象としたインタビューによる「一〇年を迎えて〜塩谷住民の震災からの一〇年」、続いて年表を含む一〇年の記録、資料として新聞での報道の内容、そして編集後記と、八三ページにわたる冊子である。

冊子の作成にあたって、編集の拠点となったのが「ごろすけハウス」である。それまで、関西から足運ぶ学生たちは、集落に訪れる際には集落内の施設やお宅にお願いして泊めていただいており、文字通り「ビジター」（訪問者、転じて、よそ者）であった。縁あって「ごろすけハウス」が開設された後には、従前のように行くたびに相手の都合を確認してから塩谷に向かうことはなくなったものの、三大学の持ち回りで「ごろすけ通信」と名付けたA４版で二枚～四枚にまとめた月報を作成し、回覧板にて全戸配布をお願いし、関西での動きや訪問予定を住民に伝えていくこととなった。こうして関西から来る学生たちにとって、塩谷に「ホーム」（本拠地）が生まれ、かつ、学生の自主企画が各種展開されていくこととなった。

2-2　企画の実施を目的にせず立案することを交流の手段に

前掲のとおり、学生の自主企画は二年間にわたるゼミ活動が展開される関西学院大学によって積極的に展開されてきた。関西学院大学の学生らは、まず「外部から集落にとって何ができるのか」という漠然としたテーマのもとでフィールドワークを行う。そのため、学生たちは歴史・文化的な資料や文献からではなく、自分たちの足で歩き、一軒一軒の家に訪問し、一人ひとりと関係をつくる中で、具体的な存在として塩谷の住民を知るようになる。この「集落周り」と名付けた活動は、特定の学年や学生だけでなく、概ねすべての関西学院大学のゼミ生らが行っていた。

塩谷では地震後の生活再建を現地ではなく集団移転で行うという選択肢があったため、ほぼ地震前の半分となった。ただ、新型コロナウィルス感染症の拡大の影響で集落への訪問を控えることになる直前、一八世帯が暮らす塩谷の「集落周り」は、一回の訪問で終えるのは困難であった。そのため、関西学院大学の学生たちは、その月に誕生日を迎える住民にお祝いの言葉と一緒に写った写真などを添えた「誕生カード」を配ることで、各戸を訪問するという工夫を図った。それにより、遠慮がちな方や別の用事があって断られる場合などには無理な訪問にこだわらず、畑仕事などで不在の場合には住民の生活リズムを把握して不都合のないタイミングを見計らうなど、「ごろすけ通信」に記した日程で塩谷を訪れた際に住民との交流を行いつつ、徐々に親密さを増していくようになった。

たとえば、二〇一八年の四年次のゼミ生らは、一年間を次のような流れで過ごしている。毎月、何らかの形で塩谷を訪れ、「集落周り」の他、各種会合（塩谷分校定例会や常会、集落での作業など）にも参加していた。ちなみに一二月と二月に行われた学生企画こそ、「自分たちが塩谷に何ができるのか」というテーマのもとで年間を通じて頻繁に訪れていた学生たちが自らの発見や疑問を住民らと分かち合う機会の創出である。この年は農閑期に家にいる女性を中心に「お酒抜き」「料理」「歌」で交流する場を設け、「ゆっくりと」「会話を中心に」「リフレッシュ」できるよう工夫を重ねた。

四月　集落周り
五月　田植え交流会（塩谷分校主催）
六月　フィールドワーク先決定後、後輩とともに住民さんにあいさつ
七月　焼肉パーティー（芒種庵を創る会主催）
八月　盆踊り
九月　稲刈り交流会（塩谷分校主催）
一〇月　一〇月二三日慰霊祭
一一月　蕎麦打ち忘年会（芒種庵を創る会主催）
一二月　学生企画：忘年会
一月　塞の神・わらじづくり
二月　学生企画：女性を中心とした食事会
三月　塩谷分校卒業式

この年、女性に関心を向けたのは、かつて一〇〇軒を超えていた時代などは六班に分かれて自治活動が行われ、青年会や婦人防火団などを通じてお茶やお酒を飲みながら、気軽にいろいろな人と語る場があったことに着目したからである。学生たちは地震により集落の人数が減ったことに加え、高齢化も相まって、集落で続いていた伝統的な役割を果たすことが難しくなり、

2016年度盆踊りカラオケ大会
（2010年8月16日）

人々が集まる機会が減っていってしまったという言葉をよく耳にしていた。学生たちからすれば、先輩の学年では大学間連携で記念誌を作成したこと、もしくは盆踊りの際にカラオケ大会を行ったことを芒種庵に飾られた写真などで目にし、住民らからも学生らの活発な活動を半ば伝説のように耳にし、大規模イベントの企画に焦点を当てようとすることもあったかもしれない。しかし、学生たちは「自分たちが塩谷集落で何をすべきか」ではなく、あくまで「自分たちが塩谷集落に何ができるのか」という問いに「集落周り」を通じて丁寧に向き合った結果、ささやかな交流の場を住民と共に過ごすことへと結実したと捉えられる。

3　「学生企画」の到達点と課題

3－1　学生自身が「なぜ」を言語化する

こうして塩谷に組織的かつ継続的に通った学生が各々の大学を卒業する際には、塩谷の住民らによる手づくりの「卒業生を送る会」が催される。大阪大学では塩谷を対象地として卒業論文や修士論文を書き上げた学生らがその内容を発表し、長岡技術科学大学や立命館大学の学生は複数回にわたって塩谷での活動に参加した思い出が写真などを交えて語られる。中でも関西学院大学は、ゼミ単位での活動ということもあって、卒業年次を迎える学生らが「私たち」を主語にして、二年間にわたって、塩谷で学んだことなどを発表する。二〇一九年三月三日の「卒業生を送る会」では、二年間で二〇回以上にわたり訪問した前述の学生らが「なぜ塩谷に通うのか」という問いについて、以下のとおり回答していた。

①住民の皆さんの顔が見たい

塩谷に通い始めた三年生の頃はゼミでの自分の担当が塩谷に決定したからという理由だけだった。何回か通ううちにテレビで流れる新潟の天気予報・街でたまに見かける長岡ナンバーの車などに目が行くようになっていた。関西にいる間も気になる存在へと変わっていった。

②その時々の塩谷を知りたい

季節によって見せるさまざまな風景の豊かさ、かぐら南蛮や山菜などここでしか味わえない食べもの、仕事や祭りで住民が見せる姿を見逃したくないという想いから塩谷に毎回来る楽しみへと変わっていった。

③徐々に形成された住民との関係

来るたびに名前で呼んでもらえること、一緒にご飯やお酒を共にすることで時間の長さとして目に見えてわかる関係性の深まりに対して、徐々に関係が形成されることに喜びを覚えていた。

「写真展の様子」バス車内会場およびポスター
（2016年3月5日）

④私たちの日常にないもの

自分で食べる野菜を自分でつくる、村人が集まって酒を飲む場など私たち（関西住まい）の日常ではありえないことが当たり前にある「異質さへの興味」が湧いてきた。

これらの表現から、学生らと塩谷の住民との関係性が徐々に変化し、自分にとっては重要な他者となっていることを見て取ることができる。実際、上記の表現から言葉を拾ってみるならば、漠然としたテーマに浅い関心のもとで塩谷を訪れていた際には「塩谷の人」「フィールドワーク先の人」という抽象的・総体的な存在であった住民の方々が、誕生カードを携えながら「集落周り」をする中で、一人ひとりの暮らしの姿を「見逃したくない」と思うようになった、とある。それが、住民との間に親密な関係が形成されることに「喜び」を覚え、月一回の塩谷への訪問は義務などではなく、楽しみとなっていったと読み取ることができる。さらに、「異質さ」「自分たちの日常にはないもの」に対して不安や嫌悪の感覚を抱くことなく、むしろ積極的な行動を後押しする原動力となって、異質性との交流が進んで行われていたことがわかる。

ここで社会学者の原田隆司（二〇〇〇）による記述に着目しよう。それは「ボランティアとは、何らかの具体的な行動を通してだけ、人と人が結びついていることである。それまで互いに知らなかった人が、共同で新しい行動を実現させている。ここでは、人は、互いに「違う」部分を担うかたちで結びついている。この行動は、その時点では、双方にとってほかの何ものにも代えられない。」（八二頁）である。ここに学生企画を通じて住民とのあいだで生じる異質性との交流が、お互いのかけがえのなさを色濃く実感し合うことにつながる背景を理解することができるだろう。いいかえれば、自分とは異質な対象との関係構築を通じ、改めて自分とは何かを問い直す機会を得ることで、学生も住民も、当たり前と思っていた日常が揺り動かされるのである。

このように、大学生は、塩谷に自己にとって意味のある異質な他者がいるために、塩谷に通い、楽しみ、そして成長していくのである。二〇一九年三月三日の卒業生を送る会では、先に紹介した「なぜ塩谷に通うのか」に加えて、「大学生にとっての塩谷の位置づけ」が語られており、そこでは交流を重ねた結果、「人生を知ることで、ただの田んぼの人が親でありラーメンが好きで、子どもの頃からみんなに愛される人」という認識に変わったという声が伝えられた。二年前には位置も名前も知らない遠く離れた場所に通い続ける中で、塩谷は自らにとっての故郷や居場所の一つとなり、「行く」場所から「帰る」場所へと変わったように伺える。

３－２　関係の「ある／なし」ではなく「度合いと変化」に向き合う

自己と他者が出会い、両者が遠く離れていても交流を重ね、互いの関係構築が図られることで今の自分を形づくる重要な要素の一つとなることは、そうした実体験を有する人には容易に理解が及ぶものの、未経験の場合には不安や嫌悪の感覚を抱くことも想像に難くない。もっとも、故事に「遠くの親類より近くの他人」と言われているなど示したところで、一方で「村八分」を引き合いに出して近所づきあいこそ必然だという反応も予想できる。そこで、視点を変えて、国際協力の現場で投げられる「どうして身近にこんなに困っている人がいるのに、なぜそんな遠くまで行くのか？」という問いから、距離の遠近にかかわらず、出会いと交流と関係構築がもたらす意義について、改めて紐解くことにしよう。ここでは長年にわたり開発途上国支援を行ってきた中田豊一（二〇〇〇）の記述を手がかりにしたい。

あなたも知っているように、私たちの間には、もともとなんの関係もありません。私があなたを援助する義務もありませんでしたし、援助するためのこれといった理由も思いつきません。私は私の問題を解決するために努力する。あなたはあなたの問題を解決するために努力する。それだけのことです。その一方、私だけの問題は存在しないし、あなただけの問題も存在しないことも確かです。私は自分だけで自分の問題に気づくことはできないし、あなたもそれは同じことです。私というものには固定的な実体はなく、自己とは他者との関係においてのみ成立するものだからです。だから私は、この場この時を共有しているあなたと私との関係について、あなたと語り合ってみたいのです。あなたに本当の援助が必要なのか、私たちが真にすべきことは援助なのか、私たちの関係の奥に潜むそれぞれの問題は何なのかを、あなたといまここでともに問うてみたいのです。あなたは、どうですか。（中田二〇〇〇　二〇三〜二〇四頁）

この国際協力に関する語りを災害復興の現場に引きつけてみるならば、互いに関わり続ける意味と価値を共に見出せたとき、距離を越えて関わり続けることができるということである。

別の言い方をすれば、「私」が「あなた」に「関わる」理由は、そもそも「関わられる」側には想像が及ばないことがあるが、「関わり合う」には共通の理由が存在しうる、ということである。そもそも関係は「ある」か「ない」かの有無の問題であるが、互いの関わり合いを通じて育まれる両者の関係性はその度合いや程度が問われる問題である。開発途上国との関わり合いから得られた知見をもとにすれば、学生たちが塩谷の住民たちとのあいだで結ばれる関係性は、目の前にいる他者の存在を受け入れる中で浮き上がる自分にとっての問題に、自ずと関わった他者の問題にも関わらざるを得なくなることを教えてくれる。

何より、塩谷は激甚災害を経験し、さらには幼い子を失ったご家庭もいる。かつて学生が取材して編集した記念誌『叶』の「一〇年を迎えて~塩谷住民の震災からの一〇年」と題した全住戸へのインタビューの中で、ある夫妻の次のような記述が見られる。それは「夏休みがおわったから明日から頑張ろうっていうような区切りになんか決してならない。本当に九の次の一〇で、一一の前の一〇でしかない。一〇年経って、あの時のことを思い出す時間が短くはなった。当然忘れるなんてことはないけど、常に思うっていうことはなくなってきている」というものである。こうした夫の言葉に続けて、妻は「思い出さないことはあっても忘れることはない」と述べている。こうした語りの場を共に過ごした学生は、災害そのものは経験していなくても、そうした思いが吐露された場面は共有している以上、災害を「関係ない」ものとすることは最早できず、一方で図り得ない悲しみにどう思いを馳せるのか、丁寧な関係性を紡ぎ上げていくことへの関心が駆り立てられることになる。

4　「学生企画」がもたらす集落復興への示唆

　このように、塩谷での学生の活動は、直接的にはボランティアと言っていない場面でも、自己を見つめ直す機会を提供してくれる。すなわち、塩谷でのフィールドワークを通じて、学生は人格的に成長し、自分がどうあるべきかを他者との関係性で考えるようになる。一方で、塩谷の住民にとってどんな意味があるのか、この点を見出してこそ、学生企画の集落復興への示唆となろう。先に述べた表現を用いるなら塩谷の住民にとって「お互いのかけがえのなさを色濃く実感し合うこと」は、どういった側面で実感されているのかについての検討が欠かせない。

　新潟県中越地震の被災により日常を根底から揺るがされた塩谷は、今、少子高齢化に伴う集落機能の低下と運営基盤の弱体化という課題に直面している。まず災害で被災した集落や人々にとって重要なのは、突然の災害により傷ついた日常をいかに取り戻すか、である。塩谷であれば、「昔からなじみの近隣とのつながりの中で暮らす」ことが、被災前の日常の回復のあり方の一つとして位置づけられるだろう。しかし、ときにささやかな戸惑いも覚えながらも学生企画を受け止めてきた塩谷では、住民らが遠隔地から年の離れた学生を受け入れていくなかで、場合によっては過去の日常の回復から遠ざかる方向に向かっていたとも捉えられる。

ただし、果たして被災後に濃密かつ急速に深刻化した少子高齢化に伴う集落機能の低下と運営基盤の弱体化という課題に、被災前への日常への回復が対応するとは限らない。むしろ、過去の日常を取り戻すことへのこだわりが、生活基盤の復旧や集落の復興への過程で得てきた成果を軽視し、そうした過程で顕在化した矛盾や葛藤を助長させてしまう可能性さえある。そのため、安定的な規範に包まれた村落共同体では、突然やってくるようになった外部支援者に向き合う際、災害という非日常の時間を経て自分たちにできることは何かを考えることになるのだが、特に何かを学びにくる学生たちに何が伝えられるのか、集落に来て何を学んでもらおうかを考えることとなり、結果として自分たちの生活を見直す局面を無数に生み出した。改めて本章で紹介した塩谷での学生企画は、住民の生活に直接的な支援を行うものではなかったとしても、あるいは直接的な支援活動ではなかったからこそ、塩谷で織り成されてきたかつての日常を新鮮なものとして受け止める学生たちの反応を通じて、住民たちが外部の人々と豊かな関係性を構築し続けていくきっかけをもたらしたのだと位置づけられる。

塩谷で大学生は、自分たちの関心にしたがって、住民と多くの時間を過ごし、思いを伝えてきた。そして、立場を越えて集う場を創出し続けてきたことで、住民からは「大学生が来ると大変だが、次来るのが楽しみなところもある」といった声も寄せられるようになった。これらは地震前の塩谷には見られなかった日常である。その波及効果は新潟県優良農業経営体等表彰式の「むらづくりの部」知事賞受賞（二〇一七年一月一九日）や平成二九年度「豊かなむらづくり全国表彰事業」北陸農政局長賞受賞（二〇一七年一一月一六日）といった形にあらわれているのではなかろうか。何より、これらの賞は、積極的に古民家の保存と修復に取り組んだ「芒種庵を作る会」やその活用に取り組むために改称を経た「芒種庵を創る会」でもなく、さらには住民主体でむらづくりに直接取り組んだ「塩谷分校」でもなく、多彩な取り組みがなされた「塩谷集落」に対して贈呈されたものであり、住民たちが外部の人々と豊かな関係性を構築するきっかけをもたらした学生企画もまた、ささやかながら受賞への一助となっているのではなかろうか。

参考文献

原田隆司（二〇〇〇）『ボランティアという人間関係』世界思想社

中田豊一（二〇〇〇）『ボランティア未来論』コモンズ

佐藤郁哉（二〇〇六）『フィールドワーク：書を持って街へ出よう』新曜社

山口洋典・渥美公秀・関嘉寛（二〇一九）「メタファーを通した災害復興支援における越境的対話の促進～新潟県小千谷市塩谷集落・復興一〇年のアクションリサーチから～」『質的心理学研究』一八　一二四-一四二頁

第8章　塩谷分校

山口洋典

1　「塩谷分校」とは何か

「塩谷分校」とは、二〇〇八年一一月三日に開校された、塩谷におけるむらづくりの学び舎である。この名称は、二〇〇八年一月六日に「初夢ワークショップ」と呼ばれる対話の場（第四章）が塩谷集落開発センターで開催された際、前年度までの議論をまとめた資料において外部支援者である渥美から一案として示されたものである。これは渥美が以前に住民が集落の未来を構想する活動に対して「塩谷塾」と呼ぼうとしたところ、住民からは「塾には行ったことがない」からイメージが湧かない、という反応が返ってきた。そのため、「分校なら行ったことがある」ということと、もう一つの学校という意味で「塩谷分校」に収まったという具合である。

「分校というと、本校はどこにあるのでしょうか？」という質問を寄せる人もいる。日本では明治の近代化を経て、何らかの地理的・社会的要因により本来であれば通学すべき学校に通学できない人々のために設置されたのが分校である。たとえば、塩谷のさらに山間にある十二平集落では、明治一八年に塩谷小学校十二平分校が開校され、昭和四三年の閉校後に昭和五二年まで冬季分校が設置されていた。十二平集落にとっては塩谷小学校が本校であるが、その塩谷小学校は一八八〇（明治一三）年に北魚沼郡第六中学校区二四番小学中山校塩谷分校から一二三年を経た二〇〇二年三月に閉校した。新潟県中越地震から二年前のことである。

先述のとおり、新潟県中越地震から四年を経て、塩谷に新たに「塩谷分校」が設置された。「本校はどこにあるのか？」と訊ねられれば「心の中」と答え、特定の校舎もなく、教える人も教わる人も固定されていない、やや捉えどころが難しい取り組みともいえる。ただし、それは学校という概念を比喩として用いることにより、多様な人々が集落復興に携わる上で互いに学び合う場を丁寧につくり上げていこうという挑戦であった。塩谷分校の設立が構想されていく上では、既に二〇〇六年に集落を離れる人と集落に戻る人との協力により「芒種庵」という拠点が整備されていたことも大きく影響している（コラム１）。実際、芒種庵は公的な集会所（塩谷集落開発センター）とは別の交流拠点として、塩谷に戻った人も離れた人も、かつての外部支援者も新たに縁を結ぶ人も、互いに関わり合うことで各々の絆を深めていく中で、改めて塩谷に戻った住民らが今後の集落を管理・運営していくかが課題となっていったためである。

そこで塩谷分校は、塩谷に流れる一年の時間軸に沿い、春には田植えと花植えを、秋には稲刈りを通じてそれぞれ交流を行い、長い冬には座学で知識を磨く、という動きを基本的な活動に据えることにした。その運営の工夫として「学校」という比喩（いわゆるメタファー）を積極的に活用することにしたのが特徴である。そもそも学校には先生と生徒と学舎が必要とされるものの、塩谷分校は理念としての学校であるため、学校にまつわるいくつかの要素から連想して、その理想的な学びの場のあり方を追求していった、という具合である。その最も特徴的な工夫としては、鳥取県智頭町で杉の出荷が一大産業であることにちなんで「松下村塾」をもじり「杉下村塾」と名付けられた連続勉強会の場で導入されていた「先生徒」の仕掛けにならい、誰もが先生でありまた生徒でもあること、すなわち座学の際には外部から招く話題提供者が先生で住民全てが生徒となり、稲作や山菜といった集落の伝統に関する体験学習の際には住民全てが先生で外部から訪れた参加者が生徒になるという構図が取られたことが挙

第1回フラワーロード
（分校開校以前、2007年5月3日）

げられる。

2　「塩谷分校」の経緯と経過

2-1　新たなむらづくりの「母校」として

住民主体のむらづくり団体「塩谷分校」設立の動きへの原点を探ると、実施時期にちなんで「初夢ワークショップ」と名付けられた二〇〇八年一月六日の対話の場に行きつく。そこでは夢を語るだけでなく夢を現実にすることも企図され、「老後も住みやすく、豊かな村に」という共通の目標が定められたのだった。そこで、早速一月二六日からは稲作部会と山菜・畑部会がそれぞれ活動を始め、塩谷に戻った全戸に、世帯主だけではなく誰でも気軽に参加して欲しいと呼びかけられた。しかし、農産物を市場に売りたい人もいれば、親戚や友人、ボランティアに感謝の気持ちを伝えるために贈りたい人もいる、という具合に、語り合いの場では合意と紛糾の両方がもたらされたこともあって、ワークショップの回を重ねるごとに参加者の数は減少していった。

盆踊り等の集落行事を終えた二〇〇八年九月六日、「初夢ワークショップ」から数えること八回目のワークショップが塩谷分校にとっての大きな転機となった。この日、各回の議事録や資料作成にあたってきた外部支援者（渥美）より「下半期に向けて」と題した中間総括と、「分校に関する提案」が示されたのである。提案の内容は、復興の基礎体力をつけることを目的に（一）知りたいことを楽しく学べる学校、（二）自分たちの作っていく自分たちのための学校、

塩谷分校開校
（2008 年 11 月 3 日）

（三）外部の意見を聞き考える学校、それを住民の手で作ろう、というものだった。それまでのワークショップでは集落全体での取り組みを前提としてきたが、この具体的な提案に対して「動けるところから動くのがよい」「有志でできることを進めてみてはどうか」という機運が生まれた。そして、集落活性化の活動として「分校をとにかく開始する」ことと「一一月三日の村祭りに執り行ってはどうか」という具合に動きが加速した。

ちなみに塩谷分校の設立が模索されていた時期は、塩谷を含む東山地区の三つの大字を統合し、一町内会として扱う議論が進み、結果として一町内化がなされないことも決定した時期と重なる。それらの議論に参加したという経験

は、見方によっては集落単位での自主活動を継続することへの迷いや、集落の先行きへの漠然とした不安を駆り立てた部分もあろう。発災前の塩谷では、全国各地で見られるように、世帯主を構成員とした町内会による自治が行われてきた。しかし、復旧・復興の過程で集落外から多くの人々が駆けつけ、その支援を集落の人々が受け入れたことで、個人を単位としたコミュニケーションが活発になされることになった。

そのため、改めて塩谷の活性化を展望する上では、集落として全会一致の決議がなされない場合でも、目的に賛同した有志を募って活動をすることとされた。その上で、塩谷分校は世帯単位ではなく個人の単位で参加し、「「知は万人のために有り、知は山上に有り」を合い言葉として「塩谷復興の〝基礎体力〟をつける」」を目的にすると明文化された。そして、そのモットーは二〇〇八年一一月三日の開校の時点から、言葉遊びの一つであるアクロスティックが用いられ、塩谷（し・お・だ・に）の四文字から「しって納得、おしえて楽しい、だれでも学べる、にぎやか分校」と掲げられた。この言葉遊びにも、地震によって総人口は大きく減少した集落でも、塩谷分校という場を通して、集落に賑わいをもたらそうという願いを窺うことができる。

2-2　学校の比喩を通じて交流が促進

二〇〇八年一一月三日の塩谷分校開校式から程なく、塩谷では長い冬を迎えることから、まずは座学が取り組まれることになった。一回目（二〇〇八年一二月二〇日）は地元の長岡技術科学大学から氷雪工学を専門とする研究者を招き、冬の塩谷で送られてきた独特の生活習慣の解説と、ときに豪雪に苦しんできた住民らが雪を活用して暮らす可能性に触れられた。続く二回目（二〇〇九年三月一日）は塩谷の伝統行事と生産物に着目して民俗学を専門とする研究者が闘牛と鯉が話題提供を行った。こうして住民が自らの集落をより深く考え、集落の復興に貢献するような動機づけにもつながる工夫がなされた。一方、塩谷住民が教える機会としては、田植え、山菜採り、稲刈り、雪下ろしなどの集落に根ざす伝統的な営みが組み込まれ、座学も体験と交流の場にも、各回一〇人以上の地域住民に加え、地元の長岡技術科学大学のボランティアサークルや大阪大学など関西の学生が数人から数十人以上が集まる場が年間を通して断続的に生まれるようになった。その後、二〇〇九年七月二三

塩谷分校座学
（2020 年 1 月 19 日）

日の第二〇回ワークショップを境に、対話の場は定例会と呼ばれるようになり、新型コロナウィルス感染症の拡大により集落内外との交流が控えられるまで、概ね月一回の頻度で開催されていった。

初期の塩谷分校は大阪大学と長岡技術科学大学の学生が外部支援者として関わったが、第七章に記したとおり、二〇〇九年からは関西学院大学が積極的に参加することとなり、活動の規模も拡大した。また、二〇一二年度からは東日本大震災の復興支援活動を組み込んだ授業を受講する立命館大学の学生らも塩谷分校の活動に参加するようになった。学生らの訪問は、学生を送り出す大学側にとっては学びに「行く」場である一方、現地の側に立てば学びに「来る」人々を受け入れ、かつ新たなむらづくりに向けて互いに学び合う時間と空間を共有することになった。実際、雪深い冬には自らの集落を省察する時間として座学を重ね、春から秋にかけては住民自らが担い手となって外部支援者らに体験学習の場をつくり、復興への基礎体力を高めていくことになった。

ただし、芒種庵と違って塩谷分校には固有の施設はなく、学校の機能を概念として借りるというものだった。集会所（塩谷集落開発センター）を拠点としつつも、活動の場は集落一帯であり、何かを学ぶことが目的ではなく、繰り返し述べているとおり、むらづくりの実践として学び合う環境が創出されたという具合である。さらにいえば、学生と共にそうした実践に参加する大学の教員にもまた、住民と共に学ぶ姿勢が求められる。とりわけ研究者は自らの知識をもとに現場を解釈し、同じ学問の領域においてのみ通用する専門用語を振りかざすことで、地域内の同世代であっても理解や共感が不可能な状態へと自らを無自覚に追いやってしまう場合さえある。ゆえに、研究者と当事者が相まみえた協働的実践の成果を言語化する上では、地域を越えて、世代を越えて、領域を越えて適切な言葉を探索していく必要があった。

それゆえ、塩谷分校では単に言葉が丁寧に扱われた、ということではなく、効果的な実践かつ研究の方法として知られるアクションリサーチのツールとして「学校」という比喩が体系的に導入・活用・展開されていったという特徴がある。比喩というと、何かを説明するために例え話をした、といった具合に捉えられるかもしれないが、実際はもう少し複雑に機能した。英語で比喩はメタファーと言われるが、語源を紐解くと、メタ（meta）は別の次元へ、ファー（phor）は運ぶという意味である。災害からの復興のその先を展望する上で、言葉を力にして、集落の未来を構想・設計していったのが塩谷分校の取り組みであった。

3　「塩谷分校」の到達点と課題

3－1　思い込みを解き思い入れを確認する

住民主体のまちづくり団体を目指すために塩谷分校の名前で受け入れられた学校のメタファーは、うまく運営体制に響いていった。二〇〇八年九月六日の開校提案文書にも明示されているとおり、当日の運営係を日直と呼び、交流会を給食と名付けるなど、場のマネジメントへの工夫が重ねられたのである。専門家による講義シリーズの座学と、集落外からやってくる人々に住民が指導者となる体験型の行事（たとえば田植えや稲刈りなど）の際には、町内会の役員のような固定的な役職ではなく、その都度、その場所を充実したものにするよう工夫がなされたのである。そして一回目の座学を前にした一二月一四日の一〇回目のワークショップでは、事前の問い合わせ、準備の統括（出席者の把握など）を担う主事、給食費などの管理を担う会計、事前に講師との連絡、当日の運営（あいさつ、講師紹介など）を担う日直、そして昼食や交流会の食事を作ってくださる給食係との間で、当面の活動で必要とされる役割が確認された。ただし、一回目の座学での運営を振り返って、二〇〇八年一月二八日の一二回目のワークショップでは、学校教育法の用語で学校用務員とされる主事を、生徒会長という名称に置き換え、集落との関係をより深めるために町内会の要職者などが塩谷分校としての動きを掌握できるよう後援会長という立場が置かれた。同時に、集落外から訪れる学生ら（二〇〇八年度の時点では長岡技術科学大学と大阪大学）を応援団として位置づけた。

塩谷分校に導入された学校のメタファーは、二〇〇九年の終わりに塩谷を新たな次元へと導いた。それは、塩谷分校の活動に頻繁に足を運び行事に参加した大学生たちを対象に、先生役として受け入れてきた地元住民が卒業式を行うというかたちで見られた。第一回目の卒業式は二〇一〇年三月一四日に塩谷で開催された。式典の内容は住民らの小学校時代の記憶に基づき組み立てられた。それにより、大学生たちは三月に大学を卒業すると同時に塩谷分校を卒業することになるが、そこには地元住民が学生ボランティアに対して復興への貢献に感謝すると共に、卒業生としていつでも集落に戻って卒業後も変わらず関わり合えることを保証するという意味が生まれた。これはタレントやアーティストがグループとして活動しなくなることを脱退ではなく卒業と呼ぶ構図に通じる。

塩谷分校稲刈り
（2019年9月28日）

ここで、塩谷での当事者と研究者との関わりがアクションリサーチとして展開されたこと、そしてメタファーをコミュニケーションのツールとして活用したという点に今一度着目しておきたい。なぜなら、哲学者の菅野盾樹（二〇〇三）においてメタファーは「共同性を承認し合い、お互いが住むことのできる共同世界を作り出す、という作用」（五六頁）がもたらされることにある、と説いているように、言葉には人や地域を動かす力があるためである。ただし、言葉の力が活かされて多様な人々が包み込まれるような共同世界が作り出されるには、ある言葉について使用者の意図が正確に解釈者に伝わったかどうかが重要なのではなく、むしろ共に経験的な認識の未知化を図る道具として機能することを前提として、言葉を新たな行動への選択肢の既知化をもたらす道具とすることに意義があるとされている。そのため、研究者が自らの言語に固執したときにはその言葉の使用者が満足するだけに留まり、研究者と当事者との間で経験的な認識を共有できたとしても、新たな変革に向けた行動への選択肢を導くことはできず、白けた雰囲気が漂うことさえある。

改めて塩谷分校の活動に対して集落復興における学校のメタファーがどう機能したか検討しよう。塩谷分校では集落の人々が「老後も住みやすく、豊かな村」をつくる活動を当初のモットーとした。そうすると、学校ではなく役所のメタファーにより、市長や課長、あるいは大臣や事務次官といった役割を明確にした上で、税金の徴収を通じた富の再分配といったことも考えられたかもしれない。しかし、結果として塩谷では「学校」であった。それは大学の教員や学生が関わったからではなく、むしろ現地再建を選択した住民らが集落づくりの当事者となっていくことの決意として学ぶ、転じて外部支援者も交えて学び合うことに関心が向いたことの結実として活かされていったのである。

3-2　手づくりの卒業式が同窓会活動という新たな次元へ誘う

塩谷分校 10 周年記念式典
（2018 年 11 月 3 日）

役所のメタファーではなく学校のメタファーが導入されたことにより、塩谷分校は塩谷の未来を確実に拓くことになったことを、改めて住民による手づくりの卒業式が行われた点から検討してみたい。塩谷分校で住民らが学生の卒業時期に合わせて行う卒業式は、「卒業生を送る会」と「卒業を祝う会」によって構成される。卒業生を送る会は、いわばフォーマルな儀礼である。それに対して卒業生を祝う会は、送られる学生たちにとっては何度も塩谷に通う中で過ごしてきた宴の席である。

こうして大学生という立場があるからこそ通ってき

塩谷分校閉校式
（2023年11月18日）

た学生たちを、住民らの手による卒業式で送り出すことで、卒業生らには再び集落を訪れる前提が生まれる。一方、集落には将来にわたり外部支援者と関わり合う理由が獲得される。これは人口減少に直面する山間部の集落の発展を今後も期待できる要素である。なお、この学校のメタファーに対する二次メタファーとしての卒業式により、塩谷分校同窓会の設立という三次メタファーが生成した。ただし、同窓会は二〇一二年に設立された後、まだ活発な活動はなされておらず、二〇一八年一一月の塩谷分校開校一〇年を契機とした活性化が期待された。

　そこから新たな局面を迎えたのが、新型コロナウィルス感染症という経験である。それまで、棚田での米づくり、錦鯉や牛の角突き、盆踊り等、豪雪地帯の山間で継承されてきた文化を特に関西の都市圏で暮らしてきた学生たちが体験し、新鮮な感動と共に集落の方々との交流を重ねてきたが、ソーシャル・ディスタンシングによる感染対策の徹底により、学生らの体験学習の機会に加え、学生らの受け入れを通じて集落内にもたらされてきた連帯感や一体感も大幅に減衰することとなった。それでも一〇月二三日の慰霊祭は万全の感染対策のもとで集落外にも開かれて催されてきたが、そうしてわずかな交流に留まる中、塩谷分校は二〇二三年一一月をもって閉校することが二〇二三年三月三〇日に決定した。その直前、三月一八日には、三年ぶりとなる塩谷分校卒業式を塩谷集落開発センターとZoomミーティングによるオンラインで併催し、さらなる活性化への糸口を見出すことができたかもしれないが、むしろ「元気なうちに自分たちの手で閉じる」ということが選択され、今後は塩谷分校同窓会の活性化を通じた塩谷での交流と塩谷との関係構築が企図されていくこととなる。

4　「塩谷分校」がもたらす集落復興への示唆

復興支援過程における当事者と支援者との関係構築のあり方について、「めざす」と「すごす」の対比のもと、未来を志向する活動と現在を大切にする行為の併存が欠かせないと説いた宮本匠（二〇一五）は、「復興支援において、災害による被害からの回復を『めざす』という未来に向けられた実践が重要なことはいうまでもない」が、「現代の災害復興には、単なる震災からの回復ではない、既存の社会課題との相互解決を含めたよりよい社会を求める試みとしての側面がある」ため、「『すごす』かかわりは、まさに『変わらなくてよい』かけがえのない自分たちにとっての豊かさとは何かに気づいていく端緒となるかかわりであり、現代の復興支援に必要不可欠なもの」と述べている（一七頁）。改めて、「すごす」ことに関するプロセス、つまり変えることだけを志向しない関わり合いを可視化する実践的研究が求められている。

塩谷において展開されてきた二つの活動に、この「めざす」と「すごす」の対比を重ねてみれば、芒種庵は集落を離れた人も含めて塩谷ですごすことができる拠点整備と活動を、塩谷分校は集落に戻った人が活性化をめざす主体形成が図られてきた、という具合に区別することができる。とりわけ本章では塩谷分校による災害からの復興を「めざす」環境で、メタファーを通じて多様な立場を越えて対話と交流がいかに展開されてきたかに着目してきたが、これからはむしろ共時的な側面における即興的で一過的な発話の中で用いられた「すごす」環境での言葉にも着目していくことが求められるだろう。長年にわたって集落外との交流を通じて集落内の交流も促進されてきた中で、コロナ禍による交流の中断が、集落の活力に大きな影響をもたらしたことも大きく影響している。

発災から一定の時間が経過し、塩谷では災害復興のモードからむらづくりのモードと移行している。これらは地震発生時点を原点としない活動が多面的に展開されていることを意味する。一方で、学校のメタファーが卒業及び卒業式という二次メタファーを生成し、それが同窓会という三次メタファーを生起させ、長期的な交流の下支えとなった。ハードな場をもたないからこそフットワークの軽い活動形態を取ってきた塩谷分校は、コロナ禍による直接的な交流の場の喪失により、誰もが認める存在意義はあれど、存立そのものが困難な状況に至ってしまった。学校メタファーから順当に類推が運ぶとすれば、自ずと閉校という四次メタファーの生成が選択肢として挙がる。

筆者（山口）よりも早い段階で塩谷に足を運んできた関嘉寛（二〇〇六）は、新潟県中越地震が復旧期から復興期へと移行する中で「何かを知りたい、習得したいと思った場合、それを体系的な方法で獲得するのではなく、コミュニティの実践に参加し、メンバーと協働することで習得する」ことができれば、「新しい公-私関係が切り拓かれていくであろう」と記している。一方で限界集落の議論から地方消滅の可能性が各地で展開される今、発災から二〇年を前に経験したコロナ禍を踏まえて、塩谷でも未来を志向するだけでなく、現在を見つめ、過去をも見つめ直す丁寧な営みが求められるだろう。塩谷において「塩谷分校」という名称を導入し、その背景として学校のメタファーに渥美（二〇〇七）は、アクションリサーチの過程で研究者が用いる言語を、研究者の思いが吐露される観察言語を第一層、研究者コミュニティへの成果として表現される公式など理論言語を第二層、そして研究対象と研究者との共通言語を用いて理論言語を翻訳して現場で成果を語るときに用いる実践言語を第三層と区別した。仮に塩谷分校を閉じる、ということが、そのまま塩谷を閉じることではない、といった具合に、塩谷分校における閉校という四次メタファーが塩谷で人々が「すごす」上での新たな概念と実践を生成する契機となるよう、引き続き互いに響き合う言葉が大切にされていくことを願っている。

参考文献

渥美公秀（二〇〇七）「協働的実践の成果表現における三層――減災コミュニケーションデザイン・プロジェクトを事例として」『Communication-Design』〇　一七一―一八九頁
宮本匠（二〇一五）「災害復興における〝めざす〟かかわりと〝すごす〟かかわり」『質的心理学研究』一四　六―一八頁
関嘉寛（二〇〇六）「災害復興期における公共性と市民活動――「中越復興市民会議」の分析に向けて」『大阪大学大学院人間科学研究科紀要』三二　二一一―二二九頁
菅野盾樹（二〇〇三）『新・修辞学』世織書房

コラム 2

塩谷分校同窓会は終わらない

「社会人になっても卒業生が塩谷を忘れずに来てくれた。私の一〇年間の中でもっとも感激した出来事であった。」

二〇一〇年に第一回の塩谷分校卒業式が挙行され、これまで県内外問わず多くの学生が卒業した塩谷分校。分校開校以前から、塩谷に関わりのあった先輩方も含め、毎年多くの学生が塩谷を巣立っていきました。卒業後は塩谷から疎遠になりがちで、社会人になってもこれまでのご縁を変わらず大切にしたい、塩谷分校に帰って来たいという思いから、卒業した学生有志らが集い、塩谷分校同窓会を二〇一二年に設立しました。

そして、卒業生がもう一度塩谷に帰ってくる機会を設け、懐かしい人との交流や懐かしい風景を思い出すだけでなく、普段できない各世代の卒業生どうしの交流も兼ねようと、二〇一三年九月二一日～二三日の稲刈り日和の頃、塩谷分校同窓会を初めて開催しました。日々社会人生活を送る中で、塩谷集落でお世話になった方々や、活動を共にした仲間ともう一度再会するだけでなく、社会人から初めて訪塩する人も楽しめるよう、稲刈りがてらの同窓会を実施することとなり、卒業生らが初めて開く会として、分校の協力も得て企画しました。

交流会では皆で懐かしい顔を思い出した後、集落のごちそうを食べ、飲み、思い出の曲を歌い、大いに語り合って、笑顔の絶えない場となりました。改めて集落の豊かさを体感することで、塩谷集落の方々や活動を共にしていた仲間との絆が再認識される機会となりました。

この同窓会を設立したことで、普段の塩谷との関わりの中でも卒業生が気軽に塩谷を訪れられるきっかけになり、その後、個人的な訪塩も徐々に広がっていきました。しかし、年代ごとに多くの学生が卒業した一方、卒業生どうしのつながりはこれまであまりつくられていなかったことから、塩谷分校一〇周年の際には、より多くの卒業生が集うよう各大学の卒業生代表が仲間を集い、卒業生どうしの交流会を兼ねた大同窓会を開催しました。同窓会はさまざまな世代の卒業生が集まり、塩谷分校の当時の懐かしい写真と共に思い出を語り合い、一〇年引き継がれてきた卒業生の曲を皆で歌い、夜が更けるまで語り合う会となりました。

卒業生との音楽交流風景

徐々に大きくなっていく同窓会の交流を今後も続け、私たちの子どもたちにも絆を見せていきたい。そんなことを思いながら次の来塩の企画をしている中、新型コロナウイルス感染症が蔓延したことで塩谷を訪れることに対する罪悪感と葛藤がうまれ、今日まで同窓会という形での集まりを行えないまま、今回で塩谷分校の閉校を迎えることとなりました。

今後は塩谷分校から新たに卒業する学生がいなくなり、塩谷分校の同窓会の人数は増えることはなくなりますが、これまでに仲間となった八〇名以上の同窓生がいなくなるわけではありません。塩谷分校という形は終わりを迎えますが、塩谷分校で学んだことを胸に社会に巣立った卒業生が、これからも塩谷と共にあり続け、思い出を記憶し続けていけば、塩谷分校はこれからもあり続けるのではないかと感じています。

「社会人になっても卒業生が塩谷を忘れずに来てくれた。私の十年間の中でもっとも感激した出来事であった。」

ある方が同窓会にこのような言葉を残してくださいました。この言葉こそが私たちが同窓会を続ける理由だと思います。これからも、さまざまな思い出をもった同窓生が定期的に塩谷を訪れ、懐かしい記憶を語り合いながら塩谷との絆を紡いでいきたいと思います。

（塩谷分校卒業生 第一号　武澤　潤）

＊　＊　＊　＊　＊　＊　＊

大学三年生のときに初めて大阪から塩谷集落を訪れてから、塩谷集落の人と場所に魅了されてしまい、大阪から約四〇〇㎞離れている遠さに負けず、定期的に塩谷集落を訪問させていただいています。いつもあたたかく迎えてくれ、たくさんのお話を聞かせてもらい、塩谷集落の行事に参加させていただく中で、学生として何か自分たちからできることはないかと考え、ボランティア活動もさせていただきました。大学四年生のときには、震災後塩谷集落に残った人、塩谷集落を離れた人との間に生じる葛藤をテーマにした論文も書かせていただきました。本当にたくさんの思い出がありますが、その中でも、塩谷集落で二週間過ごした夏休みには、集落内外の人と会うたび何気ない会話でありながら貴重なお話をたくさん聞かせてもらい、二十村郷盆踊りに参加するときには、浴衣を用意していただき、女子大生が集まって華やかにお祭りを楽しんだこと、今でも忘れられません。

家族のように接していただいた塩谷集落では、学生時代だけの思い出で終わらせたくないという強い想いがありました。塩谷分校での卒業式では、渥美先生から「社会人として皆さんに甘えない、成

塩谷分校 OB 会設立祝賀会の様子

長した姿を見てもらうために、卒業してから三年は塩谷集落に足を運ばないように」という卒業の言葉をいただいたのに我慢できず、社会人になってすぐに訪問してしまうくらい私にとっての故郷となっております。塩谷分校の仲間であった現在の夫との出会いのおかげで、結婚しても、子どもが産まれても、塩谷集落を訪れることができ、塩谷集落は自分にとってかけがえのない場所となっております。今年の夏には、二人の子どもを連れて訪れることができ、豊かな環境やあたたかい集落の人たちに囲まれ、子どもたちがすっかり塩谷ファンになってしまったのがまた良き思い出となっています。塩谷分校一期生として卒業してから一三年経っても、変わらない場所と変わらない塩谷集落の方々に感謝すると同時にずっとこのままでいられたらいいと無邪気な願いもあります。私たちの後のいろんな学生さんも塩谷集落に魅了されて同じようにたくさん足を運び、卒業後も交流を続けている様子を聞くと、面白い人たちばかりで、塩谷集落の方々とお互いによい相互作用を感じ、嬉しくなります。みんな住んでいる場所も生活形態もバラバラで一斉に集まることは難しくても、塩谷分校が終わったとしても、塩谷分校同窓生としてつながっている皆さんと交流を続けながら、思い出を共有し、一緒に集ったところで盃をいつまでも交わせ続けられたら最高だと思い、これからも同窓生として塩谷を訪ねていきたいと思います。

（塩谷分校卒業生 第二号　武澤　博子）

第Ⅲ部

集落と共に過ごした学生たち

第9章　地域と向き合って見えたこと
～東山地区・塩谷集落との10年間～

五味　希

筆者は二〇一二年八月から二〇一三年九月までの約一年間、大学院を休学し、公益社団法人中越防災安全推進機構による、「中越山の暮らしインターン（現・にいがたイナカレッジ）」に参加した。そこでは、塩谷集落内にある古民家（芒種庵）に滞在しながら東山地区振興協議会に所属して、復興支援員のコーディネートのもと地区内広報誌の作成やＳＮＳでの情報発信、地域イベントやデイホームの運営サポートなどを行った。また、地域住民や東山地区に関係の深い方々のインタビュー、地域の歴史や郷土料理・方言、地域の将来に関するアンケート結果などをまとめた冊子を作成し、地区内へ配布した。インターンシップ終了後も、修士論文執筆に向けた活動を続け、修了後も年に二～四回程度、個人であるいは友人や同僚らと共に足を運んでいる。

本章では、二〇一二～二〇一三年のインターンシップ参加当時の活動記録と、二〇一五年にかけての修士論文執筆及び東山復興誌の編纂過程で見聞きしたこと、一〇年来地域に関わり続ける外部者として感じていることについてまとめる。

1　東山地区・塩谷集落との出会い

学部生時代、都内の大学に通う筆者はまちづくり研究サークルに所属し、東京都奥多摩町をフィールドに活動を行っていた。奥多摩町だけでなく、山梨県小菅村、静岡県三島市、熱海市等も訪れながら、観光まちづくりについての調査・検討を通して、「都市と地方の関係」をテーマとした会議や奥多摩町民向けの報告会などに取り組んでいた。東京出身の筆者にとって、山間地域の暮らしや関係性はとても新鮮であり、また、その地で熱意をもって活動をされている方々との出会いを通じて、地域の課題に向き合いたいという思いが生まれていた。そんな思いを胸に大学院へ進学した。

進学先の研究室では、休学して留学する先輩が大変多かった。自分自身でやりたいことを考えたときに、地域にどっぷりとつかりながら、そこで暮らさなければわからない課題に向き合ってみたいと思った。将来的に〝都市と地域をつなぐ仕事〟に就きたいと考えていた筆者は、大学の中では学べない、地域側の視点を得るために、インターンへの参加を決めた。いくつかの地域のプログラムの中で目に留まったのが「東山地区振興協議会」の復興支援員のもとで、地域づくり・地域マネジメントを学ぶプログラムであった。地域住民との接点が多そうな印象を受け、第一希望として応募した。二〇一二年七月、初めて小千谷を訪れ、受入れ担当者に案内されて、塩谷の方に会ったのが始まりである。「八月一六日の村の盆踊りには集落の人が集まる」ということで、その日から一年間のインターンを開始したいと伝えた。

2　地域の中で日々を過ごすこと

一人暮らしも、車生活も、田舎暮らしも雪国も初めてだった筆者にとって、毎日が新鮮な日々であった。非常に些細なことであるが、カエルや虫の声の変化、野菜のおいしさ、冬の貴重な晴れ間の清々しさ、鳥や動物の気配、雪解けの喜びなど、毎日いるからこそ、村の人と一緒に季節の変化を感じることができ、日々の暮らしを体感することができた。

東山地区の方々ももちろんだが、特に塩谷の方々からは大いに助けられた。支えなしには一年間の生活はとても成り立たなかった。顔を出せばお茶飲みや夕食へのお誘いや、野菜やお米やおかずのおすそ分けをたくさんもらった。また、豪雪の年だったが、屋根の雪下ろしや家の前・車庫前の除雪なども手伝ってもらい、逃げ出すことなく冬を越すことができた。本インターンプログラムでは、参加者には生活補助費として五万円／月が支給されていたことから、「五万円で足りるのか」という心配の声をよくかけていただいたことも覚えている。[1]

一年間の中で印象に残っている場面の一つは、塩谷の鎮守様である仙龍神社（仙龍社）へのしめ縄の奉納である。一二月三一日、集落の男性たちによって手際よく、神社のしめ縄がつくられた。その日の夜、雪の降りしきる中、木やり歌をうたいながら神社を目指すのだ。何十年も前から脈々と続く集落での営みは、歴史を感じ、神聖な気持ちにさせられた。今でも強烈に印象に残っている。

他にも「部屋の電気がついていたから」と、真夜中の錦鯉の産卵に立ち会わせてもらったり、昔は行事として行っていたが今は行われていない内鎮守のお参りでは、山の上でほら貝を吹いたり、そこで生活していたからこそ立ち立ち会うことができたことも数多くあった。一年間で、東京では決して触れることのなかった「面白さ」や「豊かさ」をたくさん発見することができた。

日々の生活では、岩間木にある東山住民センター内の事務所へ行き、アンケート調査や地域活動のサポートにあたっていた。東山住民センターには、行政手続きや東山地区振興協議会に用事のある住民の方が日々訪れ、世間話をしていく。地域に関する知識がゼロの状態から、登場人物の名前や関係性、地域の出来事を聞いていくことは、パズルのピースを集めていくような感覚であった。いくつかの情報がつながると、それが何だったのかが理解でき、やがて少しずつ全体像が見えてくるような感覚であった。最初の頃は屋号も下の名前もわからず、全然話についていけなかったが、そんなときに助けてもらったのが「田舎で働き隊(2)」で東山に赴任されていた方がつくった「村人笑顔図鑑」である。ここには、住民の方の屋号と名前、笑顔の写真がまとめられており、その日にお会いした方や話に出てきた方を覚えるのにとても役立った。また、数年前から月二回発行されていた地区内広報誌「東山月報」(全戸配布)のバックナンバーも、地域の出来事を知る貴重な資料になった。

筆者自身も一年間のプログラムを通して、東山地区にやってくる外からの人が、地域を理解する一助になればという思いもあり、一年間の活動の集大成として東山地区の風習や出来事、地域の活動やアンケート結果をまとめた「ひがしやま探訪〜東山のこれまで・いま・これから」という冊子を制作した。住民の方にも、これまで意識していなかった地域を再発見してもらう機会になればという思いで製作を進め、インターンプログラム終了間近、無事に完成し、地区内へ配布することができた。

3　地域と向き合う中で

インターン期間中の一年間、塩谷で行われた会議やイベントはほとんどに参加させてもらった。村の役員会や塩谷分校の会議等では、他集落・地域での事例や状況について聞かれることが多かった。担い手の少ない集落では、話し合いに参加する面々も固定化されがちである。そうした中で、これまでの考え方を撹拌させ、新しいアイディアを出すきっかけになる外部の視点は非常に重要であると感じた。また、外からの視点でさまざまな選択肢を示すことができれば、集落で納得のいく答えを導き出す助けにもなる。復興支援員のように、行政とはまた違った視点で地域の相談相手になる存在は非常に貴重である。

二〇一三年二月、塩谷の活動にも数多く携わってきた東山地区の復興支援員である渡邉敬逸氏が四年間の任期を終えて三月で退任されるとのことで、塩谷分校の座学（第八章参照）として講演会が企画された。塩谷の皆さんが、渡邉氏が東山・塩谷で考えたことについて知りたいという気持ちと、感謝の気持ちを込めて送りだしたいという思いからの企画であった。講演では、集落再編の話や、支援員としてやり残したことについての話題であった。東山での集落再編とは何だったのか、反対の立場を取った塩谷で、改めて問いかけて考えてもらうことは、これまでの信頼関係があったからこそ実現できたことだろう。この企画は、村の人たちの意欲から始まり、またその場には、集落の人だけではなく、大学の先生方をはじめ、市役所、市議会議員、震災当時のボランティアだった方など、さまざまな参加者が集まった。震災後のこれまでの経験が、この企画にもつながっていると感じ、塩谷の底力を感じる場面であった。

集落の会議では、熱く議論が交わされることも多かった。二〇一三年四月に同席させてもらった役員会では、普段なかなか聞くことができない三〇～四〇代の若手の村への思いに触れる貴重な機会があった。「自分は村が好きだったから戻ってきた。家が残ったからじゃない」、「一〇年後、二〇年後、どうなるかわからない。だから今のうちに、六〇代の人からいろんなことを学んでおきたい。組織をつくっておきたい。そうしないと、そのまま東山に投げることになる」、「地震前まで五〇軒を保ち続けた。それだけ魅力のある村だった。それでも地震で出なければならなくなった」そんな言葉を聞き、深く考えさせられた。震災によって一人ひとりの状況は大きく変わり、考え方も時間と共に変化が起きた。同じ集落の住民同士でも、多様な価値観が存在する中で、相容れない考え方もある。それでも残った世帯で、これからも生活を続けていかなければならないということに、向き合うことは避けられないのだということを突き付けられたように感じた。震災は、新たな外とのつながりや集落の結びつきを生んだ一方で、家族や子どもの友人を失った深い悲しみ、集落を離れざるを得なかった状況や軋轢や葛藤など、いろいろな人の話を聞けば聞くほど重く心にのしかかった。受け止めきれない気持ちの行き場がないことも多かった。地域に向き合うことで感じる苦しさも十分に味わった。

4　なぜ、通い続けるのか

社会人になってからも、継続的に東山地区および塩谷を訪れ、関係性は続いている。なぜ、筆者は長期的な関係性を築くことができたのか、少し客観的に振り返ってみたい。

一番大きな理由は、会いに行きたい人がそこにいるからである。どんな地域でも「人」が魅力だと言うように、東山地区にも、塩谷にも魅力的な人たちがいて、その人たちと一緒に時間を過ごしたいと感じる。学生のときのように温かく迎えてもらい、山の空気を吸うと、単純に元気が出るのである。その他にも、田んぼに名前を付けてもらった影響は大きい（希田と名付けられた小さい田んぼがある）。名前を付けられたからには、毎年田植えと稲刈りは、最低限訪れなくてはという気持ちになり、友人や会社の同僚と共にほぼ毎年訪れているし、そこで収穫された米も購入している。田植え稲刈り以外でも、盆踊りや角突きなど、行けば集落の皆さんに会えるという日があることは、外から通う者にとって地域を訪れる動機付けになるのだ。継続的な関係性を築いていくにあたり、「関わりしろ」がどれだけあるか、ということは重要な要素であると考える。

その他にも、泊めてもらえる場所がいくつかあることも「行きやすさ」につながっている。行きたいと思ったときに泊めてもらえる家（あるいは芒種庵）が複数あると、訪問へのハードルが低くなり、友人たちも誘いやすくなる。毎度宿探しをしなければならない環境であったら、行くことを諦めてしまうかもしれない。

最後は、名前を呼んでくれる人が大勢いるということである。一度に会えなくても、次回はあの人に会いに行こうと思える相手がいると、次の訪問もまた楽しみになるのだ。

インターン期間の終わりが近づいている頃、地域おこし協力隊などで地域に残らないか、というお言葉をいただいた。ありがたかったが、当時はまだ大学院を修了しておらず、経験も知識もない状態で地域の役に立つことは難しいと考えていた。復学後、東京で就職し、その後新潟へ配属されるご縁をいただいた。現在は二社目の会社で全国各地の地域づくりに携わりながら、鋭意、修行中である。東山地区・塩谷では、さまざまな価値観を持った方たちとの出会いを通して、人間として大きく成長させてもらった。「地域に向き合うこと」はそこに暮らす人との対話であり、真摯に向き合うことの大切さを学ばせてもらった。これからも、関わり続けながら、自分に何ができるかを考え続けていきたいと感じている。

注

（1）本事業は、中越大震災復興基金を財源とし、参加期間中の滞在費（家賃、光熱費、車両費等）は受入れ地域が負担し、同基金が一部を補助している。

（2）農村活性化人材育成派遣支援モデル事業。

第10章　知らない者として

栫　健太

筆者が塩谷に関わるようになったのは震災から約一五年が経過した二〇一九年のことであった。震災から一五年が経過した塩谷では、震災の影響はほとんど感じられず、ただ唯一塩谷の入り口にある慰霊碑だけが筆者に強く震災の存在を伝えてきた。塩谷で刻まれてきた一五年という年月は震災があったことを忘れさせるかのように、目に見えるものを次々と復旧させてきたのである。しかしながら、どれだけ当時の状況から復旧したとしても震災があったという事実は消えるはずもなく、住民や当時を知る者にとっては変わることなくあの日の記憶は残り続けていた。

当時を知らない筆者と住民との違いを強く実感させられたのは、一〇月二三日、一五回目の慰霊祭の日のことであった。初めて慰霊祭に参加する筆者は、慰霊碑から少し離れたところで一人何をするわけでもなく目の前で起こっていることを眺めていた。一七時半頃、集落内外から多くの人が集まってきて、慰霊碑の周りに供えられたろうそくに次々と火を灯していった。そして、一七時五六分が訪れるのを待つかのように周りからは当時のことについて語る声がぽつりぽつりと聞こえてきた。誰かがきっかけとなり震災のことが語られ出したというわけではなく、ただそうなるのが自然なことのように語られていた。それを傍らで聞きながら、筆者は震災のことも塩谷のことも何も知らない人間であるのだということを痛感させられた。自然と語られる震災の語りの中に入ることができるはずもなく、筆者は震災という出来事を通してつくられていった規範の外にただ一人取り残されていたのである。私がそのとき感じていたのは、震災を知らないものがここにいてもいいのかという所在のなさであった。震災当時の一番つらい時期に支援者として関わることができなかった私がここにいていいのかという迷いや、これからこの中に入っていけるのだろうかという不安、さらには、私がこの中に入っていくことに意味などあるのだろうかという戸惑いが筆者を襲っていたのである。

慰霊祭の日、自分自身の所在のなさとともに湧き上がってきた、震災から一五年も経った塩谷で私に果たせる役割はあるのだろうか、私が関わることに何か意味などあるのだろうかという問いが私のフィールドワークの出発点である。塩谷の方々にとってそれは特別重要な問題ではなかったかもしれない。しかし、筆者にとっては塩谷と関わる以上大切な問いであった。それが筆者にとっての居場所になると思ったからである。本章は、筆者が塩谷での四年に及ぶフィールドワークの中で悩み、苦しみ、考え、葛藤しながらなんとかその問いの答えに近づこうとした軌跡である。

1　塩谷での関わり

1－1　塩谷に溶け込んでいく

塩谷に幾度となく通う中で、塩谷の行事や暮らし、また時間を体験することを通して、筆者は、塩谷に溶け込んでいっているなという感覚を覚えた。塩谷での暮らしは自然と共にある。それは塩谷の方々が農業を生業としているからである。何時に何をするとか、何日に何をするといったことではなく、自然と天候と作物の状態によってその日に何をするのかを決めているのである。正文さんは「時間に起きるんじゃない。太陽が来たら起きるんだ。それが百姓の生活」と語る。また、「明日何するのか決めてるんですか?」と邦宇さんに尋ねたときに「決めてないよ。明日の仕事は明日決めるの」と笑いながら語った。それは、自然に左右される農業の難しさを物語っているが、同時に自然と共に生きる楽しさでもある。新型コロナウィルス感染症が比較的落ち着いてからは、イベントだけでなく、農業を体験させてもらえるときにも塩谷を訪れ、田植えから始まり、じゃがいも堀り、稲刈りに大根の収穫と体験していった。その全部がいつに行うとは確実に決まっていないので、もうそろそろかなと思う時期に電話で「いつ行いますか?」と聞いて塩谷を訪れる日を決めていった。大阪にいても、そろそろ秋めいてきたから稲刈りが始まるかなとか、もう少ししたら塩谷では雪が降るから大根の収穫をするかなとか考えるようになったのである。農業のリズムに合わせて塩谷を訪れることは、半分塩谷の時間を生きているような感覚であった。時計やカレンダーによって決められる時間ではなく、自然によって決められる時間を生きているのが塩谷の人々であった。そして、その時間を体験させてもらうことで、少しずつ塩谷の暮らしを知っていたのである。

筆者が塩谷で体験するのも農作業が多かった。正文さんとともに農作業を行ったことは思い出深い。正文さんにつなぎの服を借り、畑へと出発しようとする前、正文さんは草を刈るための鎌を研ぎ始めた。何十年も使っているというその鎌の刃は薄くなり、とても小さくなっていた。それは、この鎌とともに農業を行ってきたことをひしひしと伝えてきた。鎌を研ぎながら正文さんが私に「使ったことあるか?」と聞いてきた。「鎌は使ったことないと思います」と答えると、正文さんはもう一つ違う鎌を嬉しそうに持ってきて綺麗に研ぎ筆者に渡してくれた。この鎌を使って牛の餌となる草を刈りに行った。使い方を教えてもらい恐る恐る草を刈ってみた。研いだ鎌の切れ味の気持ちよさとともに、思ったよりも大変な作業であることを実感する。

慣れない手つきで作業をしている私を正文さんは嬉しそうに見ているのであった。

　また、はざにかけてある稲を下ろす稲上げの作業と脱穀も初めての経験であった。そのときは正文さんの仲間である方の稲上げのお手伝いをしに行った。農業という仕事は時期によって仕事量がまったく違い、最も忙しい田植えの時期や稲刈りの時期には、作業を一人で行うことが難しい。特に稲刈りは天気に左右されるため稲の状態と天気との兼ね合いで一気に終わらせてしまわなければならない。そのため、村の住民が互いに助け合いながら稲刈りを行っているのである。はざにかけている稲を一つずつ下ろし、脱穀機へと入れていく作業はとても大変であった。しかし、初めての経験でとても楽しかった。丸一日かかる作業だったので、はざの傍にブルーシートを引いて昼食を食べた。稲刈りの昼には決まってビールが出てくるようで、午前中みんなで一生懸命作業をして飲むビールは格段においしかった。ご飯をいただき、ビールを飲んでいる筆者を見て正文さんは「いいろ（いいだろ）」と笑顔で聞いてくるのである。大阪で暮らしていてはできない経験に筆者は心から「いいです！」と答えた。共に稲刈りに精を出して、お昼にビールを飲み、地面にブルーシートを敷いてみんなでご飯を食べることは、大阪では経験できない、素敵な時間であると感じた。それ以上に、お互いの力が必要なときにはいつでも手伝い合うという関係が筆者には貴重に思えた。それは、みんなで支え合いながら生きているということを、まさにその瞬間に実感したからだと思う。過去の学生たちもここでしかできない経験をして、正文さんの「いいろ」を聞いてきたのかなぁと思った。

正文さんが「いいろ」と聞いてくるのはいつものことだ。初めてトラクターに乗せてもらったときも、初めて草刈り機を使ってあぜ道の雑草を刈ったときも、初めて闘牛を牛舎へと連れて帰るのを手伝ったときも、真鯉の引き上げを手伝ったときも、「いいろ」と一言言って、慣れない筆者の様子を見て嬉しそうにするのであった。逆に私が正文さんからの誘いを断ったときは決まって「残念だねぇ」「かわいそうだねぇ」と言うのである。田んぼの稲刈りを筆者が手伝うことができなかったときには、「米を刈るのはやったことがないろ。でもお前は来れなくて残念だねぇ」と言われた。手伝うことができないときには毎回言われるこのセリフを嫌味で言っているわけではないとわかりつつ、なぜいつも言うのだろうかという疑問があった。しかし、その疑問もある日、正文さんと一緒にご飯を食べているときに解けたのである。ご飯を食べて夜も遅くなってきた頃に、正文さんがポツリと「稲刈りも体験させてあげたかったなぁ…」とこぼしたのである。正文さんは意識的に私に塩谷でしかできない体験を一つずつさせてくれていたのである。正文さんは学生と関わるときに「ここでしかできないことをさせてあげたい」という思いを持っていた。関西から訪れる学生が塩谷でしかできないことを体験したいと思っているのと同様に、塩谷の方々も塩谷でしかできないことを学生に体験させてあげようとしていることに両者の思いの一致をみた。

1-2　過去の学生について語る住民

筆者が塩谷で生活していて、住民との会話で多く話題に上がるのはかつて塩谷で関わってきた学生の話である。塩谷の方々と共に時間を過ごしているとさまざまな場面でそのような語りに遭遇する。田んぼで作業をしている隆さんに会いに行ったときもそうだった。筆者が「こんにちは、会いに来ました！」と声をかけると、作業をしていた手を止め、筆者の方へと近寄り「おぅ、散歩でもするか」と言って、田んぼの傍にあった畑を散歩しながら畑に植えてある野菜を一つずつ紹介してもらっているとき、ふと傍を流れている川を指差し「あそこの川にも学生を連れて行ったなぁ」とつぶやいた。筆者にとってその川は他の川と何ら変わらないものであるが、隆さんにとっては、学生との思い出が詰まった特別な川であるのだと実感した。また、家に呼んでもらいお茶を飲んでいるときもそうだった。家に飾ってある写真を見ながらお話をしていると、二階からたくさんの写真を持ってきてくれた。そこには、塩谷分校で行ってきたイベントの写真が何枚もあった。その写真一つ一つを見ながら、「この時はこのようなことをして…」「この学生はこのような子で…」と過去の学生との思い出を楽しそうに語るのであった。

また、塩谷の住民であり、芒種庵や塩谷分校の活動で大変お世話になっている清さんから、一人では大変だからじゃがいも掘りの作業を手伝ってくれとお願いされたことがあった。今年のじゃがいもは豊作だと言いながら、次から次に二人で協力してじゃがいもを掘り返す。豊作とはいうものの小さいじゃがいもも多くあって、あまりに小さいものは捨ててくれと言われた。しかしもったいないと思った筆者は「この小さいのもじゃがバターとかにするとおいしいですよね」と言うと、清さんはかつての学生のことについて語り出した。「小さいじゃがいもが好きな子がいて、一緒にじゃがいも掘りをしたときは小さいのだけたくさん詰めて持って帰ってたよ。その後ね、一緒にラーメン食べに行ったんだけど、そのまま行くって言っても女の子は化粧するって言って待たされたんだ」とかつて来ていた学生の思い出を語ったのであった。小さいじゃがいもがきっかけとなって、過去に訪れた学生のことが想起されたのである。

学生との思い出を語るとき、そこには共通して嬉しそうな住民の姿がある。はじめは何度も繰り返されるかつての学生との話に、過去の学生との比較として筆者のことを見ているのかという苦しさもあった。しかし、何度も塩谷を訪れ多くの方の語りを聞いていくうちに、「昔の学生は良かった」という現在の学生に対する否定的な意味を含意するものではないということに気づいた。塩谷には、その土地に、その機械に、その写真に、その作業に、その農作物にそれぞれに学生との思い出が詰まっているのであった。それは、これまで関わってきた学生がその場限りの刹那的な関わりを行ってきたのではなく、塩谷での暮らしを体験し住民の方々と深い関わりを行ってきたことを証明している。そこに当時を知らない筆者が聴き手として加わることによって、学生との思い出を想起するきっかけになっていたのだ。そして、筆者もいつの日か住民の方々にとって楽しい思い出として語ってもらえるようにしたいなとも思った。学生との出来事を思い出すことに関して芳之さんは「今では懐かしいなと思うことが増えてきた。昔を懐かしむばかりであるけれど、ただそういった思い出があるということだけでもいいこと。」と言っている。昔を思い出し懐かしむという行為が、住民の時間がきちんと前に進んできたということを証明しているのではないだろうか。

1-3　震災について語る住民

塩谷に長く関わっていく中で震災に関する話を聞く場面も多くあった。中でも印象的であったのは、筆者が一ヶ月滞在した際に聞いた話である。滞在期間中、特に正文さんは何かと筆者のことを気にかけてくれていた。休みの日になると決まってごろすけハウスを訪れ手伝ってほしいことがあると言い、農作業を体験させてくれ、その夜は決まって家に招待してご飯をごちそうしてくれるのであった。夕食を共にするうちに正文さんとの関係も深くなっていくのを実感していたとある日のことである。正文さんと哲雄さんと三人でご飯を食べていたとき、哲雄さんが語り部をしていた頃の話を始めたことで自然と震災の話になった。震災直後、土砂崩れで周りの集落から完全に孤立状態であったため、住民の手によって家の下敷きになった人々を救助していったという話であった。それまで経験したことのない状況で、住民は救助の際、殺伐とした状況であったものの、「一人でも多く助けたい」という思いだけは共通で、救助活動を行っていたという。現場の緊迫感と何としてでも助け出さないといけないという思い、そして助けることができず目の前で亡くなっていった子どもに対する思いを、筆者は二人の言葉の端々から受け止めていた。

そこで語られた内容は、筆者が塩谷を訪れて初めて聞いたものであった。辛く、語りたくないことであったかもしれないが、二人はあまりにも鮮明にあの日のことについて語ってくれた。筆者は二人の言葉にただただ頷き、黙って聞くことしかできなかった。とても「辛かったですよね」「大変でしたよね」といった共感の返事ができるわけもなかった。それは、二人のつらさ、悲しさ、あの日に感じた感情のどれも、筆者が共感してよいものではないし、できないものであると思ったからである。筆者には、締め付けられる胸の思いと語ってもらえたという事実だけが残っていた。また、哲雄さんは震災の話を最後まで語り終えた後に、「慰霊祭の後やみんなで集まったときに『あの時は頑張ったなぁ』とお互いにたたえ合いたいと思っているけど、そういった話は塩谷ではできない。三人の子どもの命が失われてしまったからな。あの時も九人を救ったのに誰一人として喜ぶことなかった。どういうわけだか、あの日必死になって住民を助けようとした人たちはみんな今でも残っているから、残されたものが年を取り記憶がなくなる前にあの日のことを一度でいいからみんなで思い出し、救うことのできた九人のことを思い喜びたいなぁ」と語っている。そして「こういうことは椊君だから話すんだけど」と付け加えた。塩谷の人間でもない、しかし塩谷と関わりをもち続けていたからこそ語られた言葉であったのではないかと思った。

2　知らない者がもたらしたもの

筆者の関わりは、塩谷の抱える過疎高齢化という問題を解決するような関わりではなかった。実際に、震災後も自然減少とともに若い世代が就職を機に集落を離れることで人口は減少していき、高齢化により農業の活動を縮小したり、やめたりしている住民が増えたことで耕作放棄化されている農地も増えてきており、むらの自治のあり方も変化し始めている。小田切（二〇一四）が述べる、人・土地・むらの空洞化は依然として進行していた。地域再生主体となるための条件として、関心の対象が地域課題であること、その解決に取り組むことで地域と関与すること、地域住民と信頼関係を築くことと挙げている田中（二〇二一）に照らすと、筆者は塩谷と深く関わる関係人口でありながら地域を変革する地域再生主体ではなかったということがわかる。筆者が行ってきたことは、村の行事への参加や、田植えや稲刈りなどの農作業の体験などの塩谷の暮らしの延長にある関わりであった。これは、現在の塩谷を変革しようとするのではなく、むしろそのままの塩谷を肯定する関わりといえる。肥後（二〇〇三）の議論を拡張し、復興支援の現場における「変わっていく」ことを「めざす」関わりと、「変わらなくてもよい」ことを前提とし、相手の存在のかけがえのなさを確かめ合うような「すごす」関わりを明らかにした宮本（二〇一六）の議論を用いて解釈を行うと、地域再生主体として地域を変革していく取り組みは「めざす」関わりであり、塩谷で行われてきた活動は「すごす」関わりであったことがわかる。それでは、筆者の行ってきた「すごす」関わりが塩谷においてどのような意義があったのか。

一点目は、筆者が震災当時から関わってきたのではなく、震災を知らない者であったということが大きなポイントである。〝知らない〟からこそ、住民にとって「語られる存在」として筆者は位置づけられることとなった。住民の方々は過去の学生について語る際、みんなそろって嬉しそうに想起しているのである。それは、過去に関わった学生を想起することが現在の住民に充足感を与えていることを意味する。一方、過去を想起するという行為は当時の状況を渇望し、住民たちの時が止まったままであるというわけでもない。学生との関わりが、単純に塩谷に訪れる学生の増加だけに固執する一過性の盛り上がりであったのならば、関わる学生が減少したことでそのような状況が訪れていたかもしれない。しかし、塩谷では、「すごす」関わりによってかけがえのない存在として学生との関係を築いてきたために、過去に関わった学生との思い出が現在の住民を支えている。その土地、その機械、その写真、その作業、その農作物、塩谷のいたるところに学生との思い出が埋め込まれている。そして、筆者に過去の学生のことを楽しそうに語ってくれる塩谷の住民の姿がある。過去の出来事は時を越え今でも住民を支えているのである。それは芳之さんの「今では懐かしいなと思うことが増えてきた。昔を懐かしむばかりであるけれど、ただそういった思い出があるということだけでもいいこと」という言葉が証明している。中越地震からの復興過程を知らない者として関わってきた筆者は、塩谷の人々と同じ経験を有していない者といえる。渥美（二〇一四）の言葉を借りると、現場に入る際に肝要だとしている規範の共有ができていないことになる。しかし、共通の経験、規範を有していないからこそ、塩谷の人々は筆者に教えるという行為を通して、過去の出来事の想起を行っていたのではないだろうか。塩谷のあらゆる場所が過去の学生たちとの思い出が埋め込まれている特別な場所になっているが、日常の中で意識的に思い出す機会は少ない。そこに当時を知らない外部者が聴き手として加わることによって、塩谷の方々の想起は開かれてきたのである。過去の学生に関する話だけではなく、震災に関する語りに関しても同様である。震災当時のことを知らない筆者に語られた当時の話は、筆者が震災当時を知らないからこそ話されたことであり、また筆者が外部者だからこそ住民どうしでは語れないことを語ってくれたものであった。想起のきっかけとして外部支援者を位置づけるということは重要な視点であると考える。

二点目は、筆者が塩谷のこと自体を知らない者であったことが大きなポイントである。塩谷での暮らしや伝統行事など、筆者が塩谷で経験することのほとんどは初めての体験で、知らない世界であった。そのため、筆者は塩谷での経験一つ一つに純粋に驚き、感動し、喜び、またそれを求めて塩谷を訪れていた。それはすなわち、住民たちにとってはその暮らしを肯定的に認められている実感を得ることを意味し、外部者である筆者に「いいろ（いいだろ）」と語りながら、住民は改めて塩谷での暮らしの豊かさを再認識していったということである。それは、これまで塩谷に関わってきた人々も同様である。塩谷での暮らしを体験していく外部支援者の驚きや感動、その豊かさへの気づきは、住民自身へと還元されその暮らしに対する誇りを深めることになった。もちろん集落での暮らしの豊かさは住民が誰よりもよく理解していたが、それを第三者である外部支援者が肯定し認めたことが重要な点であった。小田切（二〇一四）は、地域住民がそこに住み続ける意味や誇りを失ったり、地域に対して諦めの感情を抱いたりすることを「誇りの空洞化」と表現した。実際に塩谷でも空洞化が進行しており、特に震災以後は極端な集落の変化によって「誇りの空洞化」が起こっても不思議ではない状況であった。しかし、外部支援者が変革を求めず現在の塩谷を肯定する関わりを続けてきたことによって、塩谷では「誇りの空洞化」が起こらなかったといえる。

語られる存在になるということも、暮らしに対する誇りの涵養をもたらすことができたことも、「知らない」ということが大きなカギであった。知らないということは悪いことではない。むしろ震災から長い時間が経過した塩谷においては、「知らない者」であることが支援のきっかけになっていた。知らないということに葛藤を抱え自分に何ができるかと考え関わってきた日々が重要だったのではないか。筆者は塩谷において過疎高齢化という問題を解決するための存在にはなれなかったが、塩谷を知ろうと関わり続けてきたことに意味があったと振り返ることができるような関わり方があってもよいのではないかと思う。

3　おわりに

筆者が塩谷と関わった四年間は、まさに塩谷の変換点であった。新型コロナウィルス感染症の感染拡大という出来事を挟んで、学生が塩谷を訪れることが途絶える様子を最も近くで見てきた。震災後に行われてきたイベントの多くが中止となり、開催されても住民しか参加することができない中、筆者はその数少ないイベントに参加させてもらっていた。学生が多く来ていた頃のイベントも知っている筆者は、学生がいないことに落胆する住民の姿を見て物寂しさを感じていた。「学生がいなきゃ意味がない」「学生が来なくなったら終わりだ」と言葉にして語られることもあった。しかしながら、その中でも一人ではあったが、コロナ禍であっても関わり続けることができたのは、これからまた訪れるであろう関西からの学生と塩谷との関係をつなぐ大切な時間として大きな意味があったのではないだろうか。

筆者だけではなく、塩谷に関わった者が行ってきたのは、現状を否定し変革を促すというものではなく、そのままの集落を肯定し、ともに「すごす」という関わりであった。初めて参加した慰霊祭の日、自分に何ができるのか自問した筆者も、塩谷に何かできたかと問われると、明確な目的をもって関わることはできず、結局のところ塩谷を変革して良くすることは何もできなかったというのが率直な思いである。約四年間、塩谷で「すごす」関わりを続ける中で、住民の芳之さんに「なぜ塩谷に来てるんだ」と問われた夜もあった。そのときは、言葉に詰まり、その問いに答えることはできなかったが、それでも関わり続けた先に一つの答えを見つけた。

それは芳之さんと共にお酒を酌み交わしていた夜のことであった。夜も深くなってきて「いつもは三杯しか飲まねぇんだ」と言いつつ、何杯目かわからないお酒をつくりながら、芳之さんは「この年になると幸せって何かって考えるんだよ」と語り出した。幸せとは何かという漠然とした問いを唐突に語り出したことに一瞬戸惑ったが、次に語られることはなにかとても大切なことなのではないかと感じ、筆者は芳之さんの次の言葉に耳を傾けた。そして芳之さんは「おらも何かはわからないけど、ただわかちゃん（筆者と共に塩谷に通っていた学生）や栫君、渥美先生たちと出会えたこと、あなたたちと出会えたこと、芒種庵の人たちと出会ってこうして話ができる、それが幸せなんじゃないかって」と続けた。芳之さんにとっての幸せとは、塩谷での活動を通して出会った人たちと共に時間を過ごすことであった。特別なことではないが、だからといって簡単に手に入るものでもない、「すごす」関わりを重ねた先に生まれるものであった。「すごす」関わりを重ねたことでもたらされたのは、お互いの存在への深い肯定であった。筆者が塩谷の暮らしや人々を肯定していたように、塩谷の方々も「あなたと出会えたこと、あなたと話ができることが幸せだ」と筆者の存在を肯定してくれていた。あの日の「なぜ塩谷に来てるんだ」という問いかけは、「塩谷のために何かをしろ」というメッセージではなく、「もっと塩谷の人と関わりを重ねろ」というメッセージであったと今ならわかる。そもそも関わり始めるために意味など必要なく、関わること自体に意味があったのだ。お互いのかけがえのなさ、お互いの存在の価値を肯定していく営みこそ「すごす」関わりであったのだ。

参考文献

渥美公秀（二〇一四）『災害ボランティア――新しい社会へのグループ・ダイナミックス』弘文堂
肥後功一（二〇〇三）『通じ合うことの心理臨床―保育・教育のための臨床コミュニケーション論』同成社
宮本匠（二〇一六）「現代社会のアクションリサーチにおける時間論的態度の問題」実験社会心理学研究　五六　六〇-六九頁
小田切徳美（二〇一四）『農山村は消滅しない』岩波書店
田中輝美（二〇二一）『関係人口の社会学――人口減少時代の地域再生』大阪大学出版会

第Ⅳ部

研究と実践の二分法を超えて

第11章　未消滅集落、塩谷での「輪唱」の知

山口洋典

筆者が塩谷に初めて足を運んだのは、渥美の案内で二〇〇七年三月二九日だった。静岡県磐田市で育った筆者としては三月にも雪が残っていることが素朴な驚きであり、地震の影響か雪の重みか、あるいはその両方なのか、バス停脇の傾いた看板が印象に残った。それまでは渥美や関を通じて、新潟県中越地震の救援から復興への歩みについて写真を交えた語りを聞くだけだったが、神戸の復興とは異なる歩みとなりそうだ、ということを改めて実感できる滞在となった。筆者自身、阪神・淡路大震災をきっかけに土木工学から社会心理学の一分野であるグループ・ダイナミックスへと専門分野を変更したという背景も重なり、目に見える風景が再建されたとしたとしても、その変わり果てた風景にこそ悲しみや寂しさや無念さが募るのではないか、という問いを抱き、短い訪問を終えた。

前述のとおり、渥美にチェックを受けていた筆者の博士論文は、大阪市内の中東部に位置する上町台地界隈でのネットワーク型のまちづくりを事例に、リーダーシップのあり方について取り上げたものである。そこでは「長縄跳び」というメタファーを取り上げ、まちづくりに関する活動を長縄とすると、いくつもの短縄を結び合わせて一つの長縄をつくることもできるように、複数の活動をつなげて連携型のまちづくりとすることもできるということや、縄が長くなれば一人で回すことはできないために回す人どうしの息が合う必要があること、そうした比喩表現を媒介することで実際の現場での動きの意味を探索すると共に、その時点では発生していない事柄について比喩から類推できる場面を想定して理想的なあり方と現実的な動向とを対比して検討する、といった議論を展開した。二〇一一年の東日本大震災の発災直後に立命館大学災害復興支援室の立ち上げに携わることになった際、改めて塩谷の復興過程で「芒種庵」や「塩谷分校」といった活動に関心を向け、それらには「種まき」や「学校」の比喩表現が埋め込まれていることにも興味を抱いてきた。

そこで本章では、塩谷の救援には携わらず、復興支援と集落振興の活動に合流していった筆者が、その過程にどのような意義や価値を発見したか、新たな比喩である「輪唱」を導入して考察する。後述するように、輪唱は一人で行う独唱、複数で行う合唱と異なり、先に歌い始めた歌い手を追いかけながら一つの曲を共に歌い上げていく唱法である。そもそもこうした音楽の比喩を通じた災害救援や復興については、既に渥美（二〇〇一　三一頁）が「緊急救援活動は、ジャズのような即興である」と、音楽のジャンル一つであるジャズを取り上げ、楽譜をもとにしつつ指揮者の振る舞いに従って演奏するオーケストラとの対比の中で、決してマニュアルどおりにはいかないこと、さらには管理者のもとでの活動が奏功しない場合などを指摘している。災害復興と音楽、また災害研究と比喩には相互に親和性があるという前提のもと、塩谷における「輪唱」の知を検討していくこととしよう。

1　都心部での研究から農村部での実践へ

1-1　集落活性化への限界と臨界

塩谷での「輪唱」に関心を向ける前に、大阪の都心で「長縄跳び」の比喩を用いた筆者の実践的研究（博士論文）[1]から紐解くことができる塩谷の特徴について整理しておきたい。実践的研究では、次のようなことを述べた。生活空間を包み込む雰囲気を「規範」（norm）として取り扱い、都心部では規範が複雑に入り混じるために誰かが何かを変えれば雰囲気が変わっていくこと、一方で農村部では一人ひとりの動きや他者との相互作用よりも集団の秩序が大事にされ、

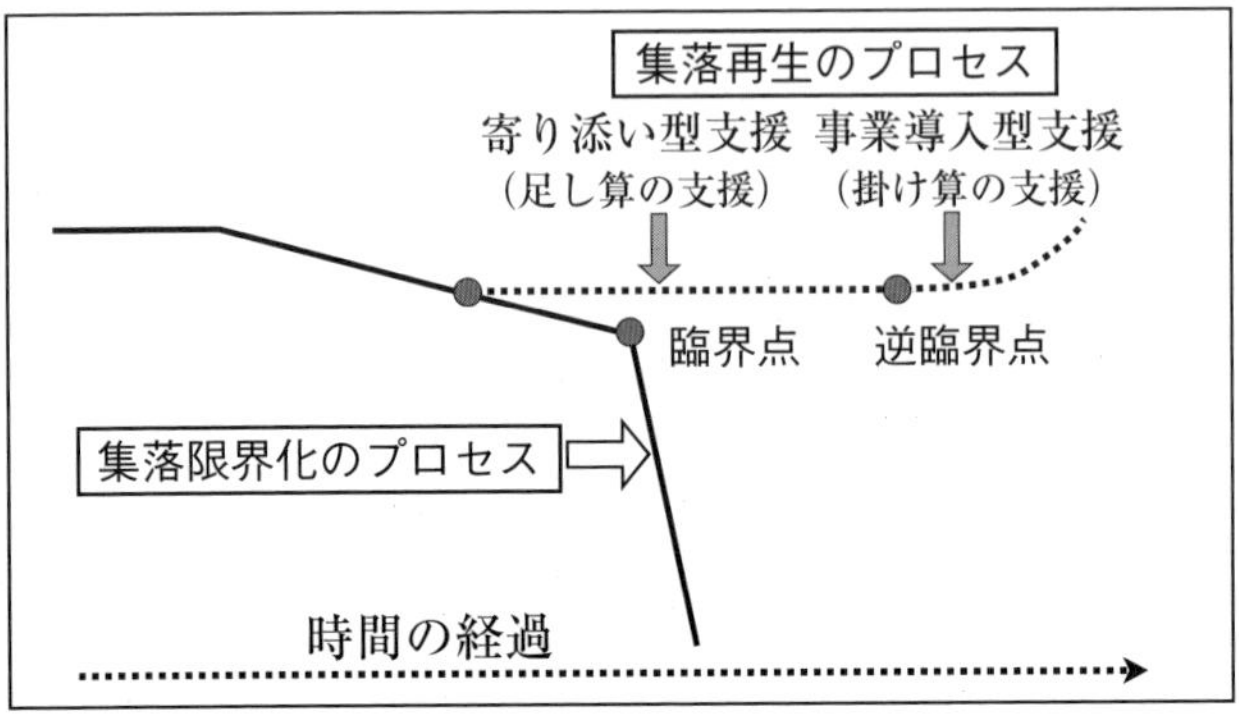

集落再生のプロセス（小田切、2014、165頁より）

それぞれの生き方は地域で脈々と継承されてきた文化に影響される。そのため、農村部では一人が一気に変えようと思っても変えられないものの、手続きさえ間違えなければ、あくまで理論的には地域全体を包み込む雰囲気を塗り変えられる。

ここで重要なことは、都心部でも農村部でも「まちづくりは一人ではできない」ことである。だからこそ、住民どうし、あるいは外部支援者の介入・参画・連携・協力・協働を通じて、都心部では時々刻々と変化する動態に対して積極的に応答していく必要があり、農村部では長年にわたって安定的に維持されてきた風習を尊重する必要がある。その際、自分たちが「これでいい」と納得できる水準で取り組むという意味での自己満足は大事だが、それが自己完結しないように、地域内での丁寧なコミュニケーションが欠かせない。実際、人口減少社会における地域活性化について論じた小田切（二〇一四）は、題名こそ「農山村」だが、農山村に限らず独自の自治の仕組みが根ざしてきたまちにおいては、新しい価値の上乗せが必要であり、数的に存続不可能と判定できたとしても、足し算的な寄り添い型での支援ではなく、事業導入型での掛け算的な関係構築ができれば、「逆臨界点」と呼べるような状況がもたらされると示している。

筆者は立命館災害復興支援室による各種の活動の中で、ボランティア活動を組み込んだ「サービス・ラーニング」という教育手法をもとにした授業「シチズンシップ・スタディーズⅠ」を企画・開発することになり、神戸と中越と東北を学生と共に訪れる正課を担当することになった。前述の小田切（二〇一四）での表現を借りるなら「掛け算型」の活性化に関する協働的実践である。その初年度、二〇一二年度の受講生の一人が、その後に福島県楢葉町において、地震・津波・原子力災害の複合型災害からの復興に携わっている西﨑芽衣である。複数の地域を訪れた中で、東京都出身の彼女にとっては塩谷での体験が極めて印象的だったようで、事実、塩谷分校一〇周年記念文集に寄せた手記に、次のような箇所がある。

大学卒業後は、東日本大震災に伴う福島第一原子力発電所事故により、全町避難を余儀なくされた福島県楢葉町に暮らし、働いています。規模や被災状況は全く違いますが、塩谷の経験から学ぶことも多くありました。二〇一五年の楢葉町の避難指示解除は、「戻る人」「戻らない人」などの立場の違いを生み、それぞれがそれぞれを責め合う雰囲気がありました。それぞれの選択に、正解も間違いもない。家族で悩み、決断したその選択を尊重し、震災前とは違った形であっても、ともに歩もうとする塩谷の様々な取り組みやその考え方を楢葉町の方々に知ってほしい。そんな想いから、二つの地域に暮らす大切な人たちをつなぐ機会もつくってきました。（西崎　二〇一八、一〇三～一〇四頁）

この手記が記された二〇一八年、福島県楢葉町では九回にわたるワークショップを通じて「みんなの交流館ならはCANvas」が七月に開館を迎えたところであった。西崎はこの施設の計画に携わっており、「公民館」とすると居住する町民が利用の対象と映ってしまうことを懸念し、名称にも趣向が凝らされた。結果として、「地域や世代、立場を超えた、出会い・交流・つながり・発見・挑戦が生まれる場づくり」（https://naraha-canvas.com/about/）のための施設となり、二〇二〇年度のグッドデザイン賞をはじめ、各方面から高い評価が寄せられている。ただし、四年半にわたる原子力災害に対する政府の避難指示により人口がゼロとなった楢葉町の復興への着想の背景に、居住人口の数からすれば「限界集落」として位置づけられる塩谷の復興過程からの学びが重ねられたこと、具体的には学生が芒種庵や塩谷分校での交流を重ねた

みんなの交流館ならはCANvasを訪れる塩谷の人々
（2019年3月11日）

経験が活かされたことはあまり知られていない。

1-2 「限界」集落として閉じるのではなく集落の「可能性」が開かれて

新潟県中越地震により甚大な被害を受けたものの、その後二〇年のあいだに塩谷が消滅しなかったのは、ひとえに住民の努力の賜物である。少なくとも筆者が塩谷と出会う前から、山間の集落では先人たちの知恵を脈々と継承した生活が営まれてきた。実際、二〇〇八年一〇月一一日、「分校の開校に向けて」と題してまとめられた資料には、塩谷復興の〝基礎体力〟をつけることを目的とした取り組みにおいて「知為万人、知有山上」をモットーとすることが記されている。時を経て、このモットーは今なお塩谷集落開発センターの二階の広間に入る小壁に「知は万人のために有り、知は山上に有り」と掲げ続けられている。

では、塩谷に根ざしてきた山上の知とは何か、あえて一言でまとめるならば「待つ」ことの知恵にある、というのが筆者の実感である。冬のあいだ、塩谷は五ヶ月ほどにわたって三メートルを超える雪に包まれる。家屋を守るために一一月から集落の各家で行われる雪囲いが外されるのは、全国各地での桜の開花情報のニュースが報道された後である。塩谷集落を含む二十村郷が錦鯉の発祥の地とされるのは、長い冬を過ごす上でのタンパク源として飼育していた鯉

北陸農政局賞の賞状
（2017年11月16日受賞）

が近親交配による突然変異によって生まれたものという。

　長く雪に包まれる塩谷も、一九八三年七月に完成した塩谷トンネルと、その後の行政による除雪計画の着実な実行により、出稼ぎに出る必要はなくなり、豪雪の中でも我が家で暮らしながら日々の生活を送ることができるようになった中、新潟県中越地震は発生した。そして、第Ⅱ部の冒頭でも触れたとおり、発災から一年を迎えるまでに「防災集団移転促進事業」の対象地となったことで生活再建の選択肢が広がることとなった。逆にいえば、現地再建以外の選択肢が得られたために、市内中心部の仮設住宅で過ごす暮らしの先に、ふるさとに帰るか帰らないかの選択が迫られることになった。結果として一九世帯が塩谷に戻ることになったが、だからといって戻らなかった人たちが塩谷との縁を完全に絶たなかったことが、塩谷を消滅から遠ざける下支えとなっている。

　そして塩谷は二〇一七年に平成二九年度北陸農政局の豊かなむらづくり表彰事業において「北陸農政局長賞」を受賞した。受賞に際して、塩谷での取り組みの特徴が「昔からの地域の絆、新しく生まれた絆、二つの絆で集落を元気に」と端的にまとめられた。いうまでもなく、集落を離れた人も含めた塩谷の住民どうしのつながりが昔からの地域の絆であり、筆者らも含めて災害復旧・復興の過程に携わる外部支援者とのつながりが新しく生まれた絆である。ただし、そうして生まれた新たな絆は、山上において脈々と集落で紡がれてきた絆があってこそ成り立ちうることを、この北陸農政局長賞の受賞団体の概要で記された「主なむらづくりの内容」が改めて気づかせてくれる。

1-3　中山間地域で刻まれる暮らしのリズム

「北陸農政局長賞」で紹介された「主なむらづくりの内容」には、まず「外部人材（大学生等）を活用し、集落外に転居し通作している農家とも共同で、農道・水路の維持管理作業、フラワーロードの整備を行っている他、農業生産活動と農地の管理を行い、耕作放棄地の発生防止にも努めている」と記されている。続いて、外部人材等との協働のもと棚田で育てた無農薬・はさかけ天日干しの米を「絆米」として販売、また伝統野菜「かぐら南蛮」の生産を復活させているグループがいることが述べられている。そして、「集落の全世帯が参加する「塩谷分校」を組織し、多様な主体との交流活動を行っている」こと、さらに「震災後に集落を離れ、通いで農作業で訪れる際の拠点として「芒種庵」（古民家）を整備、東北地方の被災地域の住民とも交流し、復興のシンボルとするなど、交流人口の拡大につなげている」と綴られている。三五〇字程度の記述の中に、新潟県中越地震からの集落復興の成果が端的に集約されている。

書き出しに触れられた外部人材については次節で述べるとして、ここでは「通作している農家」という表現に着目してみたい。文字通り、通作とは通って作るということであり、塩谷以外から塩谷に通って農作物を生産する人たちのことを意味しているのだが、この表現により、集落を離れた方々に対して現地再建を選択しなかったという否定的な存在から解き放されることとなる。防災集団移転事業が適用されたことにより住居部分は解体を余儀なくされても、一部の土地で農作業を行うことで、地震前から長年にわたって過ごしてきたふるさとでの絆が深められてきた。

塩谷が中山間地域であることに特段の違和感を抱く人は少ないだろうが、そもそも中山間地域とは農林統計の上で農業地域類型区分に基づいた区別と知る人はどれ程いるだろうか。農林水産省の定義に基づけば、中間農業地域と山間農業地域を合わせた地域が中山間地域であり、農業地域類型区はその他に都市的地域と平地農業地域の合計四つの型に分けられていることから、「都市でも平地でない農村」を指す、と捉えられる。この定義のもと、食料・農業・農村基本法第三五条では「山間地及びその周辺の地域その他の地勢等の地理的条件が悪く、農業の生産条件が不利な地域」を「中山間地域等」と定めている。そうして「不利」とされている中山間地ではあるものの、魚沼産コシヒカリで知られる魚沼地域に属している塩谷では、山間地ゆえに散在する棚田での稲作だけでなく、養鯉やその他の畑作が「通作する農家」と現地再建を選択した住民らにより行われてきた。

米であれば田植えから稲刈り（正確には乾燥・脱穀・籾すり）まで、畑であれば種まきから収穫まで、農作業では手間をかける必要がある。五ヶ月間、雪に閉ざされる塩谷では、これらの農作業の段取りを見通しながら春の訪れを待ち、そうして得られる収穫物と共に冬の訪れを待つ生活が続けられた。一九八三年の塩谷トンネル開通までは、一九三八年から五年かけて住民らの手で掘り抜かれた幅一・五メートルの隧道のみが冬の小千谷市内への通り道だった。雨乞山を貫く県道二七号線の五〇〇メートルにわたる片側一車線のトンネルの横に建てられた「明窓之碑」は、住民と通作者とのあいだで確かに結ばれている昔からの地域の絆を見つめ続けている。

2　外部人材との出会い・交わり・関わり

2-1　集落が開いたとき

改めて通作者も含めた塩谷の人々の振る舞いを確認した上で、ここで「北陸農政局長賞」で紹介された「主なむらづくりの内容」に記された「外部人材（大学生等）を活用」という点にも目を向けてみよう。集落復興の観点において、塩谷に外部人材が関わり始めたのは、二〇〇五年五月から六月にかけて三度にわたり行われた日本財団によるボランティアプログラムが最初である。「春の陣」と銘打って五月一四日から一五日に第一陣が、続いて五月二一日から二二日に第二陣が行われ、六月一一日から一二日には二十四節季になぞらえて「芒種の陣」が展開された。長い冬を終えて一時帰宅が許可されるに至った塩谷で家屋の片付けが各回一〇〇人規模で行われた、というものである。通常、重機を用いた活動ではボランティア保険の対象外とされてきた中で、日本財団では細かな取り決めを行った上で、安全かつ着実な活動が展開できるよう配慮がなされたことが、地球緑化センターの粟津知佳子氏によって記録されている。

多様な人々が行き交う都市部の生活に比べてみれば、静かな山間の集落では外部からの人材を受け入れることに若干の戸惑いを覚える人もいることは容易に想像できる。実際、前掲の粟津氏の記録でも「住民有志からなる塩谷地区復興委員会とボランティア団体とが間に入り、繰り返し話し合い」がなされたこと、さらには「不特定多数が出入りするのが不安なら、受付制にして通行許可証をつくり、許可証のない車両は集落へ続く一本道に設置したゲートから先へは入れないようにしよう」といった具体的な対応方法が決定されたことが残されている。こうして外部からの支援を受け入れた後、六月二二日には塩谷から旧川口町へ向かう峠スノーシェッドにて焼肉パーティーが催され、合計三回にわたる日本財団によるボランティアたちへの感謝と、復興に向けて着実な一歩を刻んでいく誓いの機会となった。こうして山間の集落での未曾有の災害からの復旧・復興を願う人たちの出会いと交流が、確かな記憶として塩谷の人々に刻まれた。

外部人材との出会いと交流は、前出の「北陸農政局長賞」に際しての紹介文にある古民家「芒種庵」の再生の契機となった。この「春の陣」「芒種の陣」を通じて、創造的復興の名のもとで進められた阪神・淡路大震災からの復興過程において、震災前の思い出が残されなかったことの後悔の語りに塩谷の住民らが触れたことによる。焼肉パーティーから二日経った二〇〇五年六月二四日、集落としての古民家の保存と再生が提起された後、七月一一日には有志による保存と活用の方針が定まり、八月二〇日には六五名による「芒種庵を作る会」が発足した。そして翌二〇〇六年の一一月四日に改修を終えて村祭りと併催した「オープンの集い」でお披露目となり、二〇〇七年六月二五日には活用に向けた創造的な活動を展開することを体現すべく「芒種庵を創る会」へと名称が変更された。

2-2　教員の試走と学生の伴走

芒種庵という拠点の整備を通して外部人材との交流と関係づくりの経験を得た塩谷では、春の到来を数えるごとに、徐々に新しい日常に向けて復興の歩みが進められていった。いうまでもなく、その歩みを進めたのは他ならぬ住民らである。そして、それは二〇〇五年一二月二六日に避難勧告が解除された後、加速していく。仮設住宅での避難生活に際して、小千谷市役所の調整により集落ごとに住棟が割り当てられたことによって、従前のコミュニティが維持されていたことも奏功し、芒種庵の改修が進められていく過程で慰霊碑の建立も進められることになった。

とりわけ二〇〇六年は、塩谷の復興過程において多くの分岐点と通過点を確認することができる。まず一月一五日には「どんど焼き」や「左義長」と呼ばれる地域もある行事「塞の神」が行われ、八月一六日には盆踊りという具合に、年中行事が再開されている。その間、四月七日から住民の帰村が始まったことで、六月一八日に地震後初めての田植えが、そして一〇月八日には稲刈りが、それぞれ行われた。この田植えと稲刈りは、二〇〇五年五月一一日に「行政機関に頼るだけではなく、住民一人ひとりが、地域の中で生活復興への思いを語り、地域の未来像を丁寧に話し合え、その自立した意思をもった地域が行政機関と協働し、思いを実現することを目的に設立された「中越復興市民会議」の働きかけもあり、交流会と銘打って住民以外にも開かれた形で展開された。

そして六月二八日の田植え交流会は、その後の塩谷の復興とむらづくりの手がかりとなる大学教員と大学生らが参加する契機ともなった。プロローグでも触れられたとおり「やけに年取った学生」として語り継がれることになる渥美と、渥美が指導する学生たちが、塩谷の復興に向けた風景に身を置いていく最初の一場面となったのである。一方、田植え・稲刈りの経験もない学生たちを受け入れた塩谷の方々にとっては、住民は現地再建と集団移転のいずれを選択しても、変わらずふるさとに関わり続けていく選択肢を得たと捉えられる。もちろん、既に有志の会により芒種庵の再建が進んでいたため、会員になれば自ずとふるさとに貢献する上での所属を得ることができたが、たとえ集落を離れたとしても、昔からの絆をもとに、田植えを手伝うこと、その後の育ちを見守ること、稲刈りにも顔を出すこと、そうした地震前と変わらない風景の変化に身を寄せる場があることの意義を実感する機会となった。

何より、この渥美らの田植えへの参加が、二〇〇八年の塩谷分校設立へとつながっていった。そして、地震後に初めて集落で年を越した二〇〇七年の正月には「夢を語る会」と称したワークショップが開催され、その後二〇〇八年の正月にも再び開催されることになった。教員らが進行役となって模造紙と付箋紙を用いた意見交換の方法はそれまでの塩谷において馴染みのあるものではなかったものの、田植えや稲刈りで交流を重ねた人々と共に集落の未来を展望するという場が催されることには違和感が抱かれることなく、むしろ外部から訪れる人たちの振舞いを通じて集落の誇りを改めて見つめ直す場面を頻繁に得ることになった。こうして復興の歩みが着実に進められていく塩谷での教員らの動きに随伴する形で学生たちも塩谷を訪れたことで、あたかも復興への伴走となるよう試走を始めた教員らの動きを見た学生らが、教員ではなく住民に伴走することで、第七章で紹介したような学生企画が実現する運びとなったと見てよいだろう。

3　被災地のリレーの継続・発展への貢献

3-1　被災地で向き合う責任と役割

こうして塩谷では、外部支援者ではなく住民が主体となった復興が進められていく構図が安定的に成立していった。また、塩谷の復興への主体的な関わりだけでなく、二〇〇七年の七月一六日に発生した「新潟県中越沖地震」では、第五章で紹介したように、塩谷の方々による刈羽村への「被災地のリレー」が行われた。被災地のリレーについてはプロローグでも触れられているが、阪神・淡路大震災、新潟県中越地震、新潟県中越沖地震、東日本大震災と、過去の災害で受援者となった人々が新たな災害時には支援側に立つことで、過去の災害復興過程での知恵が継承されていることへの着目から導出された概念として、渥美（二〇一四）で詳述されている。このリレーはお世話になった人に直接その恩を返すのではなく、「あの日あの時」にお世話になった経験と感謝の思いを、別の地域の別の災害で困った方々の支援に結び合わせていくという行為であり、恩返しならぬ恩送りの繰り返しともいえるが、「お世話になりっぱなしで心苦しかった」という方が支援の担い手になることによって、関西大学の菅磨志保が呼ぶ「被災地責任」（菅二〇〇八）を遂行し、同時に被災者役割からの開放の契機となる。

塩谷からは、第五章で紹介した新潟県中越沖地震における刈羽村への支援だけでなく、芒種庵についてのコラムでも触れたとおりに、東日本大震災の際に複数の地域に向けて被災地のリレーが展開された。具体的には、福島県の南相馬市や楢葉町、宮城県の石巻市や山元町などでの関わりである。いずれのまちも東日本大震災以降に関わりをもち始めた地域であるものの、たとえば山元町からはコロナ禍においても一〇月二三日に塩谷で催される慰霊祭に参列者が訪れるなど、継続的な交流が重ねられている。また、塩谷分校の卒業生が楢葉町に複数居住していることもあって、楢葉町と個人的なつながりを有する塩谷の関係者も複数存在する。

楢葉町の例が象徴するように、塩谷を起点とした被災地のリレーが多彩な形で被災地間の関係へと発展するようになったのは、塩谷に訪れた教員や学生の影響も大きい。実際、二〇一六年の平成二八年熊本地震の際には、塩谷の住民が熊本に直接支援に駆けつけることはなかったものの、塩谷を訪れる教員や学生が現地へ支援に訪れた。その結果、発災間もない熊本での支援に携わった学生たちが、発災から一〇年以上の時間が経過した塩谷の住民らに、当時の経験を尋ねる上での問いを研ぎ澄ませることになったようである。事実、二〇一七年二月一二日に開催された塩谷分校の座学では、阪神・淡路大震災での経験を踏まえて中越復興市民会議のスタッフとして新潟県中越地震の支援に尽力した鈴木隆太氏を招いて平成二八年熊本地震での支援活動について学ぶ場が設けられた際、関西学院大学の学生らが塩谷の方々に呼びかけて収集した写真が掲示されるなど、地域どうしの結びつきだけでなく、時間軸の拡大も図りながら、次の災害をいかに備えるのかの知恵を紡ごうとする姿勢が見られた。

こうした一連の関わりに、改めて「被災地のリレー」という概念を重ねるなら、神戸からのリレーを受け止めた塩谷が復興を遂げ、住民主体によるむらづくりの活動に伴走者として参加した学生たちは、塩谷を経由地とした「被災地のリレー」に無自覚なまま参加し、別の地域での復興支援活動に携わる中で、塩谷の住民らから過去の教訓を学ぶ機会を得た、ということになる。これは被災者によるリレーではないものの、未災者による被災地間のリレーとして位置づけられるのではなかろうか。「未災者」とは日本で唯一の環境防災科がある兵庫県立舞子高校が防災教育に力点を置く上で、未だ被災経験のない世代に対して名付けた呼称である。未災者への防災教育という観点は強調されない塩谷であるが、復興過程で生み出された活動に大学生らが継続的に参加する中で、それらの学生の多くが別の災害で被害を受けた地域にも足を運び、復興過程の個別性に触れることにより、次の災害が発生した際に自らがどう立ち振る舞うか、想定外を想定することの大切さを実感していったのである。

3-2　被災地とリレーのあいだの言葉を探って

先述のとおり二〇一六年四月一四日の前震と一六日の本震からなる平成二八年熊本地震では、塩谷から直接的な支援活動は展開されなかったものの、決して塩谷の住民らが無関心であったわけではない。むしろ、塩谷の住民の方々からは自らの被災体験に引きつけて、今後の長きにわたる復興に思いを寄せた多様な語りを耳にしたことを記しておきたい。まず発災から一週間も経たない四月二〇日の段階では「あれじゃ眠れんな」、また五月一三日の段階では「(余震が多かった)中越(での数)を越えたな」など、余震の多さに触れられた。また、新潟県中越地震では地震の後に雪の重みに堪えかねて倒壊した家屋があったことに触れ、「台風の時期が心配だ」など、復興過程の進展と季節の変化への対応を案じる語りもあった。

こうした語りに加え、塩谷では隣接する山古志村の全村避難に圧倒的な注目が集まったことを踏まえ、「案外と広くやられてる」「益城の周辺も大変だろう」といった声も挙がった。その後、筆者も含め、塩谷を訪れる教員や学生が継続的に熊本の支援に取り組んできていることから、改めて新潟県中越沖地震の際に「被災地のリレー」が塩谷から展開されたのかについて尋ねてみることにした。すると、そもそも「被災地のリレーというのは（神戸などで集めた）募金を持ってきて一緒に（刈羽に行こう）と言うから、それじゃあ、と思って、心のリレーになるようにと手紙を書いたんだ」（二〇一六年九月一八日）と、第五章で紹介した手紙がしたためられる背景に関する語りを得た。一方、今回は塩谷から熊本へのリレーが生まれなかったことについては、別の方から「熊本は（数秒の沈黙の後）遠い」（九月二五日）という率直な声が返ってきた。

翻ってみれば、「被災地のリレー」は被災地責任の遂行と同時に被災地責任からの解放の契機ともなる。だからこそ、「被災地のリレー」の中継地の一つである塩谷に訪れた学生たちが、その後のリレーの走者となることは、「被災地のリレー」の間接的な継続・発展としても位置づけられると共に、むしろフットワークの軽い学生たちが各地で頻発する災害への支援を同時多発的に展開すれば、それはオープンコースでの支援のリレーが続いているともいえよう。特に、二〇一五年度に始まった塩谷と楢葉町との交流は、楢葉町の避難指示解除からの時間が経過する中で、ふるさとでの生活再建を選択しなかった人たちも含めて地区の活性化に取り組んでいく知恵を共有し合っている。ここに見られるのは、未災者である学生たちによる被災地間のリレーを過去の受援者たちが受け入れ、応援し、ときに伴走するという構図である。

そこで平成二八年熊本地震を経て、筆者らは以下の表のとおり、被災地とリレーのあいだをつなぐ前置詞に着目し、今後の活動を設計する際の構文づくりの道具を創出することにした。これらは、学生たちから寄せられた感想をもとに、支援に取り組む人々と共に吟味したものである。その大きなヒントとなったのが、熊本の支援に携わった学生が塩谷に現地の特産品（唐芋）を持参したことである。そもそも「被災地のリレー」は決して、被災者が支援者となって経験交流をするだけに留まらず、新たな支援者が復興過程の物語を多く含んだ人・もの・情報をかつての被災地に持ち寄ることで、被災者が被災地責任から解放され、多面的な支援活動の維持・発展の応援団としての役割を創出する契機となろう。

表11-1 「被災地」と「リレー」をつなぐ前置詞

日本語	英語	支援の形態	支援の結果
の	**of**	**人・もの・お金が動く**	**つながる**
での	in	「関わり続ける」など	結ぶ
への	to	「駆けつける」など	受け入れる
からの	from	「支援者を招く」など	まとめる
どうしの	among	「経験を語り合う」など	掘り下げる
との	with	「六次産業化の展開」など	まとまる
についての	about	「報告会の実施」など	伝わる
を通した	through	「買って支援」など	働く
のもとで	under	「前提を共有」など	感じる
のための	**for**	**（自明）**	**歓ぶ**

（山口・関 2016 をもとに項目を追加・修正）

4　リレーの継続よりも輪唱の舞台として

4－1　足並みをそろえて声を合わせて

神戸からの「被災地のリレー」を契機として、大阪大学の教員・学生から始まった交流は、その後に聖学院大学、長岡技術科学大学、関西学院大学、立命館大学と、その枠が拡がりを見せてきた。しかも、決して同じ大学の同じ教員が関わり続けるだけではなく、既に塩谷との関わりは持たずに別の場所で活動する大学もあれば、メンバーが入れ替わりながらも交流を重ねている大学もある。また、大学生は卒業という区切りを迎えなければならないために、自ずと各大学のメンバーは入れ替わりを余儀なくされる。

災害からの復興過程において、救援期には一定の効率性が重視されるが、復興からまちづくり・むらづくりの段階へと移行していく中では効率性よりも個別性が重視される必要がある。神戸を拠点とする「被災地NGO恊働センター」が「最後の一人まで」というスローガンのもとで活動していることは、その証左の一つである。ここで、塩谷では被災された方々一人ひとりに対して前のめりになった支援がなされたわけではないことが、塩谷をむらづくりの好例、転じて集落復興の一つのモデルとして取り上げることのできる理由となる。ちょうど、長い冬の先にある春を待ちわびるように、しかしただ待つわけではなく、常々の備えを重ねているように、塩谷では外部人材との交わりを通じて、立場の違いを越えた交流の継続と関係の構築がなされ続けてきた。

その上で、前節で取り上げた塩谷を中継地とした未災者である学生の参加による間接的な「被災地のリレー」をいかに継続・発展できるかについて、日本災害復興学会の「復興デザイン研究会」が二〇〇八年四月二三日に発行したニュースレター第六号、Top News の「手渡される復興バトン」という記事を手がかりに検討しておきたい。長くなるが、その冒頭部分を引用して紹介することにしよう。

被災地には被災者がいる。当り前のことだ。だが、その災害の被災者だけではない。前の災害の被災者も、大勢そこにいる。

被災経験は、次の被災地へと伝わる。それも当然のことのようだが、本や報告書で伝わるのではない。伝える人々がいて初めて伝わる。

中越には神戸を経験する人々がいた。能登には神戸・中越を経験する人々がいた。中越沖には、神戸・中越・能登を経験する人々がいた。次々とバトンが手渡された…、と思ったら渡したはずのバトンをまだ持っている。どうやら無限に増え続ける魔法のバトンがあるらしい。（後略）

この記事にあるように、経験は伝える側がいて伝わることになる。しかしながら、伝えたい思いが一〇〇％伝わるとは限らない。むしろ、伝えたい思いが多ければ多いほど、伝えたい思いが伝わらないどころか、思いもよらないことが伝わってしまうことさえあろう。そこで着目したいのが、前掲の引用箇所に続く、次のような記述である。

「輪唱復興」。中越沖地震の時、刈羽村の災害対策本部で生まれた言葉だ。誰かが先に歌い始める、途中で誰かが加わって歌い出す。歌の輪が次から次へと広がり、最後には、全員での大合唱だ。次々と大きな災害が起こった。だが次々と復興の輪唱の輪が広がっている。

伝える側と伝えられる側との関係は、どこかで個人と個人もしくは個人と集団との関係が想像されやすいのではなかろうか。もちろん、「リレー」においては、ある局面では一人の走者の存在が際立つとしても、それを見守る人や応援する人々の力も借りる中、結果としてバトンが受け継がれていくことによって集団的に共有される知恵があるとも捉えられるだろう。ただし、「リレー」に対して「輪唱」の比喩は、直感的に一定の空間を包み込む集団的な行為であることに理解が及ぶのではなかろうか。そこで、塩谷で重ねられてきた交流は、この「復興の輪唱の輪」の広がりであったと記し、今後も頻発が予想される災害への備えと、やむなく発災した後に求められる復興へのささやかなメッセージとしたい。

4-2　終わりよければすべてよし⁉

「輪唱」は歌唱方法の一つであり、一人で歌い上げる独唱や、複数人で同一の音程を歌い上げる斉唱、さらには複数人で複数の音程を歌い上げる合唱とも異なる。独唱や斉唱や合唱では、歌い始めが厳格に規定され、それが楽曲としての成立を左右するのに対し、輪唱では、「♪カエルの歌が聞こえてくるよ…」や「♪静かな湖畔の森の影から…」などのように、最初に歌うグループがいて、その後を別のグループが追いかけていく。このとき、前と後のあいだには優劣はなく、さらにワンコーラスが終わるときには「♪ゲロゲロゲロゲロ グワグワグワ」や「♪カッコウ カッコウカッコウカッコウ カッコウ」と、一つのハーモニーに包まれる。このとき、先を急ぐ人もいれば、その後を追う人もいて、両者が互いに意識しながら交われば、素敵な世界が生まれる。

先の「復興デザイン研究会」のニュースレターでは、被災地間での経験の伝承に「輪唱」の比喩を重ねていたが、塩谷では「被災地内」で経験を学習し、かつ被災地間での経験の伝承に際し「輪唱」がなされていた。プロローグで記されているとおり、とりわけ筆者を含めて立命館大学は東日本大震災の復興支援活動への手がかりとすべく、塩谷での活動を組み込んだ授業を二〇一二年度に設置し、コロナ禍を迎える二〇一九年度まで継続的に開講してきた。本節の冒頭に述べたように、同じ関西圏からも既に大阪大学や関西学院大学が関わってきていたものの、

塩谷分校 10 周年記念式典での合唱の様子
（2018 年 11 月 3 日）

塩谷分校閉校式での感謝状と花束
（2023 年 11 月 18 日）

集落の皆さんは温かく迎え入れてくださった。それが、大学どうしの連携による学生企画の実現や、その他、熊本への支援と熊本の名産品を持ち帰っての対話、さらには楢葉町との個別的な関わりにつながった。

塩谷では、先に関わった人も、また後から関わった人も、何よりそうしてハーモニーが奏でられるのを見守る人も、それぞれが共にその場面を楽しく過ごしてきた。誰かが声を上げることを待つということ、そしてそれを受け入れること、それが塩谷における「輪唱」的な復興として位置づけられるのではなかろうか。楽譜どおりに正しく歌い上げるような歌い方を「マニュアルに沿った活動」と位置づけるのは短絡的かもしれないが、少なくとも見よう見まねで歌の輪に入り、最後は拍手で終わる、そんな場が無数に生まれてきた。

このように、特に発災直後には駆けつけなかったものの、次々と活動の輪に入っていくという輪唱型の活動が続けられたからこそ、塩谷は消滅せずに住民主体のむらづくりがその後も継続されてきた。あえて楽曲になぞらえるなら、芒種の陣までが一番、芒種庵の修復完了までが二番、塩谷分校の設立までが三番、発災一〇年までが四番、塩谷分校一〇年までが五番、といった具合に、区切りごとにその輪にいた人々は微妙に異なっている。コロナ禍を経て、塩谷分校の閉校式まで六番なのかもしれないが、そこから同窓会を中心にした七番が始まるのかもしれない。果たしてどこまで続くかはわからないが、誰かが歌い続ける限り輪唱は続く上、そうして他者に対して身を開き続けてきたからこそ、塩谷は消滅しなかったのである。

＊山口洋典「寄り添い型復興支援の先にあるもの――役に立たないものの役立て方――」（日本災害復興学会大会、二〇一五・東京）および山口洋典・関嘉寛「共感不可能性を前提とした被災地間支援の方法論に関する予備的考察」日本災害復興学会二〇一六（石巻専修大学、二〇一六年一〇月二日）を加筆修正。

注

（1）　山口洋典（二〇〇四）「ネットワーク型まちづくりのグループ・ダイナミックス」大阪大学大学院人間科学研究科・博士論文。全文が大阪大学学術情報庫ＯＵＫＡにて公開されているが、その内容を再構成して口語体でまとめあげたものが『地域を活かすつながりのデザイン』（創元社、二〇〇九年）第六章に収められている。

参考文献

渥美公秀（二〇〇一）『ボランティアの知』大阪大学出版会
渥美公秀（二〇一四）『災害ボランティア』弘文堂
西崎芽衣（二〇一八）「一九歳、大学に入学したてのわたしへ。」『塩谷分校一〇周年記念文集』一〇二―一〇五頁
小田切徳美（二〇一四）『農山村は消滅しない』岩波書店
菅磨志保（二〇〇八）「災害ボランティア活動の論理」『災害ボランティア論入門』弘文堂　七二―八一頁

第12章　塩谷を「研究」すること、そして集落の行く末

関　嘉寛

1　改めて災害を研究するとは？

筆者自身が災害におけるボランティアに関心をもったのは阪神・淡路大震災であった。しかし、阪神・淡路大震災では、自分の事情からボランティア活動や研究に関わることなく、ただその様子を外から見聞きするだけであった。

そして、筆者が初めて災害にボランティアおよび研究者として関わったのは中越地震であった。二〇〇四年一二月に当時まだ運行していた大阪－新潟間の寝台列車に乗り、長岡駅に早朝に降り立ったときのことを今でも覚えている。予想に反して、駅前は落ち着いており、しばら

くして通勤通学客が往来し始めた。私が予想していた「被災地」ではないことに、少し拍子抜けした。

そこから災害ボランティアセンターに連れて行ってもらい、避難所から仮設住宅への引っ越しの「お手伝い」をすることになった。実際には、避難所からの引っ越し作業といっても、被災者が持ってきた荷物はそれほど多いわけではないので、作業はすぐ終わった。筆者は、ただ、避難所や仮設住宅の様子を見ているだけであった。

そのとき、研究者として何ができるのか？　ということを考えてはいたが、明確な目的があったわけではなかった。何より災害時に何が起きるのか、自分の関心はどこに向かうのかあまりわかっていなかったからである。そこで、まずボランティアとして学生たちと一緒に仮設住宅の支援活動を始めた。NPOやNGOが行っていた仮設住宅の傍での支援活動に関わらせてもらうことになったのだ。そこでは、仮設での暮らしとは異なる時空間を提供することで、少しでも仮設住宅での暮らしでのストレスを軽減してもらう活動を行った。仮設住宅にチラシを配ったりして、活動を知らせ、入居している被災者が来るのを待つ。そして、被災者がやってきたらお茶などを飲みながら、話をするだけである。

はじめは戸惑いも多かった。地震で崩れた場所やテレビで報道されている場所に行かなくていいのか。来てくれた人と何を話せばいいのか。果たして自分がしていることは、被災者にとって意味があることなのか。いろいろと思いは巡った。研究者である筆者は、自らの責務として、ただボランティア活動だけをしているわけにはいかなかった。ただ、初めての場面のため活動で精一杯になっていたと同時に、被災地や被災者の多様性を前に、自分には何ができるのかわからないでいた。そのため、自分は災害を前に何を研究できるのか、すべきなのかと自問しても、その答えがわからなかった。

しかし、今から思うと、状況を知るためのアンケートやインタビューなどをすぐにしなくてよかったと思う。もししていたら、おそらく紋切り型被災地レポートしかできなかっただろう。その土地に住まう人々の生活世界を十分に知らぬまま、外在的な研究関心に沿った答えだけを「現状」として理解していたかもしれない。

自分が被災地にいる意義に答えが見つからないまま活動をしているうちに、その活動で被災者と普通の日常会話をしている自分に気がついた。そこで、被災者とは、偶然発生した災害によって、偶然被災し、突然、被災者となっただけであり、特別な存在であるわけではない、という当たり前のことに気づいた。彼らは、ごく普通の人々であり、筆者たちが日常生活において接する人々と同じ日常のルーティンを過ごしていた人々であった。

そこで、筆者は災害研究といえども、被災という状況を、あるいは被災の中にある人々を自分たちと断絶した存在として捉えるのではなく、同時代人として捉える必要性を痛感した。彼らはかわいそうな存在でも、災害から立ち上がるヒーローやヒロインでもないのである。彼らは、日々の生活の中で、個人的な楽しみや苦しみを感じながら生きている。そして、さまざまな利害関心を持ち、そこから派生する目的の実現を願ったり、実現に向け行動したりしていたのである。このような気づきから、筆者は、被災者と呼ばれる人々を、それまで送ってきた生活全体から理解する必要があると考えるようになった。

あるいは、別の見方もできるかもしれない。「災害は、被災地が発災以前に抱えていた問題の発生を、一〇年早める」とよく言われる。被災によって生じる問題は、災害によってまったく新規に発生したものというよりも、その社会がもともと抱える脆弱性に起因するのである。したがって、被災地や被災者の生活世界のありようを知らなければ、被災という現象を理解することはできないといえるのではないだろうか。文献や資料などで理解が補われることはあっても、それだけではわからないものである。なぜなら、生活世界とは、データでは捉えられない事柄やレポートの行間にしみ出している雰囲気などによって支えられているものだからである。

今までの筆者たちの災害に対する研究は、一般に、災害時において行われる社会調査とは少々異なっているかもしれない。一般には、質問紙を配布し、避難生活の状況を把握し、緊急の課題を発見することが研究に求められるかもしれない。あるいは、ボランティア活動の特徴をまとめ、それを促進する方法を提言したり、他の災害事例などを参考に復興のあり方を考えたりすることが研究として行われるべきなのかもしれない。しかし、災害研究は被災地・被災者の生活世界の理解から始まると考えれば、できるだけ長く、被災地や被災者とあらゆる場面で関わり、彼らの生活、その背景を理解し、場合によっては彼らが抱える課題について一緒に考えていくということも重要になってくるのではないだろうか。

ただし、このような研究スタイルは、困難に直面する被災者にとってはすぐには「役に立たない」研究に見えるかもしれない。自分たちが直面する現状、さまざまな不足、将来の不安などに対して、直接的に、明示的に、そして短期間のうちに「解答」を示すような研究ではないからだ。だが、被災地において必要とされる研究は、それだけではないのではないだろうか。

災害発生直後の被害は、可視的であり、衣食住などの生活の基礎的なニーズが満たされていないものとして理解される。たとえば、がれきの撤去や住居の再建などである。こうした被害は対応すべき被害＝ニーズとして把握されやすい。それに対応した研究は、ある程度定型化され、重要なのは、対象とタイミングになってくる。そして、その研究の結果への対応が社会的にも政策的にも重視される。

このような「メインストリームの研究」と呼べる研究がある一方で、そこからこぼれ落ちる事象、すなわち、見過ごされてしまった被災者の生活世界もまた災害研究の対象になるはずである。たとえば、直後の比較的明確な被害状況が改善されると、その他の被害は個人的な領域に閉じ込められたり、潜在化したりしていく。つまり、経済的な自立や将来へのビジョンは個人的な問題と見なされていく。基本的ニーズである衣食住や仕事や教育といった多くの人に共通してあてはまるニーズではない被災者や被災地の多様で個別的なニーズは「自助」に任されていく。

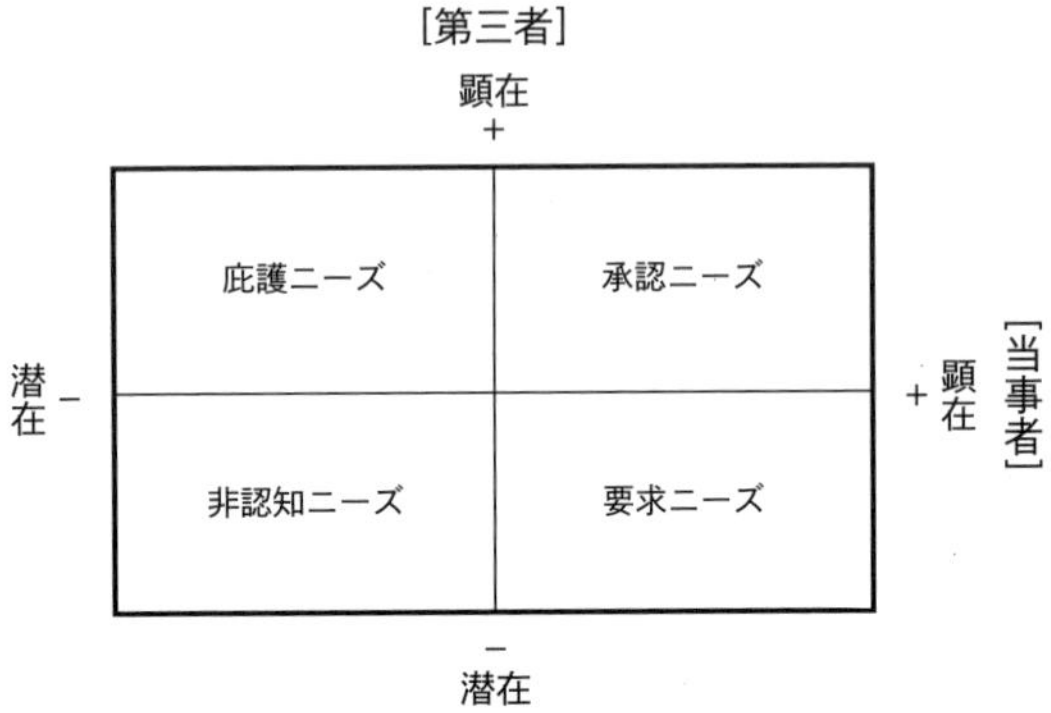

図12-1　ニーズの分類
出典：上野千鶴子（2011）『ケアの社会学』

しかし、このような多様で個別的なニーズは、実際のところ被災者の立ち直りには必要不可欠なものであり、いわゆる自助で満たされるものではない。このような分散し潜在化していくニーズを満たされる必要がある被災者が抱える問題を理解することは、個別性や具体性から距離をとるメインストリームの研究の対象から外れていきかねない。

たとえば、上野千鶴子はニーズを当事者と第三者の認知状況によって四つに分類した（図12-1）。当事者・第三者ともに分かっている（顕在）ニーズを「承認ニーズ」、当事者がわかっていて、第三者がわかっていない（潜在）ニーズを「要求ニーズ」、当事者がわかっておらず、第三者がわかっているニーズを「庇護ニーズ」と呼んだ。そして、当事者・第三者ともにわかっていないニーズを「非認知ニーズ」と呼んだ。

災害研究は、一般に被災者のさまざまなニーズがいかにして満たされるかという関心に基づいている。当事者である被災者が必要としているものへの理解を手助けするのが災害研究の本旨であるといえる。なお、承認ニーズに関わる研究はあまりない。関係者がわかっており、あえて研究する必要がないからだ。主に行われる研究は、要求ニーズと庇護ニーズに対応した研究である。

要求ニーズは、アンケートやインタビューといった調査手法との親和性が高い。外部からは見えない、被災者の「本当のニーズ」を〝発見〟したとき、その研究は役立つ研究として価値をもつ。また、庇護ニーズは、ワークショップやグループワークなどの啓蒙的な研究手法と親和性が高い。先行研究から想定される状況と被災者の状況にギャップがあるとき、そのギャップを〝気づかせ〟、それを埋める〝手段と能力をもつ〟ようにできたとき、その研究は成功したといわれる。

要求ニーズや庇護ニーズに向けた研究は、誰かがわかっているニーズに基づいているという意味で、「わかりやすい」。したがって、多くの研究者によってなされるという意味でメインストリームの研究といえる。だが、災害という状況は、直後の壊滅的な状況が解消されてもなお続き、その長期的な過程は輻輳的であり、直線的な動きをするわけでもない、先が見えない過程である。誰もわかっていないニーズ、上野の分類を使うならば、非認知ニーズに関わる研究を行う必要がある現象といえる。

誰もわかっていないという意味には大きく二つあると考えられる。一つは、存在しているにもかかわらず、何らかの理由で誰もわかっていないということである。このニーズを〝明るみに出す〟ためには、見方を変えたり、関わり方を変えたりする研究が必要となる。もう一つは、そもそも存在しておらず、後から振り返ると関係者の協働によって〝つくり出していた〟と実感する必要があるということである。つまり、「あのときは何だかわからなかったけど、今になってみると、この活動を一緒にしたからこそ今の状況があるのだ」という理解をして、その理解を元に「さらにどうしていこうか」と協働を進めることである。そのように考えると、非認知ニーズとはただ「つくり出される」のではなく、常に事後的にそして次の協働のために「確認される」連続的な動きのもととなるものである。本章では、「非認知ニーズの共同制作」をこのような意味で用いる。

この非認知ニーズの共同制作のためには、一つの地域に長く関わり続け、そこの生活を理解しながら、被災や復興について考えていくことが重要である。そして、このような非認知ニーズに関わる研究を成立させるためには、一定の条件が必要である。まず、頻度の問題である。生活世界を知るということを考えると、ある程度の親密性が成立するような訪問回数が必要となる。その次に、立場である。今まで、筆者が被災地に入るときは、研究者としてというよりは、ボランティアとして入っていた。その中で、被災状況を理解したり、雑談や共同作業を通じて、被災者たちとラポールをつくり上げたりしてきた。たとえば、塩谷では、筆者は一応「先生」と呼ばれているが、ときに住民に怒られ、「おまえさんなぁ」と呼ばれることもある。しかし、冗談を言い合ったりしながら、「ちょっと相談があるんだけど」と、声をかけてもらうこともある。そして三つ目の条件は、被災者や被災地での需要である。彼らが研究者を必要であると見なしてくれるかどうかである。それはもちろん、働きかけ次第でもあるが、被災者や被災地に外部者が来ることによって自らが抱える課題の解決が進むかもしれないという了解をもっていることが重要である。そのような了解がないと、結局、研究のために被災地に来ているのだと見なされ、彼らの生活世界を理解すること、一緒になって考える、行動することから、非認知ニーズを「形成」すること、長期にわたって被災地や被災者と関わることは困難になっていく。

2　塩谷での研究者の動き

筆者は前述したとおり、中越地震に関わり始めたときから、非認知ニーズの形成を意図していたわけではなかった。この「研究目的」自体も被災地や被災者との関わり、研究者コミュニティでの議論などを経て生まれてきているものである。非認知ニーズが当事者と外部者との相互行為の中で創発的に形成されるものであるということを前提に、この節では、外部者である筆者たちの塩谷での動きをまとめる。

（1）発災から二年目の二〇〇六年一〇月二三日・塩谷との出会い：既存の規範解体の触媒としての外部者

筆者たちが初めて塩谷を訪れた時、慰霊祭に参加した。慰霊祭は例年、慰霊碑に献灯、献花が行われ、一七時五六分に黙祷をする。そのときは塩谷の住民だけでなく、地震を機に集落を離れた人たち、亡くなった子どもたちの同級生、そして筆者たちのようなボランティアが集まる。

慰霊祭の後、塩谷で住民や関係者と集落施設で談話をした。そのとき、筆者は、初めて塩谷の住民に「会った」。会ったというのは、被災者としてではなく、名前や顔、そしてその人が何者であるかということを理解したということである。それは、地震のときの集落の様子や自力での救助活動、孤立した集落の状況を外部に知らせるために危険を冒して山を下っていったことなどを、初めて会った筆者に熱心に話してくれたからであった。

筆者と塩谷の出会いはこのようにして始まった。この後に、筆者が初めて塩谷に行ったときに聞いた地震発生時の話は、それまで話題にされることがなく、あの場で地震から二年経って初めて住民の話題に挙げられたことを知った。話題にしてはいけない、できないという暗黙の了解が、地震二年目の慰霊祭と外部者の到来によって偶然崩れ、堰を切ったように住民たちが語り始めたのである。つまり、完璧な外部者である筆者は、既存の規範の外にいるがゆえに、地震体験に関わる規範を解体する触媒の役割を果たしたのである。

（2）二〇〇六年一一月～二〇〇七年一二月・住民の活発な復興活動に参加：外部者が内部に「入る」ことによって、「要求ニーズ」を〝知る〟

筆者たちや大学生ボランティアは、〝稲刈り、収穫祭、田植えや山菜まつり、フラワーロードなど集落の行事などに進んで参加するようになった。この時期、筆者たちは塩谷の復興過程を調査研究するため、集落に関係する文献を集めたり、住民からの聞き取りをしたりして、塩谷について「理解する」ことに努めた。

この間、住民の空き倉庫の一角を借り、そこで寝泊まりをして、住民といろいろな話をした。冬の寒さや雪の状況を、身をもって知ったり、住民が差し入れしてくれる山菜などを食べたり、いわば、五感を使って塩谷を理解しようとした。また、塩谷に残るいろいろな習俗や、住民の小さい頃、青年の頃の集落の様子も教えてもらった。もちろん、地震後のさまざまな苦労なども教えてもらった。

また、偶然もあった。塩谷には移住してきた一世帯を除き伝統的に三つの名字しかない。その一つがたまたま、筆者の名字と同じであった。それ以降、「分家」と呼んでもらい、半ば「内部者」として扱ってもらえた。

このように外部者である筆者たちは、完璧な外部者から徐々に内部に足を踏み入れ、住民に受け入れてもらうようになった。しかし、このときには内部の状況に対して、何かに働きかけ、影響を及ぼしていたわけではない。相変わらず、集落の中の異質な見慣れない存在としていたのである。ただ、彼らのニーズを「知る」だけであった。

（3）二〇〇八年一月～二〇〇八年一一月・住民中心に復興について考えるワークショップを働きかける：内部に入って外部者が「作用」することで、「庇護ニーズ」に気づいてもらう試みをする

筆者らの呼びかけで、塩谷や個人生活のこれからをテーマにした塩谷住民を対象とした「夢を語るワークショップ」が行われた。これは、外部者である研究者たちが、塩谷の住民が復興のためにしたいこと、やるべきことに気づき、そこに向けての行動を起こすきっかけをつくることを意図していた。いいかえるならば、住民に外部者である研究者たちが想定する課題に「気づいて」もらい、それに対して行動する方法を「考え」、意欲を「もってもらう」ことを想定していた。

それまでの集落の意思形成は、主に常会と呼ばれるほとんどの場合男性家長が世帯を代表して出席する意思決定機関や区長を中心とする役員会で行われていた。しかし、このワークショップは、年齢や性別に関係なく集まり、意見を出し合うことを目的とした、塩谷においてはかなり珍しい機会であった。

住民にもほとんど経験がないため、司会や準備、その後のまとめなどは外部者に任されることが多かった。しかし、初期の頃から復興について意見を述べていた住民が進行に意見を出したり、回数を重ねるにつれ徐々に意見を表明する住民が出てきたりするなど、ワークショップが進むにつれて雰囲気も変わっていった。それに応じて、外部者の役割も企画・運営・まとめなどのワークショップ全体を担うように変化していった。また、学生ボランティアも単なる行事の参加者というだけでなく、住民との関係を深め、行事でも欠くことのできない存在となっていった。

（4）二〇〇八年一一月～二〇〇九年七月・塩谷分校の開始：内部と外部の変容を通じて「共同制作」をすることを通じて、「非認知ニーズ」をつくり出す試み

住民が主体となって運営する「塩谷分校」が設立される。塩谷分校の着想や大枠については外部者による提案であったが、集落の実態にあった運営体制づくりなどが、住民のあいだで話し合われた。今までは主に役員やマキなどの伝統的な役割分担にしたがって行われていた住民の活動も次第に、個人単位で参加するようになってくるなど、変化が見られた。

同時に、外部者にとっても想定していなかったこととして、原則全世帯参加の集落の行事（塞の神や盆踊り、慰霊祭など）と有志で行う塩谷分校の行事（田植えまつりやフラワーロード、雪掘り道場など）を整理する必要が生じたのである。コミュニティへの伝統的な参加と塩谷分校に代表

される新しい参加の形式が齟齬をきたしたとみることもできる。あるいは、集落の人口構成の変化に伴った集落機能の適応と考えることもできる。つまり、集落機能を担える人口が減り、集落としての一体性や相互扶助機能を維持するために、役割や行事の位置づけを変更したといえる。

この時期は、集落に帰還した住民が全員そろい、復興活動が本格化すると同時に、日常生活も平常化していった時期である。復興過程と日常生活という時に相反することもある両方の価値の中での暮らしになるということを、外部者は実感し、生活に埋め込めるような復興活動を模索することになる。住民も外部者も、何を目指すべきなのかはわからないまま、何かを「つくり出そう」と一緒に動き出したのである。

この外部者の動きでわかることは、研究者は、最初、被災者や住民にとって異質な存在であり、住民にとっては外部者が集落に関わることによって得られるべきメリットがわからないこともあり、外部に置かれたままであるということだ。それが幾分かの偶然もあり、外部者が働きかけていると、次第に内部に入っていくことができた。そのときのポイントは、被災者や住民が気づかなかったニーズに徐々に対応していくことだったのではないだろうか。

3　災害研究における「観察」

このように、塩谷での初期の研究・活動はさまざまな変化があった。その中で、外部者はその対極にある内部者である住民たちとともに、復興を目指していた。もちろん、外部者が持ち込んだ「復興」を押しつけるわけではなかった。外部者は、住民たちに対してさまざまな情報を提供したり、生活を共にする中で、気になることを指摘したりしながら、気づきを促していった。

そして同時に、外部者も固有の価値や想定を押しつけはしないものの、持ってはいた。それがワークショップであったり、塩谷分校であったりした。しかし、それは住民たちとのやりとりの中で当然ながら「想定」どおりに進むわけではなかった。外部者が依拠していた「住民参加」や「自立」という概念が揺り動かされる時期でもあった。

このように外部者の動きを見たとき、非認知ニーズの形成とは直線的ではなく、当然ながら事前に確認できるものでもない。外部者は、内部の動きに翻弄されながら、一緒に活動しながら、「研究」を行っている。このように、「不確かな」状況で、どのように研究を進めていくべきなのだろうか。

参与観察という研究方法がある。自然科学のように対象と乖離した立場から観察することが難しい人文社会科学の分野では重要な研究方法の一つである。対象の世界の中に入ることによって、対象をよりよく理解することができるといわれている。ただし、その場合でもできるだけ対象に働きかけるのではなく、傍観者として参与する方がよいとされている。問題は、傍観者は対象の世界を十分に理解することができるのだろうかということであろう。研究者はその場に影響を及ぼさない傍観者でありうるのかということである。そこにいることによって少なからず対象に影響を及ぼす可能性があるのならば、対象が行うことに対して内側からの理解を基礎に何らかの責任を果たすべきではないだろうか。

現場（フィールド）を調査する上で、調査対象者との関係性は、つねに議論になるところである。なるべく対象者にかかわらず、「生の」ままで記述することが望ましいとされることが多い。しかし、筆者は、災害が当該地の社会課題を表出させる現象であるという前提からすると、この社会課題を「解決する」ことが、研究の目的になってもよいと考える。研究は社会の再帰性の一つの要素であるからだ。いいかえるならば、研究という営為は、社会に影響を受けながら、その営為やその成果は社会に影響を与えるものなので、研究とは「客観的」で、社会から遊離した領域のものではないということである。それゆえ、研究は一定程度、社会的拘束性をもっており、その成果は社会に影響を及ぼすということを研究者自身も自覚する必要があり、自らが責任と覚悟をもって対象と関わる必要があるのである。

したがって、研究者が「積極的に」現場に関わるという姿勢は必要であると考える。「客観的」に価値から一定程度距離を置いて観察するのとは異なる方法が必要となってくるのである。これは、フィールドワークにおいて現場に影響を与えず、ありのままの姿を描くために必要とされる「壁のハエ」とは異なる観察である。

現実には利害関心が多様な現場において、あるいは社会的な存在である研究者という存在そのものが、自由な価値観のもとで振る舞うことには根源的な困難さを伴う。したがって、ここで求められている観察において重要なことは、ある価値判断を行っているということに自覚的になることである。そして、価値的な研究がもつ危険性を回避するために、対象者と「対等」な関係になっていくことである。この場合の対等とは、アクションリサーチの「協働的実践」という似た意味であろう。協働的実践とは、「研究者と実践者とが統一体となり，相互依存的な関係を結び、相互作用しながら変化」（小山二〇一一、三九頁）することを指している。

このような、現場に対してボランティア活動を通じて関わり、被災者と協働しながら研究を進める利点を、ヴァカンは「自然発生的社会学の過剰な知識を回避する」ことだとした。彼は、自らがボクシングジムに練習生として通い、ボクシング固有の世界を描いた。彼は、自らの立場を「観察者の参与」（ヴァカン二〇〇四＝二〇一三、七頁）と呼び、その立場を取ることによって既存の知の地平から離脱し、ボクシング固有の世界に迫りうる可能性を示した。

以上のように考えると、災害研究において非認知ニーズをつくり上げるために、既存の社会学的な地の枠組みから対象を理解しようとするのではなく、対象の世界から社会学的な地をつくり上げていく必要があることがわかる。まさに輻輳的で、単線的ではない災害過程において非認知ニーズをつくり上げる研究が求められているである。

4　塩谷分校の活動の変遷を観察する：非認知ニーズが「共同制作」される

二〇〇八年一一月の発足以降、塩谷分校ではさまざまな取り組みを行ってきた。その中では、塩谷分校を設立する際に目的とされた「自らが学び、教える」中で今後の塩谷のあり方を考え、つくっていくことが意図されていた。その後、時間の経過とともに、復興という規範が日常生活の利害関心との関わりで重要性を変容させていくのに従い、参加者も変容していく。その様子を描写することを通して、外部者と内部者の非認知ニーズの共同作成過程の課題を考えていきたい。

・二〇〇九年七月〜二〇〇九年一〇月頃・塩谷分校二年目になり外部者が塩谷集落に来訪することが日常化した：住民の利害関心の多元化と外部者の関わりの多様化

ワークショップや塩谷分校での活動が進む中で、住民間にさまざまな葛藤が生じた。ワークショップの初期には、ファシリテーターである筆者たちが住民を促し、一〇年後の夢を語ってもらった。そして、参加者たちの夢を外部者とともに分類し、その夢の実現のためにいくつかの部会をつくることになった。

一方、部会ごとの話し合いは、主に参加者たちによって運営されており、筆者たちは時間の管理や実施期間などに対するアドバイスをするにとどめていた。その際、参加メンバーの利害関心や価値観の相違などにより、急に議論が進まなくなることが増えていった。たとえば稲作部会では、稲作は自分たちの楽しみの一つなので、そんなにお金を取れないという人たちがいる一方で、復興のためには少しでも生計の足しになることが重要だと主張する人たちがいた。そうなると、実際にお金の配分はどうしたらよいか、お金を取るレベルでの品質管理まで手が回らない、などという意見も出され話し合いが紛糾した。

このような意見の相違は、ライフステージの違いから生じるものかもしれない。生計を支える人にとって、現金収入は重要な関心事である。一方で、そうではない人たちにとってみると、お金よりも規範や理念の実現の方が重要に思える。

さらに、塩谷の集落構造や歴史を考えてみると、言説として現れていること以上の理由が見えてくる。たとえば、マキ内での関係性や長年積み重なった人間関係の軋轢である。地震から避難に至る過程で生じたさまざまな出来事も、人間関係に影響しているといえる。

さまざまな位相の軋轢が結果としてワークショップでまとめられた夢の実現を阻んでしまっ

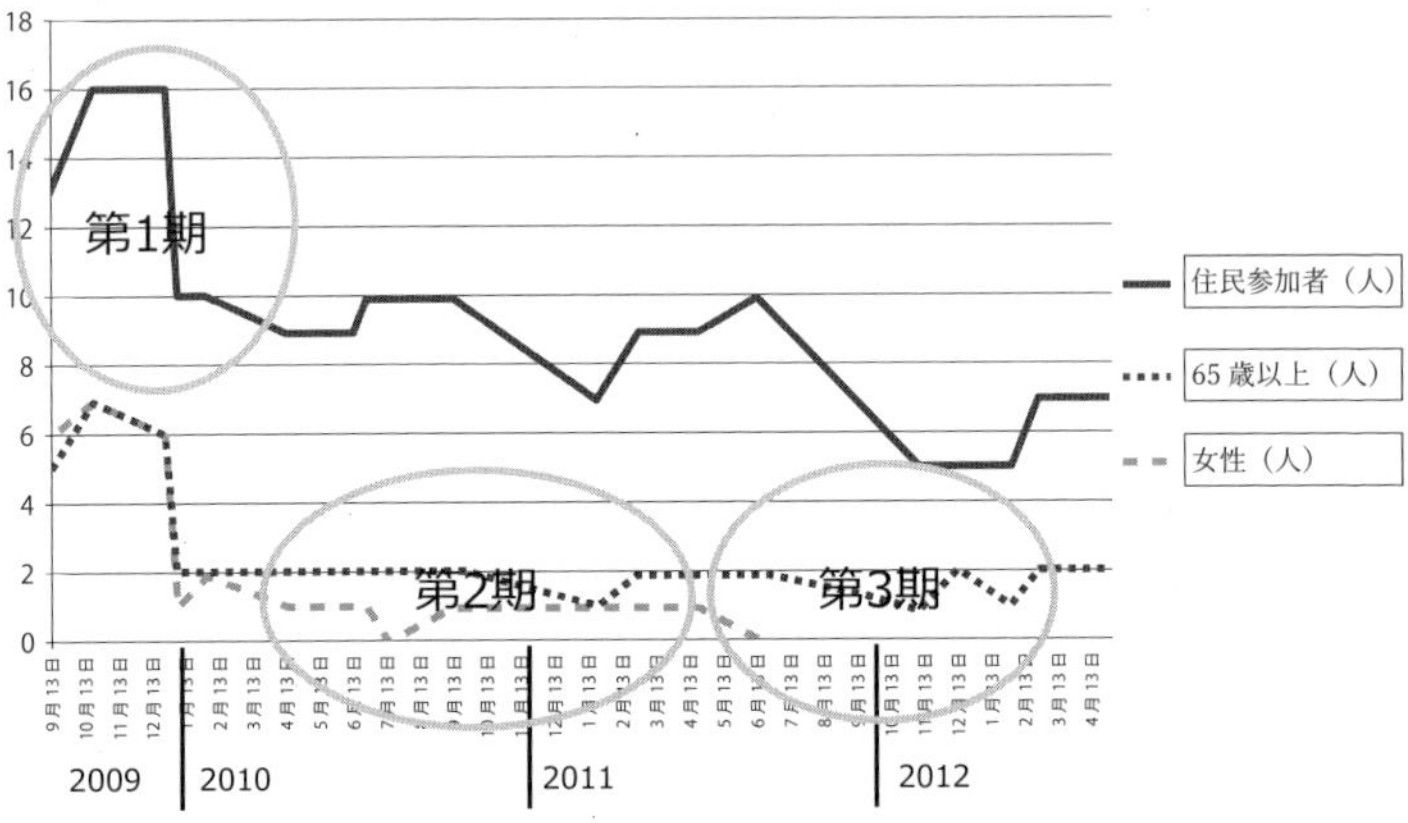

図 12-2　塩谷分校定例会への参加人数の変遷

た。とはいえ、この葛藤はすぐに参加者を分裂させるわけではなかった。たとえば、決着をつけない牛の角突きのように、対立を決定的に明確にしないという塩谷の伝統的な物事の決め方が影響しているのだろう。外部者たちは、このとき、他地域で行われている事例なども紹介して、葛藤の原因を取り除こうとしたが、さまざまな次元での利害の衝突のため、うまくはいかなかった。

　このような活動や葛藤を経験する中で、外部者によって準備・運営されることが多かったワークショップも、住民自らがワークショップを主催し、また塩谷分校の活動も自らの手で進めていく必要性が声に出されるようになっていった。そこで、外部者たちは以後のワークショップの運営などについて住民が主導することを提案し、了承された。

　外部者は、自らの価値観を押しつけて葛藤の調停役になるのではなく、住民での調整に任せていた。そして、話し合いが紛糾し結果として夢の実現が難しくなると、代替案などを提案する役割となった。いいかえるならば、住民の主権を尊重しながら、塩谷分校という新しい規範を塩谷に浸透させる努力をしていた。

この後の塩谷分校の動き（二〇〇九年一〇月〜二〇一二年三月）を、塩谷分校の運営などについて話し合う「定例会」への参加者数や参加者の属性の変化から分類してみたい（図12－2）。

•第一期（二〇〇九年一〇月〜一二月）：参加者変化期

冬に入り、参加者が減少する。塩谷は前述のとおり豪雪地帯である。冬になると四メートルを越す雪が積もり、物理的に外に出ることが困難になる。それに加え、歩くことが困難になるほどの雪のため、高齢者は外出を控えることも多くなる。結果として、集落にいる住民の多くは家の中で一日の多くを過ごすことになり、塩谷分校の定例会にも参加者が減ってくる。それでも一五〜六人の参加者が一〇人程度と三分の二になっただけではあるが、女性と高齢者があまり出てこなくなったことがわかる。

活動内容としては、いろいろな住民が参加できる機会を提供していた。具体的には、外部講師を招いた「座学」による学びの場が開かれた。そしてその際には「給食」によるおもてなしの場がもたれた。学ぶだけでなく、女性を中心に手料理が振る舞われ、多くの住民が役割をもって関わることができていた。そのような意味で、活動自体は定例化されていったのである。

ここでの外部者の関わりは、座学の講師依頼などの運営のサポートにとどまり、自らも学ぶ立場であった。したがって、外部者も塩谷分校においては「生徒」として内部に位置づけられていた。

•第二期（二〇一〇年一月〜二〇一一年四月）：参加者減少期

図12-2からもわかるように、この時期には参加者は減少し、固定化した。高齢者は集落人口の四分の一程度はいるはずだが、毎回の定例会には一名しか参加していない。また、女性も二名程度とかなり少なくなってしまった。大きな理由は、塩谷分校の運営方針に関する意見の相違が生じたことであった。

このような意見の相違は、個人的なものというよりもライフステージの違いにも由来している。集落として一体となって活動することで集落を持続的に発展させることが、自分の生活にとって大きな利害になっている層と、個々の暮らしを優先させ集落の持続的発展に必ずしも固執しない層が対立したのである。また、交流中心の塩谷分校の活動に対して、仕事や家庭の事情などで四〇代以下の層も参加しなくなっていった。

結果として、この時期に塩谷分校の運営に関わるメンバーが固定化された。外部者は、恒例になっている大学生やボランティアなどの外部者を迎えての田植えまつりなどの塩谷分校運営の安定化に関心を払っていた。それと同時に、この時期に発生した東日本大震災との関わりによって塩谷分校の変化を模索していた。

●第三期（二〇一一年四月～二〇一二年三月）　参加者固定期

この時期は、第二期に続き、定例会への参加者が減少し、そして固定化していった。大抵は五～七名の参加者であり、その多くが田植えまつりの際に田んぼを提供している人々であった。すなわち、塩谷分校の活動の中心が稲作を中心とした交流活動になったことを意味している。この稲作では、外部者からワークショップの際に夢として語られた「米の共同出荷」を、形を変えて提案されるが、「難しい」という参加メンバーの意見で計画されることはなかった。そのような意味で、外部者の理念が内部者の利害と一致せず、受け入れられなかった。

また、この時期、塩谷がある小千谷市では、早くから福島から原発避難者を受け入れていた。塩谷では、同じ被災者だからこそできる支援があるという考えのもと、小千谷市内の避難先に山菜や野菜を届けたり、その後、南相馬の仮設住宅に出向いたりすることにした。これらの活動は、筆者たちの仲立ちも一助になり、実現することになった。同じ被災者だからこそ支援できることがあるはずだという思いは、最初から意識されたわけではなく、やむにやまれずという思いの結果、形成された非認知ニーズといえるものである。

この時期、活動が軌道に乗ったものの、運営に関わる人が減少・固定化するという課題も現れたが、新たに生じた状況に、被災者だからできる支援を志向する動きが生まれたのである。

外部者からの働きかけは、そのような動きを誘発することになった。

5　外部者の観察と非認知ニーズの「共同制作」

筆者たちは実践に基づく研究を志向して、塩谷に継続的に通っている。その実践を支えているのは参与者の観察である。塩谷の生活世界がどんなものであるか、どのようにすれば変化するのか、私たちはどのように受け入れられているのか。実践において重要な判断のようとなるものの多くは観察から得られる。参与者の観察として、観察しながらも、観察している自分を含み込んだ状況全体の観察が重要となってくるのである。

塩谷分校の動きを参与者として観察するとき、住民と外部者が相互作用しながら、価値をときに衝突させながら活動していることがわかる。目的に向かって直線的でも、効率的でもなく動いている。ワークショップで表明された住民の夢や稲作の共同出荷など復興に役立つと思って外部者からなされた提案などが実現されず消えていき、活動の目的が曖昧になっているようにみえる時期もあった。ときには、活動がルーティン化されてしまい、あたかも思考が停止してしまっているように見えるときもあった。さらに、塩谷分校を窓口としてやってくる大学生などの外部ボランティアと交流していることに復興の意味を見いだせないときもあった。だが、住民と著者たちは塩谷分校の活動のことや塩谷の行く末について、あるいは単なる雑談なども交えながら、関わりを続けてきた。

筆者たちの観察には、住民の動きだけではなく、住民と関わる筆者自身も含まれている。そしてそれと同時に、復興や集落の持続的な発展という背景を考慮した観察も含まれている。このような多元的な観察の中で、塩谷の復興や持続的な発展に寄与する活動を行ってきたのである。

一つの成果は、事後的に確認された非認知ニーズが住民と外部者の協働によって形成されたということである。それは、「大学生が来続けてくれていることは住民にとって大きい」という住民の言葉で確認できるだろう。若い子たちが来るから楽しいということも含まれるだろうが、ルーティンとして固定化し、停滞してしまいがちな日常生活が、外部者が定期的に訪れることによって活性化するきっかけをもらえたというのである。収入が増加するといったような目に見える客観的な成果＝要求ニーズではない「大きい」ものがつくられていったといえる。

実際、農作業が忙しいときや疲れているときなどに学生たちが来ることもあり、面倒であると感じることもあるが、住民たちは、月に一回程度の学生の塩谷来訪を楽しみにしている。大学生たちが二〇一五年頃から定期的に発行している『ごろすけ通信』には、大学生たちの塩谷での活動内容やその感想、学生たちの地元での活動の様子、そして次回の来訪予定などが載せられている。それを読んで、次に誰がいつ来るのかを確認する住民も少なくない。つまり「大学生が来続けてくれていることは住民にとって大きい」ことが確認されると、次に学生とどのような関わりをもっていくのか、そのために自分たちはどのような構えや関わりをしていこうかと考え、実行していく。つまり、確認された非認知ニーズが次の協働を引き起こしているといえるのである。

一方、学生たちにとっても、最初は、大学の授業やゼミという外的な要因によって塩谷に来ており、「塩谷に、何をしに来たのか？」と住民から問われて、答えに窮する場面もしばしばあった。住民に必要とされていない、邪魔ではないかと訪問を躊躇するときもありながらも、継続的に通った。自分たちの祖父母とはしたことがないような会話や関わり方に初めは緊張し、遠慮していたが、次第に、「第二の故郷」と思えるような居心地の良さを感じるようになった。何か住民のためにしなければならないという幾分強制的であった思いは、何かしたいという内発的な思いへと変わっていった。「何をしに来るのか？」という問いにも、「自分の会いたい人たちがいる」「気になる人たちがいるから来ている」という答えができるようになっていく。このように、学生自身も気づいていないニーズがつくられていったのである。

塩谷分校を通じて、住民と外部者である研究者や大学生ボランティアたちは一緒になってニーズをつくり出してきた。研究者はさまざまな情報や知識をもっていると考えられているが、その価値観を押しつけたり、逆に内部者の規範を否定したりせず、迷走しながら一緒に新しいニーズをつくり出す活動していたといってよい。いいかえるならば、住民の生活世界に浸りながら、一緒に考え、一緒に活動する中で、双方にとって価値のあることを紡いでいっているのである。このような住民と外部者との非認知ニーズの状況依存的な制作は、塩谷に特殊なものではないだろう。たとえば、宮本と渥美は、塩谷と深い関わりのある中越地震の震源地集落である木沢でのアクションリサーチにおいて、外部支援者が集落に対して肯定的な価値付けを行うことによって生じた変化から、外部者の役割を次のように指摘している。

当初の会議では「役場はいつ直してくれるんだ」という行政への依存が見られたし、フレンドシップ木沢設立当初は、新しく生まれたこの団体について、総代組織とどう異なるのかという反対が生まれた。…（中略）…しかし、それらの認識が外部支援者、大学生らとの交流が始まる中で変化していった。…（中略）…少しずつ住民たちの間での自分たちの地域への見方が変化していく。地域の価値を、外部支援者の反応を通して再認識していくのである（宮本・渥美二〇〇九、二八頁）。

木沢においても、住民と外部者の関わりの中から、新しい、そして想定されていなかったニーズが生み出されている。塩谷でも「何にもない」と思われていた集落に大学生やボランティアが来るので、塩谷について説明する必要が生じた。そうすると、盆踊りやミツガシワのような珍しい植物やあごなし地蔵、塩谷トンネル横の隧道などの習俗に関わるものや歴史を自分たちの「誇り」として見つけ出したのである。

6　「臨界点」を迎える塩谷における研究

しかし、塩谷でこのような非認知ニーズの共同制作をこれからも長期にわたって行うことは難しいかもしれない。その困難さは、塩谷分校の活動が一〇年目を迎え、活動の一時休止を考えていることに顕著に表れている。その背景には、塩谷における二つの点で課題がある。

第一に、人口構成の問題である。塩谷分校は前述したとおり、運営する住民が減少し、固定化してしまった。そして、活動を担っていた住民たちも高齢化していった。一部、若い世代も関わるようになってきたが、仕事が忙しかったりして運営の主力になるほどではない。そのような中で、活動の見直しの声が住民から上がるようになったのだ。塩谷分校を通じて制作された、あるいは確認されたニーズはいくつもあるが、それを維持していくには、阻害要因が強くなってきてしまったのだ。

第二に、新しいニーズは、経済的、物理的には評価ができないという問題である。個人化した近代において、共同性を生み出し、維持し、発展させることは非常に困難である。もちろん、個人化することで個人が理性的になり、共同性へ回帰すると考えることもできるだろうが、現実として理念と個人的利害を一致させることは困難である。塩谷分校は当初、この理念と個人的利害の一致を目指していた。そして、今も目指してはいる。しかし、共有された価値に基づく明示的な物理的成果を示すことができない状態が続いたため、塩谷の若い世代を取り込むことが難しい状況が続いている。

限界集落という診断に異を唱える小田切は、集落には強靱な回復力があると主張する（小田切二〇一五）。高齢化率や人口構成だけで説明できない、内発的な力を集落は持っているというのである。もしそうであるならば、塩谷においても研究継続に影響を与えるようなこれらの状況も、回避できるかもしれない。新しい担い手が現れ、関係者で共有できる成果とその基準を生み出すことができるかもしれない。

ただし、それを内発的な力、つまり住民の営為だけに期待してはいけないだろう。なぜならば、共同で制作したニーズは、当事者である住民だけのものではなく、外部者のものであるからだ。

したがって、このような研究継続が困難な状況において、ニーズの共同制作という研究手法を取るならば、外部者である研究者は、改めて塩谷の住民と語る必要があるだろう。それは、かつてのようなワークショップのような形ではないかもしれない。ワークショップという対話形式に対しては、住民からの評価が下されていて、再びコンフリクトを生むだけだと思われるかもしれないからだ。

既存の方法ではない形で、さまざまなアクターによる対話から始める必要があるのではないだろうか。今までつくり上げたニーズを活用しながら、そこを超えていく試みが今必要なのではないだろうか。その試みは、結果として新しい研究を行うことを意味するだろう。

＊1，2節は、関嘉寛（二〇一五）「なぜ、東北に行くのか」『ソシオロジ』五九(三)，九一‐九七を大幅に加筆修正

参考文献

原広司（一九八七）『空間〈機能から様相へ〉』岩波書店
鬼頭秀一（一九九八）「環境運動／環境理念研究における「よそ者」論の射程」『環境社会学研究』四　四四‐五九頁
小山千加代（二〇一一）「特別養護老人ホームで「より良い看取り」を実施するための取り組み」『老年看護学』一六(一)　三八‐四七頁
宮本匠・渥美公秀（二〇〇九）「災害復興における物語と外部支援者の役割について」『実験社会心理学研究』四九(一)　一七‐三一頁
小田切徳美（二〇一五）『農山村は消滅しない』岩波書店
恩田守雄（二〇〇一）『開発社会学』ミネルヴァ書房
関嘉寛・渥美公秀（二〇〇八）「中越地震における中山間地の集落復興過程（五）塩谷集落の五年に関する総括の試み」第二七回日本自然災害学会学術講演会要綱集
関嘉寛・渥美公秀（二〇〇九）「中越地震における中山間地の集落復興過程（六）集落住民と外部者の関係」

第二八回日本自然災害学会学術講演会要綱集
上野千鶴子（二〇一一）『ケアの社会学』太田出版
矢守克也（二〇一〇）『アクションリサーチ』新曜社
Wacquant, L.（2004=2013）“Body & Soul” Oxford University Press.（ロイック・ヴァカン（田中研之輔他訳）『ボディ&ソウル』新曜社）

ごろすけ通信

No.45
発行日：2019/3/20
発行者：関西学院大学
卒業号

塩谷分校卒業式

春の温かい日差しで塩谷の雪も解け始めた3月3日（日）
第10回塩谷分校卒業式を開催していただきました。
お忙しい中、式を企画開催していただきました皆様、お祝いに駆けつけてくれた皆様、お赤飯と塩谷の特製豚汁で送り出してくれたお母様方、ありがとうございました。
そしておめでとう、ご苦労様でしたと声をかけてくれた皆様本当にありがとうございました。

卒業生の言葉

立命館大学　芳野尚吾

この度は盛大な卒業式を開いて頂き、皆さん本当にありがとうございました。

多くの方と話し、飲み、塩谷でしかできない経験をたくさんすることができました。立命館として同期がいなかった中で、関学の学生や先生方に支えて頂き、感謝の思いでいっぱいです。何回お礼を伝えても伝えきれません。

また塩谷に帰ってきます！

関西学院大学　二宮誠

約２年間本当にお世話になりました！

僕にとって塩谷は自分を確かめる場所でした。豊かな自然や非日常的な体験、そして何より自分と向き合って話してくれる住民の皆様との関わりが自分とは何かを考えるきっかけになりました。

またこれから先、道に迷ったり自分が何をするべきかわからなくなったら、塩谷に帰って自分を確かめさせてほしいです。

その時はまたお世話になります！

【関西学院大学　塩谷フィールド】

2017年6月に正式に決まった塩谷フィールド4名のメンバー。

美蘭・志織・祐希・桃子。

名前を覚えてもらうことに必死だったあの時からもう2年。
何のために来ているのだろう…私たちにとって塩谷って何なんだろう
たくさん考えました。

2年間集落を周り、お酒を飲んで住民さんの青春時代の話、震災の話、本当にたくさんの話を聞かせていただきました。お話を聞くことでその人の人生の一部を知りました。

皆さんの人生に触れることで、ある人は、

「田植え交流会に参加してた人」から「親であり、ラーメンが好きで、子どものころからみんなに愛される人」に。ある人は「時に厳しいけれどいつも私たち学生のことを気にかけてくれる心暖かな人」に…と皆さんの違う一面いろいろな顔を知ることができました。

そして私たちはいつの間にかお一人お一人に心を奪われていました。

お一人お一人が「愛しい存在」に変わりました。

「もっと知りたい・声を聞きたい・思い出してほしい・同じことを共有したい」という想いに駆られていたのだと思います。


塩谷と過ごす2年間はとても濃い時間でしたが本当にあっという間でした。卒業は本当に寂しいですが、私たちは自分自身の未来に向かって進みます。「元気でやってます」とお伝えできるように頑張ります。

清水祐希

まずは２年間お世話になりました。この２年毎月当たり前のように行っていたので行けなくなるのが寂しいです。本当に不思議な縁で塩谷と、そしてみなさんと出会うことができたんだとつくづく思います。

僕にとって塩谷は、皆さんとの数えきれない思い出に溢れ、いろんな感情を知った大切な場所です。

また皆さんと会えるのを楽しみに、春からの社会人生活、精一杯頑張ります。

伊東志織

2年間本当にありがとうございました。
振り返るとあっという間に感じますが、2年間関わる中でいつの間にか塩谷集落や住民のみなさんが自分にとってかけがえのない存在になっていたことをとても嬉しく思います。
こうして文章を書いている間にも皆さんの笑顔や声が浮かんで恋しくなってきてしまったので、
またふらっと訪ねさせてください！

盧美蘭

2019年3月3日、塩谷分校を卒業しました。学生発表時の真剣な眼差し、忘れません。Yellを一緒に口ずさんでくれたあの光景、忘れません。

お一人ずつ頂いたお言葉、その時感じた自分の気持ち、必ず忘れません。

感謝の気持ちでいっぱいです。

本当にありがとうございました！

柴山桃子

住民さんの笑顔を見ることが楽しみで「大好きな人に会うために」私は塩谷に通っていました。

「また会いに行けばいい」とは分かっているけれど「毎月会える関係」でなくなることが寂しくて、卒業式では晴れ晴れとした気持より名残惜しさの方が勝ってしまいました。

もうすぐ社会人。私もそろそろ卒業しなければいけませんね。

「ただいま」と塩谷に帰るために頑張ります。また会いに行きます。そのときはまた「おい、桃」と呼んでください。皆さんにまたお会いできるのを楽しみに、心の支えにして、これから新しい環境で頑張りたいと思います。

まずは2年間本当にありがとうございました。

3月18日に関西学院大学卒業式を迎えました。

関西学院大学　関先生より

今年度も1年間、大変お世話になりました。
皆さんの暖かいお心遣い、そして時に
厳しい叱咤のおかげで、学生たちにとって、
将来に生きる経験をさせていただきました。
今までの卒業生同様、第二の故郷になったと
思います。
私は春からオーストラリアで1年間過ごすことになりました。不安だらけですが、塩谷では環境の変化の中でも自分らしく生きていくことの大切さを学ばせていただいたので、皆さんにまたお目にかかれることを楽しみに、頑張りたいと思います。
ありがとうございました。
関嘉寛

2年間本当にありがとうございました。

また皆さんの元気な姿にお会いできることを楽しみにしています。

2019年3月吉日　関西学院大学関ゼミ塩谷フィールド一同

大学生が作成し、塩谷住民に配布された『ごろすけ通信』（最終号）

第13章　塩谷への想い
～共生的実践の場に惹かれて～

渥美公秀

塩谷に通っていると、毎年、稲刈りが終わる頃、誰からともなく、「来年はもうやめようかな」という会話が始まる。体力的に無理だと頷き合う。筆者が、三〇年後はどうなっているだろうかと話を振ると、もう死んでいるからわからないと即座に応える。では五年後はどうかと振ると、米作をやめようかと言っていた人たちまで、「そりゃあ元気に頑張ってるよ」と断言する。

無論、住民の皆さんは、集落の三〇年後は知ったことではないと無責任に考えているわけでもないし、五年後の元気は、実は空元気だと少し自覚もしている。それなら三〇年ではなく、一五年後ではどうかなどとたたみ掛けて問うことはあまりにセンスがないし、仮に問うたところで返ってくるのはため息ばかりであろう。結局、また誰からともなく、ふと遠い目になって、

「どうなるのかのぅ」というつぶやきが漏れ出し、来年の米作については曖昧なまま会話が終わる。

もちろん、住民は、このまま推移すれば、塩谷が限界を迎え、消滅してしまうかもしれないことにうすうす気づいてはいる。しかし、集落の限界や消滅については、日々の会話には出てこないし、仮に、筆者が尋ねたところで、何か明確な発言が聴かれるわけではない。むしろ、そんなことを口にする筆者に対して、胸中では強烈な拒絶反応が煮えたぎっているかもしれない。

ただ、集落の人々にとって、限界や消滅が抜き差しならぬ不安というわけでもなさそうである。実際、塩谷の限界や消滅という言葉を聞いて心理的な動揺を必死に隠す風でもない。諦めにうちひしがれているわけでもないし、真剣に考えることを避けて日々の生活を惰性で過ごしているわけでもない。そうではなく、耕し、稼ぎ、歌い、伝え、飲むという普通の暮らしが続いている。実はこのことこそが大切にされるべきだろうし、筆者らもそのことにこそ注目してきたのは事実である。限界が来ては困る、消滅したら取り返しがつかない、などと考えているのは、案外、外部の者たちのようでもある。

植田（二〇一六）が指摘するように、集落は、存続の岐路に立って初めて、集落の範囲、領域、多様な関係が可視化され、集落とは何かというところへと議論が進むのだろう。事実、塩谷の住民は、まだ岐路に立ったという自覚には乏しいかもしれない。なぜなら、本書で示してきたように、外部からボランティアらが継続的に関わり、賑やかな時間を過ごしてきたのだから。

ここで住民に対し、外部との交流に浮かれていないで、集落の将来を見据えて主体的な取り組みを行うべきだなどと提案するのは、現場を見ていない者の典型的な過ちであろう。筆者らはそのような態度を厳しく禁じてきたし、常に集落の人々の自然な暮らしに伴走しようとしてきた。そして、これからも本書で示してきたように、一緒に時を過ごしていくつもりでいる。

ただ、本書を閉じるにあたり、将来について理論的な立場から少し準備をしてみることは許されないだろうか。そして、理論的な準備はしておいた上で、今後、私たちがどのように塩谷に戻って行くのか、その姿勢を考えておきたい。そこで、本章では、まず、集落の今後について理論的に検討してみる。具体的には、筆者が共同研究者らと実施した研究プロジェクト「尊厳ある縮退によるコミュニティの再生と創生[1]」の成果の一部を最新の論考（渥美・石塚二〇二三）に依拠しながら紹介する。次に、塩谷の尊厳ある縮退を理論的に想定したとして、筆者らの姿勢に何らかの変化が見られるのだろうか、見られるとしたら（見られないとしたら）その理由は何かということを考察しながら、改

塩谷バス停　もう定期便は廃止された

めて塩谷のもつ魅力について述べてみたいと思う。

1　尊厳ある縮退とは

尊厳ある縮退という概念は、筆者らの研究で初めて提起された。少子高齢化は何も過疎集落だけでなく大都市を含む都市部でも進行して深刻な社会問題となってきている。ところが事態に対処すべく編み出される施策は相変わらず活性化を促すものばかりで、集落や都市の縮小を許容する視点に欠けている。社会が縮小していく際に想定される危機は、確かに、人口が減少したり、さまざまな社会資源が枯渇したりすることのように思われる。したがって、人口増加のための方略、社会資源の投入といったことが模索される。これが今まで集落の活性化を目指したさまざまな対策であり施策であった。その結果、集落支援の人材が募られ、中山間地の集落と都市部との交流人口の増加（最近ではさらに関係人口の確保）などが展開されてきた。その背景には、やはり成長、開発という暗黙の前提が伏在していた。しかし、もはや成長や開発という発想そのものを見直す時期に来ている。

そこで筆者らは、集落や都市が縮小していくことを想定するならば、最も重視されるべきは住民の尊厳であるという立場から、尊厳ある縮退という概念を提起し、その背景となる理論、いくつかの事例をもとにしたプロセスの検討を行ってきた。そして、尊厳ある縮退を射程に入れて現場に関わる際に求められる姿勢を考察してきた（渥美・石塚二〇二三）。本節では、その一端を紹介する。

1-1　尊厳ある「縮退」

第二章で紹介したように、集落の限界、衰退、存亡といった議論はこれまで広く注目を集めてきた。ここでは、限界・消滅論争とでも呼べるような少々センセーショナルな議論から一歩離れ、客観的なデータを見ておこう。まず、金木（二〇〇三）によれば、昭和二〇年代から六〇年代にかけた地形図の比較から抽出できる消滅集落の数は二九二二であり、これが、事実として消滅した集落の数となる。さらに金木・桜井（二〇〇六）は、消滅集落が消滅する理由については積雪が最も多く、また戸数が一四を下回ると消滅を引き起こす可能性が強まることを明らかにした。

また、集落の消滅過程について、藤尾・土井・安東・小山（二〇一四）らは、先行研究と自身らの事例研究を総括して、学校の閉鎖、国勢調査上の人口がゼロ、集落での越冬不可、山の仕事がなくなり集落に通う世帯の激減、夏に通う世帯の激減、そして墓地の移転に至ることがある程度一般的な流れであることを類型化している。筆者も共同研究者とともに、兵庫県上郡町の山上集落などで、同じ流れが生じている事例を確認した（渥美二〇二〇）[2]。

また、理論的には、「積極的な撤退」（林・齋藤・江原二〇一〇）を未来に向けた選択的な撤退として提言する議論もある。「積極的な撤退」の時間スケールとしては三〇年から五〇年とされ、空間スケールは一つの市町村ということであるので、ここまで議論してきた集落よりは広い。ただ、条件が厳しい地域では、「平場への集落集団移転による生活と共同体の立て直し」「尊厳ある最期（むらおさめ）」が提示される。尊厳ある最期とはいえ、下手をすると「何もせず、このまま消滅させるべき」などとなりかねないので、何十年という長期にわたる多大なサポートが必要であると注意がなされている。他にも、尊厳をもって村を閉じようとする事例も紹介され始めているが、こうした研究は「主流になっていないのが現状」（田中二〇二一）である。

尊厳ある縮退研究では、これまでの議論から多様な論点を学びつつ、縮退について以下の二点を提示する。第一に、尊厳ある縮退研究では、集落の存続あるいは消滅のいずれかを推進するものではない。そもそも、集落の存続か消滅かといった二項対立的な立場はとらない。縮退は、英訳するとshrinkとなるが、尊厳ある縮退研究では、shrinkingという現在分詞を充て、縮退が動的な概念であることを強調している。ここでは、集落がいわばどちらの方向を向いて考えていくかという点に対応する概念だと紹介するに留める。すなわち、従来のように集落が活性化し、発展していくという価値観をもとに現状に対応するのではなく、集落は沈静化し、充実していくという価値観（を醸成してそれ）をもとに現状を再考していくということを指している。確かに、縮退には、極値として集落の消滅が理論的には設定されうるが、後述するように、関連分野で議論されてきた論点（安楽死・尊厳死にまつわる議論）などを参照しながら、留意点を挙げる。

第二に、尊厳ある縮退研究では、集落の縮退は、行政が計画するのではなく、また、経済論理（のみ）によって推進されるのではなく、集落住民とその集落に関係する人々が相互に対話を通じて進めていくものとする[3]。このことは、従来の過疎論・限界集落論が、そこに住む人々にとってどのような問題として経験されているのかが把握されていないという批判（植田二〇一六）を承けている。確かに、集落の衰退であるから、集落住民による選択や決定が最も重視されるのは当然であろうが、そこには自己決定論の陥穽――限定された選択肢の中で決定を強いる欺瞞（安藤二〇一九）――が待ち受けている。

ところで、集落の縮退は、安楽死・尊厳死を巡る議論を参照することでより深く理解できる。無論、ここで死が不可避かつ不可逆的な極点であることをもって、集落の縮退も集落の消滅を意図していると考えるのはまったくの誤解である。そうではなく、昨今の安楽死や尊厳死を巡る議論の中に、生こそを重視する立場があり、その点から、縮退という概念を深化させる契機があるという指摘である[4]。実は、安藤（二〇二〇）が繰り返し指摘するように、安楽死・尊厳死

仙龍社での神事

は、「悪い生」の代わりに「よい死」を〈こんな状態で〈生かされる〉ぐらいであれば、〈死んだ方がよい〉〉という考えに基づいているという点である。集落の問題に戻れば、集落が限界だ、地域の消滅だというのは「悪い生」を煽り、リスク管理だの自己決定だのといった言葉を振りかざして、それが無理なら「よい死」へと誘う、いわば集落の安楽死・尊厳死を推奨するというのでは、人々の安楽死・尊厳死と同じ轍を踏むことになる。私たちにとって大事なことは、「悪い生」の反対は決して「よい死」ではなく、「よい生」であるはずだということを安藤（二〇二〇）とともに確認しておく。

確かに、生が終わるように、集落も終わるのかもしれない。しかし、そのときのために何をするかということは、決して生をあきらめるということではない。発展しかあり得ない、活性化しなければならないなどと大仰に外部から支援と称した施策を押しつけるのではなく、縮退という方向を認めて、集落住民と集落に関係する人々が対話を重ねることが、現在の生の充足感を取り戻すことへとつながっていくのではないだろうか。

まとめよう。尊厳ある「縮退」研究では、豊かに縮小し、意義深く退いていくという意味での縮退を考える。集落に対しては、「発展しかあり得ない」、「活性化しなければならない」などと大仰に外部から支援と称した施策を押しつけるのではなく、縮退という方向の存在を認めて、集落住民と集落に関係する人々が対話を重ねることが、現在の生の充足感を取り戻すことへとつながるのだという姿勢を取る。

1-2　「尊厳ある」縮退

集落での生活に何ら敬意が払われず、限界が来たから消滅するというのでは、いかにも住民や関係者の尊厳が踏みにじられていると直感できるだろう。一方、集落にとって尊厳とは何かということは自明ではない。尊厳という言葉は、一八七七年の新聞記事に現れたのが最も古い（加藤二〇一七）とのことであり、明治の近代化後に日本語に定着したものだという。同様の経緯をたどった他の多くの概念のように、日常会話においても使われ、さまざまな分野において議論もされるが[5]、必ずしもその内容について定説となる拠りどころがなく、曖昧さを残している。

尊厳に関する研究は、加藤（二〇一七）など重厚な成果を参照しつつも[6]、ここでは、ローゼン

（二〇一二）による尊厳概念の四分類にそって整理しておこう。第一に、フランス革命以前の階級社会における考え方として「地位としての尊厳」が挙げられる。第二に、カントを代表とする「本質としての尊厳」という思想が現れる。第三に、シラーが参照され、人の振る舞いを想定した「態度としての尊厳」が分類される。そして、こうした尊厳概念がそれぞれ主体に関する概念であることから、客体の姿勢を問い、第四の分類として「敬意」が抽出される。ローゼン（二〇一二）が重視するのは「敬意」である。ローゼンは、「私たちには敬意を表するようなやり方で行為する義務がある」（一八二頁）とし、「他者の人間性を敬わなければ、私たちは実際に自分の中の人間性をも掘り崩してしまうのである」（二〇四頁）と結論している。ここで、「敬意」は、主体に属する地位や本質や態度ではなく、そういう主体に接したときの客体の姿勢である。いいかえれば、ローゼンは、尊厳という概念を関係とともにある概念へと彫琢しているのである。

実は、生命倫理では、尊厳とは存在に関する集合概念であった。小松（一九九六）は、脳死を契機とした臓器移植を批判的に議論する中で、死が集合的な承認によって成立していることを示したが、その後も一貫してその立場から、尊厳死や人間の尊厳という概念を巡って議論してきた（小松二〇一二；二〇一三）。そして、尊厳とは、人間の中に宿る何らかの実体や状態それ自体ではなく、関係性を通じて出来する事柄に他ならない（小松二〇一二）と結論している。

尊厳ある縮退研究における尊厳という概念も、集落そのものに何らかの実態や状態として宿るのではなく、集落の住民間で、また、集落に関わる人々を通じて立ち現れる集合的な概念として捉える。その上で、集落を（都市の）発展のための手段としてしか捉えないとか、さらには、集落の住民がどのように考えているかを捉えずに活性化などと言い出したり、集落の基盤を整備するなどといって集落の物的な面しか注意を払わない施策などは大いに批判していく。そもそも集落の暮らしを人口という指標に還元したり、何らかの機能を外部から設定し、その衰えをもって限界だ消滅だなどとしたりする議論は、論外という立場を取る。尊厳ある縮退研究における尊厳とは、集落の住民と集落に関係する人々が対話を通して、互いの人生の価値を認め合うことができることを指している。

集約していえば、尊厳ある縮退の議論は、縮退という状況を理論的な極値として認識し、尊厳ある関係のもとで生きられる生を充実していくものである。これは、効率性や有効性を偏重してきた近代産業主義社会からの脱皮という思考を刺激する。そして、周到に進めていくことで運動へとつながる可能性も秘めている。以下では、こうした視点を添えて塩谷を改めて見直してみよう。

2　尊厳ある縮退を射程に入れて塩谷を再考する

尊厳ある縮退を射程に入れるとすれば、塩谷に対して、まさか「発展しかあり得ない」、「活性化しなければならない」などと煽り立てるのではなく、縮退という方向の存在を認めて、今後は、塩谷の住民と塩谷に関係する人々が、互いの人生の価値を認め合いながら、対話を重ねていくことが最も重要なことになる。実は、本書で紹介してきたような筆者らの塩谷との関わりを振り返れば、こうした姿勢は、今までと何ら変わるところはない。筆者らは、これまでどおり、ただ塩谷に現れて、互いの人生の価値を認め合いながら対話を重ねていくだけである。

では、改めて問うてみたい。そもそもどうして塩谷に通うのだろうか。いってみれば、中越地震の救援活動はとっくに終わり、復興もひと段落している。それでいて塩谷を訪れて対話を重ねるのはどうしてなのだろうか。端的に応えるならば、塩谷にはそれだけの魅力が存在するからである。尊厳ある縮退について紹介する中で安楽死・尊厳死に抗する議論として「悪い生に対比されるべきは良い死ではなく、良い生である」という考え方を見ておいた。確かに、塩谷では、中越地震での甚大な被害はもとより、地震前からの少子高齢化や過疎化の進展は「良い」とはいえなかったかもしれない。しかし、その先は良い死（例えば、集落の消滅）に直結するのではなく、そこには「良き生」があることが塩谷で過ごしていればひしひしと伝わってく

慰霊碑

る。無論、塩谷に見られる良き生については、必ずしも住民だからこそ気づいているとか知っているとかいうものではない。むしろ、外部者こそがその良さに気づくのだろう。正確には、その良さに気づくような関わり方が外部者には可能である。実際、筆者らはそのような関わり方をしてきたつもりであるし、二〇年もお世話になる中で、塩谷の良き生に十分に気づいてきた。筆者らはそのことに魅了され、そして、その先に拓ける世界を垣間見せてくれる塩谷からもはや離れることはないと実感している。だからこそ、姿勢を変えないでこれまでどおりに過ごしていくことになる。

筆者らが長期にわたって塩谷に通い続けるのは塩谷にそれだけの魅力＝「良き生」が存在するからである。では、「良き生」とはどういう内実をもつだろうか。まず問うてみたいのは、良き生には、何かに役立つとか有用であるという考えが含まれているだろうかということである。たとえば、塩谷で良き生に出会うとき塩谷が筆者らの研究や教育に役立つから魅了されるとか、逆に、筆者らが塩谷にとって役立つと思われて期待されるから魅了されるのだろうか。実は両者とも実態とは合わない。いまや塩谷が筆者らの研究や教育に何か直接に役立っているとは思えない。確かに、地震直後は被災事例を学界に提供することは望まれるから塩谷からのレポートも役立っただろうし、それなりに論文等も書いてきたので、筆者らの研究や教育にとって塩谷が役立ったとはいえよう。しかし、その程度のことであれば、むしろもっと別のさまざまな被災地へと次々と移っていく方がよほど多産的であり、研究や教育も進むだろうから、ある程度の時期を過ぎればもはや塩谷が筆者らの研究や教育にとって役立つというわけではない。逆に、確かに、筆者らが通うことである程度の作業も手伝えたであろうし、賑やかさも取り戻せたのかもしれない。しかし、住民はときに「先生たち（筆者ら）は、何もしてくれないのぉ」と嘆くこともあり、筆者らが役立つとは考えられていないのは明らかでもある。整理すると、塩谷にとっても、また、筆者らにとっても互いに役には立っていないわけである。

では、役にも立たないことをどうして二〇年近くも続けるのだろうか。実は役に立っていないということにこそ真の魅力が隠されているようである。役立つ（有用である）ということは、何らかの目的があって、その達成に向けて役立つわけであるから、役立たないとすれば、その目的に到達するのに役立たないと考えるのが通常である。しかし、同時に、役立たないということは、そもそもその目的が意味をなしていないということもあるだろう。例えば、復興という目的に向かって役立つとか有用であるという議論もあったであろうが、そもそも復興などという目的は不要だとされたとき、人々はただ日々の暮らしを生きる自由を得る。そこでは、もはや役立つ（有用性）ということが無効になっている。いいかえれば、有用性の彼方へと移動している。役にも立たないことを続けるということは、目的そのものが無効となり、役に立つとか立たないということを超えて、自由に振る舞える世界が拓けるということではなかろうか。

では、有用性を超えた彼方に拓ける世界を指し示す概念を見つけてみたい。ここでは、「脱学校」「脱病院」など現代の管理社会化に対する批判、そしてそれらを導く産業社会・資本主義社会の問題点を指摘し、エネルギー問題やエコロジー問題へと議論を展開したイリイチを参照する。イリイチは、産業主義的な生産性や資本主義的な有用性ばかりが重視される社会に対抗して、「人間的な相互依存のうちに実現された個的自由」と定義するコンヴィヴィアリティ(7)（自立共生）を基軸とする世界を提唱している。イリイチのコンヴィヴィアリティという概念は、極めて魅力的ではある(8)。そこには目的にとって役立つという意味での有用性を超えた自由な世界が見えるからである。しかし、相互依存しながらも個人として、主体性をもって自由を獲得していくという姿が透けて見える。すなわち、個的自由という言葉からは、個人の自立こそが焦点となっているように思われる。確かに、原語のニュアンスからも、コンヴィヴィアリティとは、宴のような歓びに満ちた環境と周囲の人々との交流などが念頭に浮かび、人間的な相互依存にこそ注目が集まって、そこで実現される自由も、人々が相互に依存しながら自らの力によって自分の生きる場を創出していくような生活（ヴァナキュラーな生活）を営むことのできる自由という意味での個的自由を指していると思われるが、やはりイリイチの議論は、一人ひとりの個人が自立して、そうした自由を獲得していくべきだという論調に支えられているという印象を拭えない。となれば、率直に言って、塩谷にそのような確固とした自立を前提とした共生という意味でのコンヴィヴィアリティという言葉は、どうもそぐわず、何か肝腎な部分を取りこぼしているように思える。たとえば、塩谷の人々は、農作業をしたり山に入ったりして自分たちの力によって自分の生きる場を創出してヴァナキュラーな生活を営むことのできる自由を謳歌しているように見える。しかし、さらによく見ると、よい加減のところで手を打ったり、できないことを受け入れたり、雪をどうしようもないと嘆きながら楽しんだり、何かほどよい程度に完璧ではないやり方で過ごしている。その姿は、一人ひとりの個人として自由を獲得していくという個的自由の希求ということとは異なるように思えるからである。

松田（二〇一六）は、イリイチのコンヴィヴィアリティが個的自由を表していることを批判し、アフリカ文化の文脈から、不完全な他者をつなぎ合わせる不定形の集合的な主体の存立をコンヴィヴィアリティとする思想を紹介している。ここでいう他者には非人間的な存在も含まれる。松田の編著（松田ら二〇一六）の一章で、ケープタウン大学の人類学者ニャムンジョ（二〇一六）は、アフリカ文化を見渡しながらコンヴィヴィアリティについて紹介している。この文脈ではコンヴィヴィアリティは、共生的実践と訳されることに注意しておきたい。ニャムンジョによれば

> 自然の事物であれその他の者であれ、不完全であることが常態であるとするならば、コンヴィヴィ

アリティによって私たちは不完全であることを肯定的に評価できるようになり、不完全な状態を維持保全することに何ら問題を感じなくなる。さらには、完全であろうとする野心や欲求が生み出す壮大な妄想を抑制することさえできる。私たちはコンヴィヴィアルであることによって、自分自身が不完全な存在であることを自覚するようになるのだが、それだけでなく、自己のアイデンティティ、存在自体、帰属に関する全体的理解についても、偏見を保たずに開放的な態度がとれるようになる（三三三－三三四頁）。

ということであり、コンヴィヴィアリティは、自律的個人（主体）や独善的な力の行使とは正反対であり、不完全性を前提とした集合的な主体の存立へとつながる共生的実践として捉え直すことができる。この意味でのコンヴィヴィアリティをイリイチの個的自由とされるコンヴィヴィアリティと区別して、〈コンヴィヴィアリティ〉と記すことにする。[9]

このように刷新された概念としての〈コンヴィヴィアリティ〉は、筆者らが魅了されてきた塩谷を的確に指し示す概念に思える。なぜなら塩谷では、目的そのものが無効になるような自由があり、互いに不完全であることを評価でき、不完全な常態を維持保全することに何ら問題を感じず、完全であろうとする野心や欲求を抑制し、自己のアイデンティティ、存在自体、帰属に関する全体的理解について偏見をもたずに開放的な態度がとれる集合的な主体性の気配が感じられるからである。それでいて自らの力によって自分の暮らしをつくり出していく生活が実現している。具体的には、日々耕し、稼ぎ、歌い、伝え、飲むといった塩谷の暮らしがある。そこには宴会、共食、節度ある楽しみといった含意も十分に見て取れる。筆者らも、塩谷に通いながら、何かを主体的に成し遂げようとしたわけではない。塩谷の人々も筆者らを活用して何かを主体的に企てようとしたわけでもない。実際、何ら有用なことはできていないだろうし、ただ楽しんでいるだけだともいえよう。しかし、そうしてすごす塩谷からは、目的が無効となり、有用性では説明できない、不完全性を前提とした、集合的な共生的実践としての〈コンヴィヴィアル〉な世界が垣間見える。こうした〈コンヴィヴィアリティ〉こそが筆者らを魅了して止まないのだと結論づけてもよかろう。

3　再び塩谷へ

ここまで、尊厳ある縮退研究の理論的視座を紹介した。すなわち、発展しかあり得ない、活性化しなければならないなどと大仰な施策を外部から押しつけるのではなく、脱成長・脱発展の姿勢をもって縮退という方向を認め、集落住民と集落に関係する人々が互いに敬意を払って対話を重ねることが、現在の生の充足感を取り戻すことへとつながるのだという視座である。

筆者らは、長年にわたって関係を築いてきた外部者・研究者として、塩谷の住民に敬意を払っているし、これまでに限りなく多くの対話を重ねてきている。そしてその先に、有用性の彼方に拓ける共生的実践という意味での〈コンヴィヴィアル〉な世界を垣間見たのであった。だからこそ再び塩谷に行き、対話を重ねるのである。

ここで、災害復興に焦点を当てて、筆者らが塩谷に通い続けたことの意味を述べてみよう。災害復興については、さまざまな議論が展開されてきたが、塩谷での暮らしからみれば、そもそも **Build Back Better** に象徴される災害復興の姿勢そのものを省みる必要があろう。中越地震は、既にして少子高齢過疎という課題満載の地域を襲った災害だといわれ、その復興においてもこうした課題にどう向き合うのかが問われた災害であった。そして、なぜそのような課題が発生し、そのまま解決されずに残ってきたのかということが問われた。そうした問いに応じる言説は、えてして、住民の主体性を問い直すものだった。具体的には、「地域の衰退を他人事のように捉えて問題があれば役場に陳情するだけの住民」や「〝こんな地域に未来はない〟と自虐的に語る住民」などを念頭に、課題に主体的に向き合ってこなかった地域社会の姿勢が問い直された（田中二〇二一）。まるで、住民が確固とした個を持って活動的な主体性を持てば、集落の復興（BBB）は可能だと言わんばかりに囃し立てることが中心的な言説であったように思われる。

しかし、果たして、災害復興における真の問題は、住民の主体性（の欠如）なのだろうか？

塩谷でも、確かに、住民は、課題に主体的に向き合ってこなかったのかもしれない。しかし、そもそもその課題は誰にとっての課題なのだろうか？　課題を見つけたら、いつでも主体的に向き合うことが良いことなのだろうか？　住民を主体的という多義的な言葉で一方的に評価するのではなく、住民のもつ誇りや希望、そして、何より日々の何気ない暮らしに最大限の敬意を払い、そこに見出される〈コンヴィヴィアリティ〉を侵さないようにすべきではなかろうか。住民の個的な主体性が不足していたのだと嘆いてみせるのは、いかにも外部支援者であり、その背後に、発展志向、市場至上主義の姿が焼き付いているように感じられる。

塩谷を前にして、私たちが学ぶべきことは、そもそも復興という明確な目的から離れて自由となり、不完全性をこそ前提として、個的な主体性など気にもせず、耕し、稼ぎ、歌い、伝え、そして飲む塩谷の良き生に敬意をもって素直に向き合うことである。それは、〈コンヴィヴィアリティ〉を過ごすことである。五年後はもちろん元気に頑張っているといいながら、「来年はもう（稲作を）やめようかな」と呟く、その何気ない日々の会話に研究者として敬意をもって全人的に関わることである。そうすれば、発展志向、市場至上主義とは一線を画したところにある歓びや悲しみや誇りを抱きながら希望ある生を謳歌する姿とその意味を捉え直すことができよう。いいかえれば、〈コンヴィヴィアリティ〉をこそ塩谷から学ぶべきだろう。

実は、本章で触れた尊厳ある縮退というテーマは、対象がコミュニティに限定されない。現代社会はこれまでの成長拡大開発路線への反省を迫られている。いわゆる右肩下がりの社会に抗うことからさらなる抑圧や搾取を生み出すのではなく、いわば身の丈に合った生活を取り戻し、そこに生の充実を実現していくことは、分野を問わず喫緊の課題だと考えている。尊厳ある縮退を前提として〈コンヴィヴィアリティ〉を構想していくことを実感をもって語り、行動に移していけること。これが塩谷からの学びである。

最後に、尊厳ある縮退を見据えて〈コンヴィヴィアリティ〉を構想する際に求められる研究者の姿勢について触れておこう。ニャムンジョ（二〇一六）によれば、

> 知識生産においてコンヴィヴィアルであるためには、従来の学問分野の壁を越えて相互に会話を交わし、協力・協同使用とするだけでは十分ではない。より重要なのは、大学における知識の生産の過程で、これまで主流の知識生産から排除されてきた、チュツオーラが『やし酒飲み』で描いたような民衆的な想像力の世界や現実を含む民衆的な認識論と、大学で支配的な学術的認識論との統合を試みること（三四一頁）

が求められている。この姿勢は、石塚・今井（二〇二二）が提唱する「民衆的アプローチ(10)」と重なる。本章で示した尊厳ある縮退を念頭に具体的に述べれば、尊厳ある縮退を見据えて〈コンヴィヴィアリティ〉を構想する者は、「調査者」「研究者」としてではなく「メンバー／仲間」として現場に関わること、縮退する地域で今を暮らす人々と、生活の中での対話を大切にする

こと、そして時と空間を共有する中で、新たな気づきを得て協働することである。塩谷での二〇年が、そうした試みへの第一歩であったのならばこれに優る歓びはない。

注

（1）筆者が石塚裕子氏と共に発案した日本学術振興会　課題設定による先導的人文学・社会科学研究推進事業　実社会対応プログラム（研究テーマ公募型研究）　人口減少社会における多様な文化の共生をめざすコミュニティの再構築　研究テーマ「尊厳ある縮退によるコミュニティの再生と創生」（代表渥美公秀　平成三〇年度-令和二年度）。成果の一部は、渥美（二〇二〇）、石塚（二〇二〇）などにて既に公刊している。

（2）この論文を含む『災害と共生』第四巻一号は尊厳ある縮退研究を特集している。

（3）財政問題は論拠としない。なぜなら、それは人々の居住を財政の関数だとみることにつながるからである。

（4）安楽死や尊厳死のような死に到らせる行為は、積極的な安楽死、医師幇助自殺、延命治療の手控えと中断という具合に分類される（安藤，二〇二〇）。日本では、積極的な安楽死も医師幇助自殺も合法化されておらず、医師がそのような行為を行えば殺人罪に問われる。延命治療の手控え・中断は、法制度としては成立していないが、終末期の医療現場では一つの選択肢となっており、これを尊厳死と呼んだりする。

（5）たとえば、文学においては、ノーベル文学賞作家カズオ・イシグロの小説「わたしを離さないで」は、映画にもテレビドラマにもなって、クローン、臓器移植、死といったテーマを伴って流布し、尊厳について考える機会となった。

（6）哲学においては、加藤（二〇一七）の整理によれば、まず一七八五年に提出されたカントの定言命法――みずからの人格と他のすべての人格のうちに存在する人間性を、いつでも、同時に目的として使用しなければならず、いかなる場合にもたんに手段として使用してはならない（カント、二〇一二）――が引き合いに出される。カントの議論は、人間を前提としていることが批判されたりもする。たとえば、相手を人間ではないと認識すれば、相手の尊厳は無視される（たとえば、ホロコースト）からである。これまでの尊厳に関する議論は、個人に帰属する概念であったということである。

（7）コンヴィヴィアリティという言葉は、英米系の文脈では「宴会」や「共に食する」というニュアンスを含み、ラテン語的な原義は「節度のある楽しみ」という意味合いを持つので共愉といった訳語もある。

（8）また、近年では、コンヴィヴィアリティ宣言（西川・アンペール編二〇一七『共生主義宣言』所収）が出されており、（一）人は等しく人類共同体の一員である、（二）人は他者なしに活きられない相互依存的存在であり、（三）人は自らの個性と能力を伸ばして生きる存在であり、そして、（四）人は他者の異論を受容し、摩擦や敵対を民主的な合意形成によってプラスの活力に転換するといった4つの原則がポスト資本主義社会の共通原則として基本に置かれるべきだという考え方を指している。

（9）集合的とは、要素や境界が流動的な集合の一般的特性を指し、個々の要素の自由を認めず全体へと回収すること（全体的）とは区別する。

（10）このような縮退する地域に伴走する作法とはいかなるものか。そのヒントを、かつて下手ものと言われた雑器を民衆的工藝品（民藝）として価値転換を説いた柳宗悦による民藝の趣旨に見いだしている。

参考文献

安藤泰至（二〇一九）『安楽死・尊厳死を語る前に知っておきたいこと』岩波ブックレット
安藤泰至（二〇二〇）「「死の自己決定」に潜む危うさ」『すばる四月号』一七二-一八一頁
渥美公秀（二〇一四）『災害ボランティア』弘文堂
渥美公秀（二〇二〇）「尊厳ある縮退によるコミュニティの再生と創生――概念の整理と展望」『災害と共生』四(一)一-九頁
渥美公秀・石塚裕子（二〇二三）「尊厳ある縮退に関する理論的準備と展望」『未来共創』
藤尾潔・土井勉・安東直紀・小山真紀（二〇一四）「集落の消滅過程に関する考察　滋賀県多賀町保月集落の事例から」『日本都市計画学会関西支部研究　発表会講演概要集』一二　一二五-一二八頁
林直樹・齋藤晋・江原朗（二〇一〇）『撤退の農村計画――過疎地域からはじまる戦略的再編』学芸出版社
イシグロ、K.（二〇〇六）『わたしを離さないで』（土屋政雄訳）早川書房
石塚裕子（二〇二〇）「地域内過疎地から考える『尊厳ある縮退』――兵庫県上郡町赤松地区を事例に」『災害と共生』四(一)三三-四八頁
石塚裕子・今井貴代子（二〇二二）「小さな声　弱さが担うまちづくり」堂目卓生・山崎吾郎（編）『やっかいな問題はみんなで解く』世界思想社
金木健（二〇〇三）「消滅集落の分布について――戦後日本における消滅集落発生過程に関する研究　その1」『日本建築学会計画系論文集』五六六　二一五-二二一頁
金木健・桜井康宏（二〇〇六）「消滅集落の属性と消滅理由について――戦後日本における消滅集落発生過程に関する研究　その2」『日本建築学会計画系論文集』七一(六〇二)六五-七二頁

カント、I.（二〇一二）『道徳形而上学の基礎づけ』（中山元訳）光文社古典新訳文庫
加藤秦史（二〇一七）『尊厳概念のダイナミズム――哲学・応用倫理学論集』法政大学出版局
小松美彦（一九九六）『死は共鳴する――脳死・臓器移植の深みへ』勁草書房
小松美彦（二〇一二）『生権力の歴史――脳死・尊厳死・人間の尊厳をめぐって』青土社
小松美彦（二〇一三）『生を肯定する――いのちの弁別にあらがうために』青土社
松田素二・平野（野元）美佐（編著）（二〇一六）『紛争をおさめる文化――不完全性とブリコラージュの実践』京都大学学術出版会
西川潤・マルク・アンペール（二〇一七）『共生主義宣言――経済成長なき時代をどう生きるか』コモンズ
ニャムンジョ、フランシス（二〇一六）「フロンティアとしてのアフリカ、異種結節装置としてのコンヴィヴィアリティ――不完全性の社会理論に向けて」楠和樹・松田素二（訳）松田素二・平野（野元）美佐（編著）『紛争をおさめる文化――不完全性とブリコラージュの実践』京都大学学術出版会　三一一–三四七頁
ローゼン、M.（二〇二一）『尊厳――その歴史と意味』岩波書店
田中輝美（二〇二一）『関係人口の社会学――人口減少時代の地域再生』大阪大学出版会
植田今日子（二〇一六）『存続の岐路に立つむら――ダム・災害・限界集落の先に』昭和堂
矢守克也（二〇二〇）「シュリンク・シュランク・シュリンキング――縮小の「前」と「後」」『災害と共生』四（一）一一–二〇頁

エピローグ

活動の参加者・学生の引率教員だけでなく研究者としての貢献に際して

山口洋典・関　嘉寛

「力は抜けるし、悔しいし、今も言葉にならない」

これは二〇〇四年一二月四日の小千谷新聞の記事「塩谷の悲劇　三児童が犠牲に」にて紹介されている星野哲雄さんの言葉である。この記事には「地震発生直後、生活道路寸断の中、市消防本部に助けを求めて走った」こと、また塩谷トンネルを出て荷頃集落を過ぎたところで「岩間木経由の道は寸断されており、徒歩でも通れない」と聞いたこと、そのために向かった蘭木集落で「バイクなら川口町まで行ける」とバイクを用意いただいたこと、到着した小千谷市消防署川口出張所は不在であったために再びバイクで消防本部を目指したこと、そして午後一〇時半ごろに到着したこと、さらに交渉の結果として自衛隊の派遣の返答を得たこと、これらの経過が記録されている。後にこのエピソードは『走れメロス　塩谷編』として紙芝居にまとめられ、「おぢや震災ミュージアムそなえ館」で展示された。

太宰治の小説『走れメロス』は「信じられているから走る」というメロスの信念に焦点が当てられている。新潟県中越地震の発災直後の塩谷で、ライフラインが断たれた中、走って助けを求めに行った住民がいるという事実から、発災前からの集落内の絆の深さを伺い知ることができるのではなかろうか。同時に、三人の児童が犠牲となったことは果てることのない悲しみが包んだことは想像に難くない。例えば、塩谷の復興過程で誕生した芒種庵のロゴは屋根の下に三人の児童が並んでいる図案となっており、発災当時を知らない筆者らが塩谷を包んだ悲しみに思いを馳せる手がかりの一つとなっている。

筆者を含めた三人の教員は、約二〇年にわたる塩谷での関わりをもとにした集落〈復興〉を扱う本書に研究者モードで臨んだことを記しておきたい。なぜなら、塩谷の復興に関わる上では、決して大学教員が外部人材として独走することのないように、いわば活動モードで関わろうと努めてきたためである。そのため、あくまで住民が主体となるように、随所で距離感の調整を図ってきたつもりである。そうした研究の流儀は、参加型調査やアクションリサーチなどと呼ばれている。

とりわけ、外部人材は人・金・物といった直接的な資源の提供を地域にもたらすことがある。一方で、本書編者の一人である渥美の塩谷への関わりは、国立大学の教員として実証的な研究の対象という目的でも、学識経験者として復興のあり方を助言する役割を獲得する目的でもなかった。むしろ阪神・淡路大震災で被災者かつ支援者となった原体験を携えた一人の人として、その時点において教育・研究・実践の仲間と現地を訪れ続けた。渥美に続く関・山口もまた、同じ姿勢で関わり続けたのは言うまでもなかろう。

そうした距離感を象徴する言葉が「先生方は何もしてくんねぇ」という住民からの声である。少なくとも筆者（山口）は二〇一五年五月二三日、塩谷での田植え交流会の後、ある住民から直接この言葉を聞いている。ただ、このときには活動モードでの関わりに努めていたため、むしろそうした声を耳にできたことが、研究者モードで立ち居振る舞っていないことを確認する手がかりともなった。もっとも、住民の皆さんからすれば、「大学の先生なら何かしてくれるはず」、また「何とかしてくれるはず」という期待もあったかもしれない。

それぞれの出会いと関わりから時を経て、住民の皆さんへの教員たちへの期待は、「何か」ではなく徐々に「飲む」へと移っていたようにも思われる。とりわけ、度重なる災害への支援で、また学内での役職就任で、その他にもバスの廃止に伴うレンタカーの使用で、さらにはコロナ禍で、塩谷で過ごす時間はもとより塩谷を訪れる機会自体が以前に比べて格段に減っていったことが大きく影響している。

そうした外的な要因だけでなく、少なくとも一〇年以上通い続ける中で、集落の「ために」何かをしてくれる人ではなく、自分たちと「ともに」今を楽しむことができる仲間である、という感覚が根ざしていれば、存外の喜びである。そんな私たち三人が研究者モードとなって、学術書として塩谷についてまとめあげたのが本書である。

みんな（everyone）ではなく一人ひとり（every one）

塩谷の復興の特徴を一つだけ挙げるとすれば、全世帯の住民が家単位ではなく個人単位で参加することを基本的な考えに据えたことではなかろうか。世帯を代表して1人が参加する町内会組織とは異なる参加の仕掛けであり、見方によっては長年にわたって継承されてきた村落共同体の運営方式を否定するかのようなルールでもある。しかし、塩谷分校でも、また芒種庵でも、家単位ではなく一人でも参加できるルールを徹底することで、復興に向けた協働が多面的に展開された。とりわけ塩谷分校では、肩書きの上では「先生」と呼ばれてしまう私たち大学教員も、活動の現場では共に山上の知に学ぶ生徒として、対等な関係を築いてきた。

「何もしてくれない」が一緒に「飲む」ことができる仲間になる、これこそが個人単位で場に集い、そして長きにわたる復興過程を共に過ごすことができたことの一つの証である。そもそも、個々の災害での絶対的な経験は当事者以外にはわかり得ない。それゆえ、支援が長期化すれば、そのあり方が難しくなる。こうした特徴について、渥美(二〇一四)は「共感不可能性」と呼んで注意を向けている。「共感不可能性」とは、災害の種別にかかわらず、突如として故郷が被災地と呼ばれることになった人々(すなわち、被災者)が、経験の個別性を自覚しているゆえに、わかりあえなさがわかりあえるという「決して共有されないということだけが人々に共有されている」構図を指す(渥美、二〇一四)。

それゆえ、お互いのことを根掘り葉掘り尋ねることなく、加えて安易に「みなさん」と一括りにするわけでもなく、丁寧な関係を築く上で、塩谷での個人単位の関わり合いは、集落復興の上での大きな特徴となった。塾ではなく分校、といった命名の上で工夫を重ねてきたことに乗じて、こうした個人単位での関わり合いの知恵について「みんな(everyone)ではなく一人ひとり(every one)」と表現しておきたい。ちょっとしたスペースが入り、ささやかな距離感を保つことが大きな違いをもたらす、といった意味づけもできそうである。二〇二三年一一月の閉校式をもって塩谷分校の活動には一つの区切りが作られたものの、一五年にわたる活動を通じて塩谷にもたらされた関係づくりの知恵が、今後も続くむらづくりにもまた活かされていくことを期待したい。

(ここまで山口洋典)

偶然から当然へ、そして新型コロナ禍の影響

第一二章でも述べたように、筆者の名字（関）は、中越地域には多く塩谷にもある。（ただし、筆者の出自はこの地域にはない）。筆者の周りには二親等の血縁しかおらず、塩谷の同姓の方に「おーい、分家」と言われて本物の親戚のような気持ちがしていた。「偶然」に同じ名字の方々と出会い、長きにわたって関係を続けることになったのである。関係が続くことで、筆者にとっては、塩谷は「当然」いくべき場所に変わっていった。

当然という理由は、何かを行う際、客観的なエビデンスや説得的な論理を必要としない。そうすることは「当たり前」だからである。当たり前の根拠は、現象学的社会学によると「時間的継続性への信頼」に基づくといわれる。つまり、時間は続いているのでいまの状態がずっと続く、ということへの信頼である。

この時間的継続性への信頼を形作っているのが、「反復可能性の理念化」といわれている。私たちは、明日の朝起きても、今日と同じ環境でその日も過ごせると疑わず、仕事をしたり、勉強をしたりしている。そのような活動は、自分のこれからの生活にとって必要だと思うからである。この反復することへの確信があるからこそ、私たちは、当たり前に今日あることは明日もあるから頑張れる。そして、当たり前に明日（未来）のために今日を過ごすことができるの

である。筆者は、東日本大震災の被災地で活動している際にある被災者からこのような話を聞かされた。その人は、病気の家族を抱えながら、必死に働いて家計を支え、自分の趣味の国際交流の活動等もしていた。しかし、東日本大震災の津波によって家財が流され、今まで築き上げてきた生活の基盤がすべてなくなってしまった。そのような状況で、その人は「もう頑張ろうと思わなくなった」というのである。なぜならば、「頑張っても、また津波で流されてしまうかもしれないから」というのである。

塩谷に行くことを当たり前と感じながらも、筆者は二〇一九年四月から二〇二〇年三月まで在外研究のため塩谷へ行くことができなかった。さらに、帰国直後の二〇二〇年四月には政府から新型コロナウイルス感染症にかかる緊急事態宣言が出され、それに伴いゼミの学生活動も止めざるをえなかった。日本中で移動が自粛され、大学での教育活動もほぼオンラインに制限された。日本中、特に高齢化の進む地域では、都市部からの人の移動を忌避する傾向もあった。ゼミ生も塩谷に行くことができなくなってしまった。

結局、私たちが塩谷に行くことができたのは、緊急事態宣言からほぼ一年経った二〇二一年三月であった。この年は大雪で、例年一月の小正月付近で行っている塞の神が三月に延期になったことが結果として幸いした。塞の神はその年の無病息災と子どもの成長を願ったまつりであるが、屋外で行う行事のため、私たちも接触を避けながらも久しぶり（筆者は実に三年ぶり）に住民の方々と対面でお話しする機会を得ることができた。

そこで、住民の方々からは「久しぶり」という声をかけてもらったが、中に筆者に向かって「おまえなんとかしてくれ、このままじゃ、塩谷はだめんなる」という言葉を投げかける人もいた。詳しく話を聞いてみると、新型コロナウイルスのせいだけではなく、学生が来なくなったことで、人の交流のきっかけや話題が少なくなってしまっているというのである。

振り返れば、二〇〇五年の田植え交流会以降、継続的に学生が塩谷を訪れていた。時には、三〇人以上の学生が田植えに訪れたのである。また、ごろすけハウスができてからは、学生が自分たちの「ベース」を集落内に持ちながら、自分たちが塩谷の人々にできることはないかと考えながら過ごすようになっていった。学生が来ることが当たり前となっていたのである。

塩谷では、学生が来なくなったこと、外部者である筆者たちが訪れなくなったことは、被災後作り上げてきた「当たり前」への信頼が、新型コロナ禍の間に喪失してしまったのである。さらに、この間、何人かの方も亡くなり、集落の中ではいままでの「当たり前」への不信がさらに強まっていったといえる。

塩谷分校の閉校から新しい「当たり前」へ

二〇二三年一一月一八日をもって、二〇〇八年一一月三日から活動してきた塩谷分校が閉じられることとなった。一五年間の活動の中で、さまざまな「当たり前」を作り出してきた。稲作を通じた交流会、座学や他の被災地との交流会、分校卒業式など、中越地震前にはなかった活動が当たり前のように行われてきた。その中で、「学生が集落にいる」ということが当たり前となった。

しかし、前述したように、新型コロナ禍の影響もあり、学生が集落にあまり来なくなってきた。その間に小千谷駅との路線バスも廃止になってしまい、新たに学生たちが自力で塩谷を訪れる手段も限られてしまった。その中での閉校である。

この閉校は、直感的には、集落にとってはネガティブな出来事と捉えられる。若い学生たちも来なくなり、高齢化も進み、もう何もできない。だから、塩谷分校ももうやめなければならない、と捉える人も多いだろう。ただ、先述の当たり前への不信の話をさらに深めてみると、塩谷分校の閉校は、必ずしもネガティブな意味を持つだけではない。

私たちの生活には、当たり前が必要である。しかし、さまざまな条件によってその当たり前への不信が深まることがある。その典型例が災害である。

災害後の復興においても当たり前の作り直しが必要とされる。しかし、作り直される当たり前は、以前のものとは異なる。なぜならば、一般的に当たり前は、私たちの生活に関わる人・モノ・制度・社会・文化などすべてを構成要素としているので、災害において人や家、地域などが変われば、その当たり前も異なってしまうからである。

直感的には、塩谷分校の閉校が、中越地震後に住民と外部支援者（研究者・ボランティアなど）によって作り直されてきた「当たり前」への信頼を切り崩すことにはなるものと捉えられるだろう。しかし、閉校という既存の当たり前の解体は、いままでの塩谷分校の成果を引きついだ新しい「当たり前」を作り出すきっかけになるとも考えられる。なぜならば、私たちは生活を送る上で、当たり前を必要としているから、たとえ今の当たり前がなくなってしまっても、つまり時間的継続性への信頼がなくなったとしても、新たな時間的継続性への信頼を作り出そうとするからである。さらに、その新しい当たり前は、それ以前の継続性の基盤を一部引き継いでいるために、まったく新規のもの、つまり、今までの当たり前と全く違うものであるというよりは、一定の相同性が認められるものであるのだ。

閉校後の問題は、いかに今までの当たり前と関連性を持つ新しい当たり前が、集落の人々や塩谷に関係していた人々を中心としながらも、多様な人々や集団・組織と作っていけるかではないだろうか。一つの視角が、関係人口で議論された関わりの広がりである。今まで関わった学生たちが、新たなライフステージの中で、塩谷と再び関係を持つことにより関係人口を増やしていくことが考えられる。塩谷分校の同窓会はその役割を果たす可能性を秘めている。もう一つは、塩谷の人口構成の変化である。塩谷では、ここ三、四年、「世代交代」が起きている。集落の区長も五〇代になり、運営が地震時の子どもの世代に移りつつある。あるいは、その時子どもだった人たちが、家族を持ち、時には子どもを産み、子どもの声が聞こえる地域となったことも、高齢化する集落にとっては大きなインパクトである。さまざまな価値観、生活様式が新しい塩谷における当たり前を新たに作っていく可能性もある。

ただ、この一五年で塩谷の社会構造が転換したことは、新しい当たり前を生む上で重要な要素である。さまざまな習慣やルール、価値観の継承が持続的に行われるためには、新しい工夫が必要になってきている。とはいえ、この中で生み出される新しい当たり前が全くの新種ではないことも確認しておかなければならない。彼らのほとんどは、幼い頃から塩谷で育ち、さまざまな理由で塩谷に暮らし続けている。したがって、転換したといっても、価値の転換や全く新しい規範が生み出されるということではない。今までの塩谷の当たり前の延長線上に、新しい当たり前が生み出されると期待できるだろう。

本書を閉じるにあたって

本書では、二〇〇四年一〇月二三日に発災した新潟県中越地震の被災地、小千谷市塩谷での復興過程について、一五年以上にわたる研究者や学生たちの関わりが集落に対して与えた影響や生み出せたことをさまざまな角度から検討してきた。

繰り返しになるが、筆者たちは、外部から観察したり、客観的なデータをとったりすることに専念してこなかった。住民の生活世界を彼らの内側から理解しようと試みた。そして、彼らと一緒に被災後の生活世界を考えようとしてきた。言いかえると、住民と一緒に「当たり前」を作り上げようとしてきた。

このような研究手法や進行は、とても時間がかかり、目に見えた成果が期待される研究ではないかもしれない。しかし、復興研究や集落研究を行う研究者、特にその研究をスタートさせた人たちには、「誰のための復興か」というすべての復興研究が基礎におくべき論点に真摯に向き合ってほしいと思うので、その一例としてこの本を読んでもらえると嬉しい。

私たちが、住民と一緒に作り直してきた当たり前（あるいは、非認知ニーズ）とは、数ある可能性の一つに過ぎない。状況や働きかけ方が変わっていたらその当たり前は別様になっていたかもしれない。そのような意味で、筆者たちの関わりによって作られた当たり前は「正しい」

とか「間違っている」といった評価を受けるものではないが、どのような選択やその選択への関わり方が復興過程に影響を及ぼしたのかを改めて検討する必要があると考え、本書を企画した面もある。したがって、本書は、いままでの研究や活動の集大成でありながら、同時に、これからの研究や活動の橋頭堡にしたいと思っている。

（ここまで関 嘉寛）

あとがき

塩谷の二〇年、いかがでしたでしょうか。これは集落復興ではないと反論される読者がおられるかもしれません。反対に、これこそが集落復興なのだと膝を打ってくださる読者もいてくださるかもしれません。甚大な被害を受けた塩谷は、本書で示した事柄をその一部としながら着実に二〇年の時を刻んできました。これは復興なのか、復興ではないのか。書名に〈復興〉と山括弧を付けた理由でもあります。災害が多発している現在、復興ということについて、いま一度考え直す機会になれば幸いです。

塩谷の皆様にお世話になりながらも、なかなかまとまった書物を著すことができませんでした。塩谷に通えば通うほど、書きたいことや書いておくべきことがどんどん増えていくからでもありました。地震から二〇年の節目に、ようやく思い切って整理し、ようやく本にまとめることができました。二〇年近くにわたって塩谷に通い続けることができましたのは、ひとえに集落の皆様が受け入れてくださったおかげです。まずは、塩谷の皆様と塩谷にゆかりのある方々に最大限の感謝の気持ちをお伝えしたいと思います。そして、塩谷に通ってくれた学生さんにも大変お世話になりました。複数の科学研究費や財団等からの研究費に支えて頂いたことにも感謝申し上げます。そして長期間、頻回に出張を繰り返す私たちを温かく見守ってくださった大阪大学、関西学院大学、立命館大学の同僚や事務の方々に深く感謝いたします。

今回も大阪大学出版会の川上展代さんに編集して頂けました。いつも細やかにコメントと励ましのお言葉を頂戴し、おかげさまで本書が世に出ることになりました。川上さんはじめ大阪大学出版会の皆様に深く感謝申し上げます。

今年も塩谷の美味しい新米をいただく季節です。初雪も近いでしょうか。

二〇二四年一〇月

編者を代表して　渥美公秀

関連年表

年	月日	出来事	備考（カッコ内の数字は本書の関連章）
二〇〇四	一〇・二三	新潟県中越地震発生	
	一〇・二四	ヘリコプターで避難、東小千谷小学校テント泊	
	一〇・二五	小千谷高校第一体育館での避難所生活開始	
	一〇・二九	初の一時帰宅	
	一一・一	避難勧告	
	一二・五	仮設住宅（千谷第二）入居	
	一二・一八	送電開始・停電解消	
	一二・二二	通行止解除（一般車両通行可）	
二〇〇五	一・一五	一時帰宅での雪掘の際、一九年振りの大雪の影響で三軒の倒壊が確認。	
	三・二六	小千谷市役所による塩谷集落への説明会	
	四・二四	仮設住宅通路（通称：のんべえ横町）で花見	
	四・二九	毎日の一時帰宅許可（木沢ルート）	
	五・一四	日本財団による中越地震復興ボランティア「春の陣」第一陣（～一五日）	「中越復興市民会議」設立〈第五章〉
	五・二一	日本財団による中越地震復興ボランティア「春の陣」第二陣（～二二日）	
	六・一一	日本財団による中越復興ボランティア「芒種の陣」（～一二日）	
	六・二三	峠スノーシェッドにてボランティア及び村民焼肉パーティー	
	六・二四	集落による古民家再生が提起	〈第五章〉

年	月日	出来事	備考（カッコ内の数字は本書の関連章）
	七・一一	町内会の総会で有志による古民家の保存活用が了承	七月一八日、上村先生のメール〈第五章〉
	八・二〇	「芒種庵を作る会」発足（六五名）	〈第五章〉
	九・二三	町内会の総会で合同慰霊碑建立を決定	
	一〇・一	芒種庵改修作業開始、仮設集会所で説明会開催、絆Tシャツ披露・販売へ	〈第五章〉
	一二・二六	避難勧告解除	〈第五章〉
二〇〇六	一・一五	賽の神	
	二・一九	千谷第一応急仮設住宅集会所にて塩谷へ帰る人々の座談会	
	三・一九	静岡県ボランティア協会「春のボランティアの集い」にあわせてダンプ三台で雪を届ける	
	四・七	住民帰村開始	
	四・一五	「芒種庵を作る会」総会	
	四・二三	仮設住宅通路（「青空酒場」）で花見	
	五・六	中越復興市民会議総会（小国町法末「やまびこ」）（〜七日）で「復興デザイン研究会」発足	
	六・一八	田植え交流会。地震後第一号の作付けとしてNHKが取材・放映。	「老いた学生がいるねぇ」〈プロローグ〉〈第四章〉
	六・三〇	新水源から塩谷簡易水道の給水開始	
	七・一六	慰霊塔完成・復興記念式典（三〇〇名）神戸「一・一七希望の灯り」分灯	
	八・一六	盆踊り	
	九・二六	後山の活用検討のための現地視察	
	一〇・八	稲刈り交流会（〜九日）	
	一〇・二二	芒種庵にて「愛とヒューマンコンサート」開催	

関連年表

年	月日	出来事	備考（カッコ内の数字は本書の関連章）
	一一・四	芒種庵改修完成・「オープンの集い」（秋祭りと併催・一五〇名）・鎮守様鳥居復旧	〈第五章〉
	一一・二六	新潟県森林研究所（朝日村）・中山ワラビ生産組合（阿賀町）での山菜研修	
二〇〇七	一・一四	賽の神	
	一・二六	第一回夢を語る会	〈第五章〉
	二・三	越後雪かき道場初級講座（〜四日）二四名修了	
	二・一〇	聖学院大学来塩・雪掘体験	
	二・一七	中越復興市民会議など主催「第一回地域復興交流会議」（〜一八日）（蓬平温泉「福引屋」）	
	四・二九	山菜祭り	
	五・三	第一回塩谷花いっぱい運動花ロード	
	五・四	SVTS風組など「チーム絆」により「絆石」設置	
	五・二〇	田植え交流会	
	六・二五	規約改正により「芒種庵を創る会」に名称変更	
	七・一六	鎮守様仮遷座式・新潟県中越沖地震発生	〈第五章、第六章〉
	八・一	聖学院大学まちづくり学ゼミ・地域社会論ゼミ合同合宿（〜三日）	
	八・一四	帰村完了	〈第二章〉
	八・一六	盆踊り	
	（盆頃）	刈羽引っ越し手伝い（闘牛会が中心）	
	九・一	中越復興市民会議など主催「第二回地域復興交流会議」（〜二日）（川口町「杜のかたらい」）	
	九・二九	稲刈り交流会	

年	月日	出来事	備考（カッコ内の数字は本書の関連章）
	一〇・一六	鎮守様遷座式	
	一一・三	秋祭り	「焦らないでください」手紙が刈羽へ〈第六章〉
二〇〇八	一・六	ワークショップ：第二回夢を語る会「老後も豊かに村に」	豊かな村に？「初夢ワークショップ」〈第一〇章〉
	一・一三	賽の神	
	一・一六	阪神・淡路大震災一三年　現地訪問（関邦宇夫妻）	
	一・二六	ワークショップ：稲作部会、山菜・畑部会	〈第一〇章〉
	二・二	越後雪かき道場初級講座（～三日）三〇名修了、静岡絆の会の方々も合流	
	二・一〇	芒種庵にて気軽に立ち寄れるお茶会「絆デー」開始	
	二・一一	ワークショップ：部会設立を急いだことを反省	
	二・一八	東山町内統一に関する懇談会	
	二・二二	聖学院大学雪かき合宿（～二三日）	
	三・二	ワークショップ。「夢の実現へと、決心できるか」が問われる。	
	三・八	中越復興市民会議など主催「第三回地域復興交流会議」（～九日）（折立温泉「ゆのたに荘」）	
	三・二九	三島市立公園楽寿園（静岡県）での「雪あそび」参加（～三〇日）	
	五・五	山菜祭り（三七名、子一名、八,二〇〇円売上、収益二,〇〇〇円）	
	五・一〇	芒種庵にて清家みえ子ミニ・コンサート開催	
	五・一八	稲作部会にて「スタンプカード」や「イベントカレンダー」の配付が検討	
	五・二四	田植え祭り（～二五日、二三日準備）	
	六・一	第二回塩谷花いっぱい運動　フラワーロード作り	

年	月日	出来事	備考（カッコ内の数字は本書の関連章）
	六・二二	反省会。今後、収益と交流のバランスをどう考えるか課題に。	
	七・四	ワークショップ。しっかり（将来構想・ワークショップ運営）おっとり（記録）たっぷり（財政・広報）にっこり（交流）部会設置	
	七・五	「二十村郷集落交流会〜荒谷塩谷木沢」開催（主催…フレンドシップ木沢）	
	七・一二	ワークショップ。部会を整理…しっかり（企画・構想）、たっぷり（販売）、おっとり（記録）、にっこり（交流）	
	八・三	ワークショップ。中間総括を行い仕切り直すことに	
	八・六	聖学院大学まちづくり学ゼミ・NPO法人コミュニティ活動支援センター学生会員合同合宿（〜八日）	
	八・一五	静岡絆の会、来塩。（〜一六日）	
	八・一六	盆踊り	
	八・一七	女池のミツガシワ清掃	
	八・二四	二十村郷盆踊り（木沢）	
	九・六	ワークショップ。「下半期に向けて」「分校に関する提案」配付、一一月三日の村祭りに開校が決定	〈第一〇章〉
	九・一一	聖学院大学来塩（〜一三日）	
	九・二八	稲刈り交流会	
	一〇・一一	ワークショップ：「分校の開校に向けて」配付	〈第一〇章〉
	一一・三	第一回収穫祭。分校開校宣言	〈第一〇章〉
	一一・二九	中越復興市民会議など主催「第四回地域復興交流会議」（〜三〇日）（ホテルグリーンプラザ上越）	
	一二・一四	ワークショップ	

年	月日	出来事	備考（カッコ内の数字は本書の関連章）
	一二・二〇	第一回座学「雪がエネルギーになる」上村靖司先生	〈第一〇章〉
	一二・二一	大阪大学生　塩谷の若者への聞き取り調査	
	一二・二三	應典院展示用映像取材（渥美公秀・山口洋典企画、remo 撮影）	
二〇〇九	一・一二	賽の神	
	一・二四	ワークショップ	
	一・二八	ワークショップ	
	二・六	聖学院大学雪かき合宿（～七日）	
	二・七	ワークショップ	
	二・一四	静岡絆の会塩谷雪おろし（～一五日）	
	三・一	第二回座学「地域文化を生かす、そして生きる」菅豊先生	
	三・二	ワークショップ	
	三・六	地震聞き取り調査	
	三・九	刈羽村住民来塩	
	三・九	ワークショップ	
	三・一四	山の暮らし再生機構　地域活性化会議	
	三・一六	ワークショップ	
	三・二一	三島市立公園楽寿園（静岡県）での「雪あそび」参加（～二二日）	
	三・三〇	ワークショップ	
	四・四	第三回座学「夢と心のある復興」渥美公秀先生	
	四・一一	静岡絆の会来塩（～一二日）	
	四・一五	野菜販売サークル会議	

年	月日	出来事	備考（カッコ内の数字は本書の関連章）
	四・二六	第四回座学「復興から地域を考える」福留邦洋先生	
	五・四	フラワーロード（三日、準備）	
	五・一三	稲作部会　中学生田植え体験会	
	五・一七	田植え祭り	
	五・二九	ワークショップ	
	六・二	二十村郷盆踊り打ち合わせ会議	
	六・四	中越復興市民会議・中野雅子さん（大地の会）地震聞き取り調査	
	六・一四	中越大震災復興五周年記念事業「清家みえ子グランドコンサートin小千谷」（主催：芒種庵を創る会）	
	六・二八	ワークショップ	
	七・四	関西学院大学来塩（～五日）	第一回インタビュー調査〈第二章〉
	七・五	大阪大学生らによるたこ焼き会	
	七・一八	第五回座学「鈴木隆太さんお別れ講演」	
	七・二三	ワークショップ	〈第一〇章〉ワークショップ→分校定例会
	八・三	聖学院大学まちづくり学ゼミ・地域社会論ゼミ合同合宿（～五日）	
	八・九	女池のミツガシワ清掃	
	八・一六	盆祭り	
	八・二五	鈴木隆太さん送別「一日一日がつないだ一七二八日～鈴木家旅立ち記念パーティー」開催	
	八・二九	二十村郷盆踊り（塩谷）	〈第七章〉
	九・六	関西学院大学来塩（～七日）	
	九・一三	分校定例会	

年	月日	出来事	備考（カッコ内の数字は本書の関連章）
	九・二〇	台湾視察（～二五日）（参加：区長・関邦宇、会計・友野正人）	
	一〇・三	稲刈り交流会	
	一〇・一六	「復興交流会議」（主催：中越復興市民会議）（～一八日）	
	一〇・二四	新潟県災対連復興のつどい	
	一一・三	第二回収穫祭。初雪が降る	
	一一・八	フラワーロード片付け	
	一一・一七	岩手・宮城内陸地震の被災地「花山震災復興の会（がんばっぺ）」芒種庵に来庵	
	一一・二三	静岡絆の会来塩	
	一一・二三	刈羽村交流会	
	一二・一六	分校会議	
	一二・二六	分校会議	
二〇一〇	一・六	分校会議	
	一・一一	賽の神	
	一・一六	阪神・淡路大震災一五年現地訪問（～一八日）関邦宇、関芳之、高橋坦、友野正人、星野勝昭、星野正文	
	一・二三	分校給食会議	
	一・二九	台湾・桃米区の方々が来塩（～三一日）	
	一・三〇	第六回座学「集集地震からの復興」台湾・桃米区の方々	
	二・一三	分校定例会	
	二・二五	分校役員会	
	二・二六	聖学院大学雪かき合宿（～二八日）	

年	月日	出来事	備考（カッコ内の数字は本書の関連章）
	三・六	中越防災安全推進機構主催「第五回地域復興交流会議」（〜七日）（「新潟ふるさと村」）	
	三・一三	分校事業報告会	
	三・一四	分校第一回卒業式。武澤潤・田中博子・吉田泉送別会	
	三・二七	三島市立公園楽寿園（静岡県）での「雪あそび」参加（〜二八日）	
	四・一六	分校会議	
	四・二五	東山振興協議会設立総会（JA越後おぢや「グリーンパーク」）	
	四・二九	新潟県川口体験交流センター「やまぼうし」グランドオープン記念式典（主催：フレンドシップ木沢）	
	五・八	分校定例会	
	五・二〇	分校会議	
	五・二三	田植え祭り	
	五・二九	分校会議	
	五・三〇	フラワーロード準備	
	六・六	フラワーロード花植え、静岡絆の会（〜五日）と宮原西口商工会（聖学院大学の近隣）が参加	
	六・一三	分校会議	
	六・二六	分校定例会	
	七・一五	復興支援員交流会（若栃）	
	七・一七	分校定例会	
	七・二三	大阪大学渥美ゼミ合宿（〜二五日）	
	八・八	フラワーロード・女池整備	

年	月日	出来事	備考（カッコ内の数字は本書の関連章）
	八・一六	盆祭り	
	八・二三	聖学院大学平修久ゼミ合宿（～二五日）	
	八・二八	二十村郷盆踊り（荒谷）	
	九・五	関西学院大学関嘉寛ゼミ合宿（～六日）	
	九・一〇	分校定例会	
	九・一五	分校定例会	
	九・二五	稲刈り交流会	
	一〇・一二	分校定例会	
	一〇・二一	宮原西口商工会イベント参加最終打ち合わせ	
	一〇・二四	宮原西口商工会イベント	
	一〇・三〇	収穫祭最終打ち合わせ	
	一一・三	第三回収穫祭（今回をもって一旦終了）	
	一一・一三	町内冬囲い　分校フラワーロード手入れ	
二〇一一	一・一六	賽の神	
	二・八	分校定例会	
	二・一九	おぢや復興ネットワーク交流会議・懇親会（大竹会館）	
	二・二五	分校パソコン・プリンター・プロジェクター購入	
	二・二六	聖学院大学雪かき合宿（～二七日）	
	三・三	分校役員会	
	三・一一	東北地方太平洋沖地震発生・東日本大震災	
	三・一四	分校定例会	

関連年表

年	月日	出来事	備考（カッコ内の数字は本書の関連章）
	三・一九	分校第二回卒業式（予定・東日本大震災により中止）、おぢや復興ネットワーク募金活動、渥美公秀教授・矢守克也教授・関嘉寛教授来塩	
	三・二一	臨時総会で被災者受入を協議（小千谷市役所が民泊受入を行ったことによる）	
	三・二六	三島市立公園楽寿園（静岡県）での「雪あそび」参加（〜二七日）	
	三・二九	南相馬の方々への義援金贈呈式（二家族、一人二万円、合計二四万円）	
	五・二六	分校会議	芒種庵としていわき市での家財道具片付け〈第五章〉
	五・二八	田植え交流会（南相馬の平栄さん来塩）	
	六・九	分校定例会	
	六・一二	フラワーロード花植え　南相馬からの避難者来塩	
	六・一八	分校定例会	
	七・三一	小千谷の被災者へ野菜をもって南相馬の方々を訪問（社会福祉協議会のバスをチャーター）	
	八・七	フラワーロード草刈り	
	八・一六	盆祭り	
	八・二七	二十村郷盆踊り（梶金）	
	九・三	分校定例会	
	九・一〇	関西学院大学関嘉寛ゼミ合宿（〜一二日）	
	九・二三	稲刈り交流会	
	一一・一一	分校定例会	
	一一・二〇	分校定例会	
	一二・一六	分校定例会	

年	月日	出来事	備考（カッコ内の数字は本書の関連章）
二〇一二	一・一四	分校定例会	
	一・二一	第七回座学「東日本ボランティア報告会in塩谷」。話題提供…上村靖司、吉村誠司（石巻ボランティアベース絆）、刈羽村の皆様、安岡裕高（コミュニティ活動支援センター）、福留邦洋（新潟大学）、北村育美（中越防災安全推進機構）、高橋功一（福島県白河市）、佐々木美恵（縁の下のもぐら）、関西学院大学学生、Volt of Nuts、渡邊敬逸（復興支援員）、渥美公秀	
	一・一五	賽の神	
	二・一二	分校定例会（八時の積雪三四九・七cm）	
	二・二六	分校東日本大震災ボランティア報告会報告書作成	
	二・二七	分校定例会（一五時の積雪三二四・二cm）	
	三・一〇	分校第三回卒業式	
	三・一四	分校定例会	
	四・二一	南相馬の仮設住宅に訪問	
	五・二	分校定例会	
	五・四	分校OB会発足式	
	五・一三	分校定例会	
	五・二〇	南相馬の仮設住宅に訪問	
	五・二六	分校定例会	
	六・二	田植え交流会	
	六・九	フラワーロード整備	
	六・一〇	フラワーロード花植え	
	八・一六	盆祭り・五味希さん入村	〈第九章〉

年	月日	出来事	備考（カッコ内の数字は本書の関連章）
	八・二四	中越学生研究会（わかば会）交流会	
	八・二五	二十村郷盆踊り（木沢）	
	八・二六	中越学生研究会（わかば会）地震体験聞き取り調査	第二回インタビュー〈第二章〉
	九・二九	稲刈り・関西学院大学合宿（〜三〇日）	
	一〇・一八	分校会議	
	一〇・二八	分校・芒種庵・村合同会議（南相馬住民交流会の打合せ）	
	一一・三	収穫祭・南相馬住民交流会（〜四日）	
	一一・二三	分校定例会	
	一二・九	関西学院大学生 分校活動聞き取り	
二〇一三	一・一三	賽の神	
	一・二〇	分校定例会	
	二・九	第八回座学「渡邉敬逸さん講演会」	〈第九章〉
	二・一七	分校定例会	
	二・二四	分校定例会	
	二・二六	分校卒業式歌練習	
	三・三	分校第四回卒業式	
	三・一五	分校定例会	
	四・六	分校定例会	
	五・一二	分校定例会	
	五・一九	南相馬の仮設住宅訪問	
	六・九	フラワーロード花植え	

年	月日	出来事	備考（カッコ内の数字は本書の関連章）
	七・四	復興交流会議（おぢや震災ミュージアム そなえ館）	
	八・一六	盆祭り	
	八・一八	集落主催による五味希さんを送る会	
	八・三一	二十村郷盆踊り（塩谷）	
	九・一	芒種庵を創る会主催による五味希さんを送る会	
	九・一一	五味希さん離村	
	九・二一	分校ＯＢ交流会	
	九・二八	稲刈り交流会（〜二九日）	
	一一・二四	分校定例会	
二〇一四	一・一二	賽の神	
	一・二五	静岡絆の会来塩・雪かき応援（〜二六日）	
	二・九	分校定例会	
	二・一六	第九回座学「共に生きるとは？」関嘉寛先生	
	二・二三	分校会議	
	三・二	分校第五回卒業式	
	三・二九	分校定例会	
	三・三〇	中越防災安全推進機構主催「第六回地域復興交流会議」（〜三一日）（蓬平温泉「福引屋」）	
	四・三〇	分校会議	
	五・一一	分校会議	
	五・一八	南相馬の仮設住宅訪問	

年	月日	出来事	備考（カッコ内の数字は本書の関連章）
	五・二〇	分校会議	
	五・二四	田植え交流会	
	五・三一	分校会議	
	六・七	フラワーロード花植え準備	
	六・八	フラワーロード花植え	
	七・八	星野正邦邸が渥美・関・山口の三教員に所有権移転、ＧＯＲＯＳＵＫＥとして大学間交流拠点施設化へ。	〈第七章〉
	七・二〇	中越地震一〇周年記念誌作成実行委員会	
	七・三一	中越地震一〇周年記念誌作成実行委員会	
	八・八	中越地震一〇周年記念誌作成実行委員会	
	八・一一	ＧＯＲＯＳＵＫＥ使用開始	
	八・一六	盆祭り	
	八・二九	ＧＯＲＯＳＵＫＥお好み焼パーティ（五五歳以下の皆様を対象）	
	八・三〇	二十村郷盆踊り（荒谷）	
	九・八	分校定例会	
	九・二三	分校定例会	
	九・二七	稲刈り交流会	
	一〇・二四	記念誌編集委員会	
	一一・九	五味希　東山震災一〇周年記念誌　塩谷聞き取り	
二〇一五	一・一一	賽の神	
	一・二四	静岡絆の会来塩・雪かき応援（～二五日）	

年	月日	出来事	備考（カッコ内の数字は本書の関連章）
	三・八	分校第六回卒業式	
	三・二九	分校定例会	
	四・一九	分校定例会	
	五・七	分校定例会	
	五・一六	分校定例会	
	五・一七	芒種庵を創る会が「ならはみらい」に山菜などをお届け	
	五・二三	田植え交流会	
	六・一三	フラワーロード準備	
	六・一四	フラワーロード花植え	
	六・一九	分校定例会	
	七・一六	分校定例会	
	八・一六	盆祭り	
	八・二九	二十村郷盆踊り（梶金）	
	九・五	分校定例会	
	九・一九	分校定例会	
	九・二六	稲刈り交流会	
	一〇・一八	宮本匠　結婚お披露目会	
	一〇・二三	GOROSUKEに「ごろすけハウス」の看板が設置	〈第七章〉
	一一・一	楢葉町の方々が五月の山菜のお礼にと芒種庵を訪問	〈第一〇章〉
	一一・二五	分校定例会	
二〇一六	一・一〇	賽の神	

年	月日	出来事	備考（カッコ内の数字は本書の関連章）
	一・三〇	静岡絆の会来塩（～三一日）	
	二・一四	第一〇回座学「ことばの力が地域を動かす～物語を通じた地域のデザイン」山口洋典先生	
	二・二三	分校会議	
	三・五	塩谷学生委員会主催「卒業写真展～塩谷の中心でわたしたちの想いを叫ぶ～」	
	三・六	分校第七回卒業式	
	三・二三	分校定例会	
	四・九	分校定例会	
	五・二一	田植え交流会	
	五・二九	分校定例会	
	六・四	フラワーロード準備	
	六・五	フラワーロード花植え	
	六・二四	分校定例会	
	七・一八	分校役員会	
	七・二三	フラワーロード。静岡絆の会の方々も参加	
	七・二四	分校定例会	
	八・一六	塩谷盆祭り	
	八・二七	二十村郷盆踊り（木沢）	
	九・一七	分校定例会	
	九・二四	稲刈り交流会	

年	月日	出来事	備考（カッコ内の数字は本書の関連章）
	一〇・一	おぢや震災ミュージアム「そなえ館」開館五周年特別企画展として「絆を繋いで復興の種を蒔く～小千谷 塩谷 芒種庵誕生一〇年 震災復興の軌跡～」開催（～三〇日）	
	一〇・二	分校定例会	
	一〇・二二	塩谷・芒種庵誕生十周年記念大同窓会「みんな集まれ！芒種庵感謝のつどい」	
	一一・六	芒種庵を創る会が「ならはみらい」に新米などをお届け	
	一一・一九	分校定例会	
	一二・一八	関西学院大学生によるクリスマス会	〈第七章〉
二〇一七	一・一四	写真展「昔を思い出す、未来を考える」（主催：関西学院大学三・四回生）	
	一・一五	賽の神	
	一・一九	新潟県優良農業経営体等表彰事業 むらづくりの部知事賞表彰式（区長）	
	一・二一	分校定例会	
	二・一二	第一一回座学「松田曜子さん・鈴木隆太さん講演会」	
	二・二六	関西学院大学三回生懇談会	
	二・二六	分校会議	
	三・五	分校第八回卒業式	
	四・二九	分校会議	
	五・二七	田植え交流会	
	六・一〇	フラワーロード準備	
	六・一一	フラワーロード花植え	
	六・二二	分校定例会	
	七・二九	分校定例会	

年	月日	出来事	備考（カッコ内の数字は本書の関連章）
	八・一六	塩谷盆祭り	
	八・二六	二十村郷盆踊り（塩谷）	
	八・二八	分校会議	
	九・三〇	分校定例会	
	一〇・七	分校稲刈り	
	一一・一六	平成二九年度「豊かなむらづくり全国表彰事業」北陸農政局長賞受賞・表彰式	〈第一一章〉
	一一・二六	分校定例会	
	一二・一七	分校定例会	
二〇一八	一・一四	塞の神	
	一・一四	村づくり賞受賞記念祝賀会	〈第一一章〉
	一・二六	分校定例会	
	二・三	第一二回座学「佐藤一成さん講演会」	
	三・二	学生交流会	
	三・三	分校第九回卒業式	
	三・二五	分校定例会	
	四・一二	分校定例会	
	四・二二	二〇一七年度関西学院大学卒業生との交流会	
	五・一一	フラワーロード　除草剤散布	
	五・一八	分校定例会	
	五・二五	分校定例会	
	五・二六	田植え交流会	

年	月日	出来事	備考（カッコ内の数字は本書の関連章）
	六・九	フラワーロード花植え	
	六・二〇	静岡絆の会からの花を神社側に追加で植える	
	六・二四	分校定例会	
	七・二九	分校定例会	
	八・一六	盆祭り	
	九・一	二十村郷盆踊り（梶金）	
	九・二	分校定例会	
	九・二九	稲刈り交流会	
	一一・二	分校一〇周年前日準備	
	一一・三	分校一〇周年記念式典・交流会	
	一一・三〇	分校定例会	
	一・一二	藁草履づくり（～一三日、当初は一三日に賽の神の予定）	
	一・二〇	賽の神	
	一・二三	分校定例会	
	三・三	分校第一〇回卒業式	
	三・五	分校定例会	
	三・二〇	ごろすけ通信「四五号」（関西学院大学卒業号）【最終号】	〈第一二章〉
二〇一九	四・一九	分校定例会	
	五・一八	田植え交流会	
	六・九	フラワーロード（準備：八日）	
	八・一二	分校定例会	

年	月日	出来事	備考（カッコ内の数字は本書の関連章）
	九・二二	松本昌弘さん・芽衣さん結婚を祝う会・塩谷芒種庵	
	九・二八	稲刈り交流会	
	一〇・三〇	分校定例会	
	一一・二〇	分校定例会	
	一二・一	塩谷分校・芒種庵を創る会・塩谷分校同窓会の合同での「塩谷！大忘年会二〇一九」開催	
	一・一二	賽の神	
	一・一九	第一三回座学「四川大地震から一二年　その時、今、そして未来へ」	
	二・二四	分校定例会	
	三・一五	分校第一一回卒業式の予定が新型コロナウイルス感染症の影響で中止	
二〇二〇	五・三〇	ごろすけ通信「四六号」（大阪大学新四回生紹介）「四七号」（二〇二〇年立命館大学卒業生コメント）発行【特別復刊】	
	六・一四	フラワーロード	
	三・二二	賽の神（当初：一月一七日予定）	
二〇二一	六・一三	フラワーロード（五日、準備）	
	一一・二八	スペシャル座学「新人さんいらっしゃい」実施	
	一・一六	賽の神	
二〇二二	四・一	路線バス塩谷線が土日祝の全便廃止	
	六・一二	フラワーロード（四日、準備）	
	一・一五	賽の神	
	一・二二	塩谷分校定例会	
	三・一八	分校第一一回卒業式（オンライン併催）	

年	月日	出来事	備考（カッコ内の数字は本書の関連章）
	三・三〇	塩谷分校定例会、一一月の閉校式実施を決定。	
	三・三一	路線バス塩谷線廃止（四月一日より乗合タクシーによる代替交通開始）	
二〇二三	五・二〇	芒種庵を創る会と連携による新方式での田植え実施	
	六・一一	フラワーロード（三日、準備）	
	六・二五	閉校式に向け渥美・山口が来塩し打合せ（友野正人・関芳之）	
	七・二九	塩谷分校定例会	
	九・一六	新方式での稲刈り実施（希田・芒種庵など）	
	九・二三	新方式での稲刈り実施	
	九・二四	分校定例会	
	一〇・二八	分校定例会	
	一一・一七	閉校式準備	
	一一・一八	塩谷分校閉校式	

関　嘉寛（せき・よしひろ）　プロローグ・第1章〜第3章・第12章・エピローグ
関西学院大学社会学部教授。博士（人間科学、大阪大学）。専門は社会学、ボランティア論、災害復興、まちづくり。はじめて災害ボランティアとして参加した中越地震で集落復興というテーマに出会う。2019年度にオーストラリア・メルボルン大学に客員研究員として1年滞在し、アクションリサーチに対する理解を深める。日頃は、大学周辺地域で、まちづくりに関わる住民組織に学生と一緒になって関わり、社会的紐帯の再興などに取り組む。

武澤　潤（たけざわ・じゅん）　コラム2
大鉄工業株式会社。長岡技術科学大学院工学研究科修了・修士（工学）。在学中、長岡技術科学大学ボランティアチーム VOLTofNUTs 代表として、中越地震をはじめ被災地の支援活動を行う。活動の中で地元の学生として、塩谷分校に出会い、発足時から地域行事などに継続して関わる。現在は塩谷分校卒業生1号として「塩谷分校同窓会」を発足し、多くの分校卒業生と共に関わり続けている。

武澤　博子（たけざわ・ひろこ）　コラム2
2010年大阪大学人間科学部卒業。渥美教授のもとで地域共生論を専攻し、塩谷集落に出会う。そこから塩谷集落の魅力に引き込まれ、塩谷集落をフィールドに学生団体 fromHUS2 のボランティア活動や卒業論文を執筆。現在、塩谷集落で出会った武澤潤と結婚し、2児の母となりながらも定期的に塩谷集落に足を運んでいる。

山口　洋典（やまぐち・ひろのり）　プロローグ・コラム1・第4章〜第8章・第11章・エピローグ
立命館大学共通教育推進機構教授。博士（人間科学、大阪大学）。専門は社会心理学、グループ・ダイナミックス。立命館大学理工学部の入学初年度に参加した阪神・淡路大震災での災害ボランティアの際、目に見える風景の再建で復興は完了しないと痛感。2002年に大学院で社会人入学して学び直した後、東日本大震災の復興に携わる中、改めて塩谷集落での田植え・盆踊り・稲刈りなどに学生たちと関わるようになった。

執筆者紹介

（敬称略、50音順）

渥美　公秀（あつみ・ともひで）　プロローグ・第13章
大阪大学大学院人間科学研究科（共生行動論）教授。1993年米国ミシガン大学博士課程修了・Ph.D.（心理学）。単著『災害ボランティア』（弘文堂）、編著『助ける』（大阪大学出版会）、『東日本大震災と災害ボランティア』（同）、『誰もが〈助かる〉社会』（新曜社）、監修『地震イツモノート』（木楽舎・ポプラ文庫）など著書、国内外にて学術論文多数。塩谷集落との出会いに感謝しながらあちらこちらの被災地を訪れ、何かわからなくなったらまた塩谷に戻ることを繰り返している。

栫　健太（かこい・けんた）　第10章
大阪大学大学院人間科学研究科修了。修士（人間科学、大阪大学）。災害ボランティアに関心を持ち、塩谷集落でのフィールドワークを始める。約4年にわたるフィールドワークの中で、塩谷集落における〈復興〉について、外部者の視点から修士論文にまとめた。

五味　希（ごみ・のぞみ）　第1章・第9章
株式会社アール・ピー・アイ。修士（工学、東京工業大学）。東京都出身。学生時代、街づくりについて学ぶ中で、小千谷市の東山地区振興協議会の復興支援員の下で活動する1年間のインターンシップに参加。塩谷集落の古民家で生活しながら地域活動のお手伝いや広報誌の作成、調査などを行う。インターンシップ終了後も毎年塩谷集落へ通いながら田植え・稲刈り等に参加している。

集落〈復興〉
中越地震と限界集落の物語

発行日　2024年12月26日　初版第1刷　〔検印廃止〕
編　者　渥美 公秀・関 嘉寛・山口 洋典
発行所　大阪大学出版会
代表者　三成賢次
〒565-0871
大阪府吹田市山田丘2-7　大阪大学ウエストフロント
電話：06-6877-1614（代表）　FAX：06-6877-1617
URL　https://www.osaka-up.or.jp
装　丁　黒岩 美桜
印　刷・製　本　株式会社 遊文舎

ISBN 978-4-87259-804-9　C1036